B

한국에서 유일한

고교영문법

알짜 3000제

Iam books

❋ 기출탐구

1 해당 어법 출제포인트를 콕 집어주어 어디에 초점을 맞춰야 하는지 알려줍니다. 기출문제를 통해 실전 능력을 키울 수 있도록 구성하였습니다.

❋ Grammar Point!

2 사진과 대표 예문만 봐도 쉽게 영문법의 개념을 이해할 수 있는 Visual Approach를 도입하여 문법 설명을 시각화하였습니다. 문법 설명은 머리에 쏙쏙!! 예문과 설명은 한 눈에!! 참신한 예문과 원어민들이 실제로 사용하는 표현을 담았습니다.

❋ 서술형 기초 다지기

3 각 Unit에서 다룬 문제를 보다 심층적으로 접근하여 서술형 문제와 NEAT writing에 대비할 수 있도록 구성하였습니다. 단순 문법 연습이 아닌 응용·심화 과정을 통해 최신 서술형 경향 및 쓰기 유형을 익힐 수 있습니다.

❋ 이것이 수능에 출제되는 영문법이다!

4 어떤 문제가 출제되는지를 미리 아는 사람과 막연히 공부를 열심히 한 사람의 시험 성적은 하늘과 땅 차이! 12년간의 내신 만점신화를 이루어낸 저자의 비밀노트를 통해 출제자의 의도와 출제유형, 주관식과 서술형의 출제경향을 정확히 꿰뚫어 보는 눈을 키울 수 있을 것입니다.

✳ Grammar Formula

한눈에 보이는 문법 공식! 어법 공식을 시각화하여 출제원리 및 의도를 이해하고 개념을 터득할 수 있도록 구성하였습니다.

✳ 중간·기말고사 100점 100승

중간·기말고사에서 자주 나오는 빈출유형을 분석하여 출제 가능성이 가장 높은 문제를 중심으로 수록하였습니다. 간단한 객관식 문제를 비롯하여 대화문과 독해문, 주관식 문제 등 다양한 문제를 풀어보면서 자신의 실력을 정확하게 진단해 볼 수 있습니다. 또한 오답노트를 통해 스스로 복습하고 틀린 문제를 정리할 수 있도록 구성하였습니다.

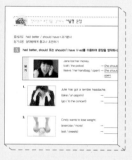

✳ 창의성과 표현력을 길러주는 서술형 문항

새로운 출제경향을 반영한 서술형 평가대비 문제로, 사고력과 창의력을 키울 수 있습니다. 서술형 평가 문제와 NEAT writing 유형에 완벽하게 대비할 수 있습니다.

✳ 실전 서술형 평가문제

신경향으로 고난이도 문제 공략!

수능 기출 문제를 활용하여 향후 출제 가능한 어법, 서술형, 논술형 문제를 새롭게 구성하였습니다. 어법 문제의 경우 Solution Guide를 제시하여 문항별 접근법을 알려줍니다.

✳ 100점 100승 Final Test

수능 기출 문제 중 어법에 관련된 문제만을 모아, 수능과 동일한 난이도로 구성하였습니다. 각 문항마다 출제자가 노리는 문법사항을 정리할 수 있게 하여 1등급에 걸림돌이 되는 어법 문제에 완벽하게 대비할 수 있도록 하였습니다.

Chapter 1. 조동사 (Modals)

Chapter 2. 접속사(Conjunctions)

Chapter 3. 관계사 (Relatives)

Chapter 4. 가정법 (Conditionals)

〈한국에서 유일한 **고교영문법 A**〉

Chapter 1. 시제 I (Tenses I)

Chapter 2. 시제 II (Tenses II)

Chapter 3. 부정사 (Infinitives)

Chapter 4. 동명사 (Gerunds)

Chapter 5. 분사 (Participles)

Chapter 6. 수동태 (Passive Voice)

Chapter 1. 조동사 (Modals)

Chapter 1

조동사

 반드시 알아야 해!

'조동사+동사원형'과 '조동사+have+V-ed'를 확실히 구별하자.

출제가 유력한 조동사의 관용표현을 익히자.

had better와 would rather, used to와 be used to의 쓰임을 구별하자.

주장, 요구, 명령, 제안 동사 뒤에 오는 that절 내의 should 용법에 주의하자.

수능 기출

다음 괄호 안에서 어법에 맞는 표현을 고르시오.

1. Although the storm caused severe damage, there was a special result. When a big storm came, people who (used to / are used to) quarrel stopped making complaints and fighting. Instead, they pulled together to help one another.

2. There aren't any empty bottles in my house. My husband (must / should) have thrown them all away.

[해석] 1. 폭풍우가 심각한 피해를 야기했음에도 불구하고 특별한 결과가 있었다. 큰 폭풍우가 발생했을 때, 다투던 사람들은 불평과 싸움을 멈추었다. 대신 그들은 한데 뭉쳐 서로를 도왔다.

2. 우리 집에는 빈 병이 없다. 내 남편이 모두 버렸음에 틀림없다.

[해설] 1. '과거의 상태, 습관'을 나타낼 때는 used to V를 쓴다. 반면 'be used to'는 '~에 익숙하다'라는 의미로, 이때 to는 전치사이므로 뒤에 명사 또는 동명사를 써야 한다.

2. '과거에 이미 한 행위'는 'must have+V-ed'로 쓴다.

정답 **1.** used to **2.** must

can, could

p●int

Fred (can / could) play basketball last year, but he can't play basketball now.

Fred는 작년에는 농구를 할 수 있었지만, 지금은 할 수 없다.

→ '작년에는 농구를 할 수 있었다' 라는 과거의 능력을 나타내므로 조동사 can의 과거 could를 쓴다.

A can : 능력, 가능성, 허락, 추측

1 조동사 can은 **현재나 미래의 능력**(ability)을 나타낸다. 또한 **어떤 행동이나 상황이 발생할 가능성**(possibility)을 나타내기도 한다. 가능성을 나타낼 때는 주로 바람직하지 않은 일이 종종 일어날 수 있음을 내포하기도 한다.

I **can** easily ride my bicycle without any help. 나는 어떤 도움도 없이 자전거를 쉽게 탈 수 있다. ▶ 능력

I **can** come and help you tomorrow if you want. 네가 원한다면 나는 내일 가서 너를 도와줄 수 있다. ▶ 능력

The environment **can** change a culture. 환경은 문화를 변화시킬 수 있다. ▶ 가능성

You **can** have this prescription filled at any drugstore.
어느 약국에서나 이 처방전에 따라 약을 조제해 줄 겁니다. ▶ 가능성

2 can이 **허락, 허가**(give permission)를 나타낼 때 '~해도 좋다'의 뜻이고, 부정은 can 뒤에 not을 붙여 '~해서는 안 된다'의 뜻이다. 어떤 규칙이나 허가 조항을 나타낼 때 주로 쓴다.

You **can** leave now, but you **can't** leave after 9 p.m. 너는 지금 갈 수는 있지만 9시 이후에 떠나서는 안 된다.

The customers **can** use our health club free from 9 a.m. to noon.
고객들은 오전 9시부터 정오까지 저희 헬스 클럽을 무료로 이용하실 수 있습니다.

3 can은 '과연 ~일까?'라는 뜻으로 강한 의혹을 나타낼 수 있는데 주로 be동사와 함께 쓰인다. **부정문에서 강한 부정적 추측(~일 리가 없다)으로 can't와 couldn't를 쓴다.** 여기서 couldn't를 과거 부정으로 생각하면 안 된다. 현재 부정 추측이다.

Can it **be** right to break the law? 법을 어기는 것이 과연 옳은 일일까?

Can they really **be** aliens? 그들이 정말로 외계인일까?

She **can't[couldn't]** be hungry; she has just had lunch. 그녀는 방금 점심을 먹었으니까 배고플 리가 없다.

He **couldn't[can't]** do well on the test. 그가 시험을 잘 봤을 리가 없다.

B could : 능력, 가능성, 추측

1 could를 주로 can의 과거형으로 알고 있으나, **현재 또는 미래에 대한 추측(guess)이나 가능성(possibility)을 나타낼 때도 쓴다.** could는 can보다 가능성이 현저히 떨어진다.

A : What would you like to do tonight? 오늘밤에 뭐 할 거야?

B : We **could** go to the movies. 우리는 영화를 보러 갈 수도 있어.

I'm not sure, but I think I **could** do it. 확실하지 않지만, 그것을 할 수 있을 거 같아.

2 could는 과거의 능력(ability)을 나타내는데 시제를 일치시키기 위해 can의 과거형 could를 쓴다.

I can't sing now, but I **could** sing very well when I **was** a child.
나는 지금은 노래를 못하지만, 어렸을 적에는 노래를 매우 잘했었다.

When I **was** fourteen, I **couldn't** swim for toffee. 나는 14살 때 수영을 전혀 하지 못했다.

C be able to

1 be able to는 can, could와 같은 의미로 쓸 수 있다. 일상 영어에서는 can과 could를 주로 쓴다.

I **am able to** speak both English and Chinese. 나는 영어와 중국어를 둘 다 할 수 있다.
　　=can

He **was able to** play the piano when he was seven years old.
　　=could
그는 7살 때 피아노를 연주할 수 있었다.

2 좌절시키는 일이나 어려운 일을 말할 때, 특히 특수한 상황에 주로 'be able to'를 쓴다.

I tried very hard, but I **wasn't able to** do all of my math problems.
나는 정말 노력했지만 수학 문제를 모두 풀 수 없었다.

The fire spread through the building very quickly, but fortunately everybody **was able to** escape.
불은 건물 전체로 빠르게 퍼져나갔지만, 다행히도 모든 사람들이 탈출할 수 있었다.

3 조동사 또는 완료시제와 같이 다른 시제 표현에서 can[could] 대신 **be able to**만 써야 하는 경우가 있다.

You **can** do it. 너는 그것을 할 수 있다.	You **should be able to** do it. 너는 그것을 할 수 있어야 한다.
She **can** drive a car. 그녀는 운전을 할 수 있다.	She **will be able to** drive a car. 그녀는 운전을 할 수 있게 될 것이다. She **has been able to** drive a car. 그녀는 운전을 할 수 있게 됐다.
Maria **can** speak English and Spanish. Maria는 영어와 스페인어를 할 수 있다.	Applicants for the job **must be able to** speak two foreign languages. 그 일에 지원하는 사람은 두 개의 외국어를 할 수 있어야 한다.

Challenge 1 다음 문장에서 어법상 알맞은 것을 고르시오.

01. My dad (couldn't / wasn't able) use the computer but he's taking some computer lessons now and in a few months he (can't / will be able to) do everything.

02. When I was younger, I (wasn't able / was able to) work until late in the evening and then go out. I (can't / not able to) do that anymore.

03. Smith (can't / couldn't) speak to you right now. If you call back in half an hour, he (will be able to / could) speak to you then.

04. In a few years' time, some lakes will be so polluted that fish (won't be able to / can't) live in them.

05. I (won't be able to / wasn't able to) come yesterday because I had many things to do, but we (can / can't) arrange something for the weekend.

06. Nancy (could / wasn't able to) speak a word of Korean when she first went to Seoul, but now she (can / will be able to) speak fluently.

Challenge 2 빈칸에 can, could를 쓰고 필요한 경우에만 be able to를 쓰시오.

> 보기 She will *be able to* come on holiday next month if her parents give her permission.

01. I _____ hear what they were saying.

02. He would _____ pass the exam if he studied harder.

03. He _____ swim across the Han River when he was young.

04. You must _____ speak French for this job.

05. Sorry, Teacher. I haven't _____ do it yet.

06. The tour boat sank but luckily all the people _____ save themselves.

07. The ability to write well _____ be as useful as the ability to speak well.

Challenge 1　( ) 안의 정보를 이용하여 의문문과 대답을 완성하시오.

> 보기
> A : *Can Jane write with her left hand?*
> B : *No, she can't.* (Jane can't write with her left hand.)

01. A : _____

　　 B : _____ (I can see Central Park from my apartment.)

02. A : _____

　　 B : _____ (He can't run a mile in less than four minutes.)

03. A : _____

　　 B : _____ (Kathy can be at the conference next Tuesday.)

04. A : _____

　　 B : _____ (Peter can't repair common computer problems.)

Challenge 2　can과 could를 be able to로 바꿔 문장을 다시 쓰시오.

> 보기
> I <u>can't</u> go ice skating now, but I <u>could</u> go ice skating last winter.
> → *I am not able to go ice skating now, but I was able to go ice skating last winter.*

01. She couldn't play the piano when she was eight years old.

　→ _____

02. I can go hiking in the mountains.

　→ _____

03. Last winter, I couldn't go skiing because I didn't have the money.

　→ _____

04. My friends and I can go mountain climbing now.

　→ _____

05. We can't go mountain climbing in winter because it's too dangerous then.

　→ _____

🔺 **출제 100%**

01 조동사 뒤에 동사원형을 누가 모르는가?

출제자의 눈 조동사 뒤에 오는 본동사는 인칭, 시제, 수 등에 관계없이 동사원형이 온다. 하지만 조동사 뒤에 오는 본동사에 단수형 -s를 붙이거나, 동사원형 대신 현재분사나 과거분사를 써 놓는 경우가 있다. 아무리 기본적인 사항이라도 조심하자. 조동사나 완료시제와 함께 쓸 경우 can 대신 be able to를 쓰는 것도 잊지 말자. '~일 리가 없다'는 뜻의 'can't+동사원형'을 영작문제로 주거나, 문장 속에 빈칸을 만들어 may not과 can not을 〈보기〉로 제시하여 혼동시키는 문제가 출제된 적도 있다. 시험에 자주 등장하는 표현으로 'can't help but+동사원형'이 있다. '~할 수밖에 없다'는 뜻으로 but 다음에 동사원형이 온다는 것도 반드시 알아두자.

Check Up

다음 괄호 안에서 어법에 맞는 표현을 고르시오.

1. Whatever problem you name, you can also (naming / name) some hoped-for technological solution. (2007년 수능)

2. I saw Eric with another girl yesterday. I can't help but (believe / believing) that he's cheating on his girlfriend.

 핵심 Grammar Formula

┌ cannot help+V-ing
├ cannot (help) but+동사원형   : ~ 하지 않을 수 없다
└ have no choice[option, alternative]+but+to부정사

cannot ~ too : 아무리 ~해도 지나치지 않다

cannot A and B : A와 B를 동시에 할 수는 없다

I **can't help believing** her.

I **could not help bursting** out into laughter when I saw her queer appearance.

We **have no alternative but to** arrest you.

People **cannot** be **too** careful in driving a car.

You **cannot** have your cake **and** eat it, too.

may, might, must be

point

Where is Karen?
- She **is** in her office. 그녀는 사무실에 있다. (100% 확신)
- She **must be** in her office. 그녀는 사무실에 있는 게 틀림없다. (95% 확신)
- She **may** be in her office. 그녀는 사무실에 있을지도 모른다. (50% 이하)
  =She **might** be in her office.

A may, might, must be

1 100% 현재의 사실이라고 확신할 때는 **현재형**을 쓰고, 현재 상황에 대한 **논리적 이유가 있는 강한 확신(95%)**인 경우 'must be'를 쓴다. must be는 '~임에 틀림없다'라는 뜻이다.

The Sun **is** a star and the moon **is** a satellite. 태양은 항성이고 달은 위성이다.

She **must be** crazy to get married with that man. 저 남자와 결혼을 하다니 그녀는 미친 것이 틀림없다.

2 가능한 행위나 미래에 발생할 일(계획)에 may와 might는 서로 구별 없이 쓰는데 '~일지도 모른다'라는 의미이다. might를 may의 과거형으로 착각해서는 안 된다.

I **may** go to Singapore. (or I **might** go to Singapore.) 나는 싱가포르에 갈지도 모른다.

It **might** rain today. (or It **may** rain today.) 오늘 비가 올지도 모른다.

※ may 대신 might만 써야 하는 경우가 있다. 현실 가능성이 20% 이하로 현저히 떨어지는 가정법 과거에서는 might를 쓴다.

If I knew her better, I **might** invite her to dinner. 내가 그녀를 좀 더 잘 안다면, 그녀를 저녁 식사에 초대했을 텐데.

3 can과 마찬가지로 **may** 또한 허락(give permission)을 나타내는데 '~해도 좋다'라는 뜻이다.

Customers **may** use the computers for free. 고객들은 컴퓨터를 무료로 사용해도 좋다.

Cindy **may not** go out tonight. Cindy는 오늘밤 외출하면 안 된다.

4 may의 관용표현

1) may well V 「~하는 것도 당연하다」

   I broke my mom's vase, she **may well** get angry.
   나는 엄마의 꽃병을 깨뜨렸다. 엄마가 화를 내는 것은 당연하다.

2) may[might] as well V 「~하는 편이 좋겠다」

   You **may[might] as well** take the subway. 너는 지하철을 타는 것이 낫겠다.

3) may[might] as well A as B 「B하느니 A하는 편이 낫겠다」

   I **might as well** die as marry the man. 그 남자와 결혼을 하느니 차라리 죽겠다.

4) However[No matter how]+형용사+주어+may be 「아무리 S(주어)가 형용사일지라도」

   However[No matter how] rich she **may** be, I can't look up to her.
   아무리 그녀가 부자라 할지라도, 나는 그녀를 존경할 수 없다.

※ may as well ~ as : 긍정적 내용(가능), might as well ~ as : 부정적 내용(거의 불가능)에 쓴다.

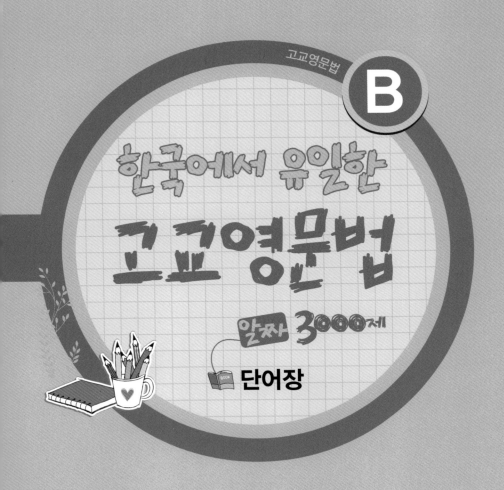

고교영문법

B

한국에서 유일한
고교영문법
알짜 3000제

📖 단어장

I am books

고교영문법

B

한국에서 유일한

고교영문법

알짜 3000제

단어장

Iambooks

과학적 암기 비법인 쪽지 접기 메모리를 활용하세요.

(반드시 읽고 단어 암기장을 활용하세요!)

01. 단어와 한글 뜻을 보면서 단어를 암기합니다.

02. 맨 왼쪽 ①번을 접어서 영단어가 보이지 않게 합니다. 세 번째 칸에 한글 뜻을 보면서 영어 단어를 다시 쓰되, 이번에는 맨 밑에서부터 반대로 적어 올라갑니다.

03. 다시 ②번 선을 접어 한글 뜻 부분을 안보이게 합니다.

04. 자신이 적은 영단어 뜻을 보면서 마지막 칸에 다시 한글 뜻을 적는데, 이번에는 중간부터 아래위로 하나씩 올라갔다 내려갔다 하면서 써 봅니다. (또는 한글만 보고 소리내어 영단어를 말하면서 최종 확인을 합니다.)

05. 원어민이 녹음한 MP3 파일을 듣고 빈칸에 영단어 또는 숙어표현을 적고, 자신이 받아 적은 단어의 뜻을 다시 한글로 적어 봅니다.

(MP3 파일 다운 : www.iambooks.co.kr)

Chapter 01 시제 I

❶ 단어 암기 후 이 부분을 접어 한글만 보고 다시 영어로 쓰세요.

❷ 다시 이 부분을 접고 자신이 적은 영단어를 보고 아래에서부터 위로 한글 뜻을 써보세요.

01	participate in	~에 참가하다		
02	suburb	ⓝ 교외		
03	amusement park	놀이 공원		
04	semester	ⓝ 학기		
05	certificate	ⓝ 자격증, 증명서		
06	dinosaur	ⓝ 공룡		
07	similar to	~와 비슷한		
08	put on	~을 입다		
09	conviction	ⓝ 확신, 신념		
10	reproduce	ⓥ 번식하다, 재생하다		

01 조동사 (Modals)

01	quarrel	ⓥ 싸우다, 다투다		
02	empty	ⓐ 빈, 비어 있는		
03	prescription	ⓝ 처방전, 처방, 처방약		
04	customer	ⓝ 고객		
05	fortunately	ⓐⓓ 운 좋게도		
06	conference	ⓝ 회의		
07	cheat	ⓥ 속이다		
08	laughter	ⓝ 웃음, 웃음소리		
09	satellite	ⓝ 위성		
10	autograph	ⓝ 사인, 서명		
11	current account	당좌 예금[구좌]		
12	for a moment	잠시 동안, 당장 그때만		
13	look up	찾아보다		
14	keep one's promise	약속을 지키다		
15	security check	보안 검사		
16	necessary	ⓐ 필요한, 없어서는 안 될		
17	enemy	ⓝ 적		
18	registration	ⓝ 등록, 신고		
19	separate	ⓥ 분리하다		
20	secret	ⓝ 비밀		
21	seat belt	안전벨트		
22	unattended	ⓐ 주인이 옆에 없는, 돌보는 사람이 없는		
23	forbidden	ⓐ 금지된		
24	tax	ⓝ 세금		
25	at once	즉시, 당장, 지체 없이		

01 People who used to _____ stopped making complaints and fighting. 图 _____

02 There aren't any _____ bottles in my house. 图 _____

03 You can have this _____ filled at any drugstore. 图 _____

04 The _____ can use our health club free from 9 a.m. to noon. 图 _____

05 I was late, but _____ the meeting hadn't started. 图 _____

06 Can Kathy be at the _____ next Tuesday? 图 _____

07 I can't help but believe that he's _____ on his girlfriend. 图 _____

08 I couldn't help bursting out into _____ when I saw her queer look. 图 _____

09 The Sun is a star and the moon is a _____. 图 _____

10 May I have your _____? 图 _____

11 Would you give me the balance of my _____ _____ ? 图 _____

12 Can I borrow your newspaper _____ __ _____? 图 _____

13 I need to _____ ___ the meaning of the word "necessary." 图 _____

14 You have to _____ _____ _____. 图 _____

15 A new _____ _____ will be introduced next month. 图 _____

16 It's not _____ for us to go to school tomorrow. 图 _____

17 You don't need to make an _____ of your friends. 图 _____

18 Every student must attend orientation during _____ week. 图 _____

19 We don't have to _____ our trash. The recycling company does it for us. 图 _____

20 You must keep it a _____. You must not tell anyone. 图 _____

21 You have to fasten your _____ _____ throughout the flight. 图 _____

22 You mustn't leave your baggage _____ in the airport. 图 _____

23 It is _____ to take fruits from one country to another. 图 _____

24 She proposed that the _____ be spent to build a library. 图 _____

25 You ought to apply for several jobs ____ _____. 图 _____

26	certain	ⓐ 확실한	
27	essential	ⓐ 필수적인, 본질적인	
28	suspect	ⓝ 용의자	
29	wage	ⓝ 임금, 급료	
30	pedestrian	ⓝ 보행자	
31	argue	ⓥ 주장[설득]하다	
32	nod	ⓥ (꾸벅꾸벅) 졸다	
33	yawn	ⓥ 하품하다	
34	bookshelf	ⓝ 책꽂이, 서가	
35	divorce	ⓥ 이혼하다	
36	infectious	ⓐ 전염되는, 전염성의	
37	insurance company	보험 회사	
38	black and white TV	흑백 TV	
39	immobilized	ⓐ 움직이지 않는, 마비된	
40	reservation	ⓝ 예약	
41	overbook	ⓥ 예약을 한도 이상으로 받다	
42	extraordinarily	ⓐⓓ 유별나게, 이례적으로	
43	scrub	ⓥ 문지르다	
44	tend	ⓥ 손질하다, 보살피다	
45	knowledgeable	ⓐ 지식 있는	
46	crowded	ⓐ 붐비는, 혼잡한	
47	prior	ⓐ 이전의, 앞의	
48	sensitive	ⓐ 민감한, 예민한	
49	irritable	ⓐ 화를 잘 내는, 신경질적인	
50	police	ⓥ 통제하다, 단속하다	

26 He insisted that everyone have a _____ goal. 医 _____

27 It's _____ that everyone be here on time. 医 _____

28 The _____ insisted that he kept the law. 医 _____

29 The workers at the factory demand that their _____ be raised. 医 _____

30 One day a truck hit a _____ on the street. 医 _____

31 He _____ that the pedestrian was to blame for the accident. 医 _____

32 A girl is _____ on the bench of a subway car. 医 _____

33 Bob is _____. He must be tired. 医 _____

34 On the _____, there are a lot of books about modern art. 医 _____

35 Someone told me that they finally _____ each other. 医 _____

36 People must have died when they had _____ diseases a long time ago. 医 _____

37 She used to work at an _____ _____ . 医 _____

38 People used to watch _____ ____ _____ ___ in the 1960s. 医 _____

39 Scientists used to think an _____ muscle would become weaker. 医 _____

40 Travelers had better get their _____ well in advance. 医 _____

41 Getting to the airport, he found that the flight was _____. 医 _____

42 Mom was an _____ clean person. 医 _____

43 She would _____, mop, and dust everything. 医 _____

44 She _____ a garden, which was the envy of the neighborhood. 医 _____

45 One function of school is to produce _____ people. 医 _____

46 The more _____ we feel, the more stressed we get. 医 _____

47 I can't go with you because I have _____ engagements. 医 _____

48 The eye is _____ to light. 医 _____

49 People tend to be _____ when stress builds up. 医 _____

50 The use of these dangerous chemicals must be carefully _____. 医 _____

01	clerk	ⓝ 점원, 사원, 판매원		
02	visualization	ⓝ 심상, 구상화		
03	doubt	ⓥ 의심하다, 염려하다		
04	editor	ⓝ 편집자[장], 교정자		
05	amount	ⓝ 양, 총액, 액수		
06	make a reservation	예약하다		
07	overwhelm	ⓥ (감정이) 압도하다, 휩싸다		
08	transportation card	교통 카드		
09	take part in	~에 참가[참여]하다		
10	historic	ⓐ 역사의, 역사적인		
11	aspiration	ⓝ 열망, 포부, 염원		
12	payroll	ⓝ 직원 명부, 임금 대장		
13	closing ceremony	폐막식		
14	sociology	ⓝ 사회학		
15	legal authority	법적인 권한		
16	transform	ⓥ 변형시키다, 변하다		
17	access	ⓥ 접근[이용, 접속]하다		
18	human nature	인간(의) 본성		
19	inadequate	ⓐ 불충분한, 부적당한		
20	core	ⓝ 핵심, 중심핵		
21	strength	ⓝ 강점, 힘, 세기		
22	desperately	ⓐⓓ 절망적으로, 몹시, 지독하게		
23	social competence	사교 능력		
24	depression	ⓝ 불경기, 불황, 우울증		
25	infinite	ⓐ 무한한, 무한정의		

01　I asked a _____ where they had books about computers.　뜻 _____

02　Reading develops the powers of imagination and inner _____.　뜻 _____

03　I _____ that we or our teacher is going to solve the problem.　뜻 _____

04　The _____ is responsible for collecting articles.　뜻 _____

05　We need vitamins for good health, but only very small _____.　뜻 _____

06　_____ __ _____ ahead, or you won't be able to get a table.　뜻 _____

07　I was _____ with hunger, for I didn't eat anything today.　뜻 _____

08　I lost my _____ _____, so I couldn't take the subway.　뜻 _____

09　The most important thing in the Olympic Games is to _____ _____ ___ them.　뜻 _____

10　Coffee and tea have long and _____ pasts.　뜻 _____

11　Coins reflect both a country's history and its _____.　뜻 _____

12　_____ is located not on the first floor, but near the elevator in the basement.　뜻 _____

13　I saw neither the opening nor the _____ _____ of the winter Olympic Games.　뜻 _____

14　I'm going to major in either _____ or economics.　뜻 _____

15　Only pharmacists will have the _____ _____ to dispense drugs.　뜻 _____

16　Energy can merely be _____ from one state to another.　뜻 _____

17　That we can _____ information anywhere on the Internet is amazing.　뜻 _____

18　Many philosophers think _____ _____ is basically bad.　뜻 _____

19　The main problem is that the memory space is _____.　뜻 _____

20　Their _____ philosophy is that happy employees create happy customers.　뜻 _____

21　You should know the fact that everybody has their own _____.　뜻 _____

22　What we all need _____ is a 'pause button'.　뜻 _____

23　One key _____ _____ is how well people express their own feelings.　뜻 _____

24　No one knows what causes booms and _____ in free economies.　뜻 _____

25　People argued about whether the speed of light is limited or _____.　뜻 _____

26	controversy	ⓝ 논란		
27	contract	ⓥ 줄어들다		
28	professional advancement	승진		
29	backpack	ⓥ 배낭을 지고 걷다		
30	hang out	(~에서) 많은 시간을 보내다		
31	travel insurance	여행자 보험		
32	refugee	ⓝ 피난자		
33	urgent	ⓐ 긴급한, 다급한		
34	general strike	총파업		
35	qualification	ⓝ 자격증		
36	infusion	ⓝ 투입		
37	exclusive use	독점 사용권		
38	depict	ⓥ 묘사하다		
39	architecture	ⓝ 건축 양식, 건축학[술]		
40	obnoxious	ⓐ 몹시 기분 나쁜, 아주 불쾌한		
41	misleading	ⓐ 오해의 소지가 있는		
42	astronomical	ⓐ 천문학적인, 어마어마한		
43	encounter	ⓝ 만남, 접촉		
44	Alzheimer's disease	알츠하이머 병, 노인성 치매		
45	nerve growth factor	신경 성장 인자		
46	head-on	ⓐⓐⓓ 정면으로		
47	impressive	ⓐ 강한 인상을 주는		
48	shift	ⓝ 교체, 교대, 순환		
49	overtake	ⓥ 따라잡다, 따라붙다		
50	perspective	ⓝ 견해, 관점		

26 There's a _____ about whether we have to appeal to the country. 뜻 _____

27 Will the universe expand forever or _____ again? 뜻 _____

28 The twelve-year-old doesn't worry about _____ _____. 뜻 _____

29 My wife and I met when we were _____ in Europe. 뜻 _____

30 I _____ _____ with my friends in the cafe after school. 뜻 _____

31 All travellers should ensure that they have adequate _____ _____. 뜻 _____

32 Since the war first began, 50,000 _____ have left the country. 뜻 _____

33 The meeting was postponed because of _____ matters. 뜻 _____

34 Our factory is closed down due to a _____ _____. 뜻 _____

35 I didn't get the job although I had the necessary _____. 뜻 _____

36 They insist a cash _____ is needed for the business. 뜻 _____

37 The publishing company didn't obtain _____ ____ of the material. 뜻 _____

38 The longer scenes in the movie _____ the father's side. 뜻 _____

39 She explained the differences in _____ . 뜻 _____

40 Lisa is so rude and _____ that most people shy away from her. 뜻 _____

41 The claim that we have recently entered the information age is _____. 뜻 _____

42 If you missed this _____ show, you're really out of luck. 뜻 _____

43 People went outside to observe the _____ between Earth and Mars. 뜻 _____

44 _____ _____ damages the brian causing a steady loss of memory. 뜻 _____

45 There may be hope for the cure with a protein called _____ _____ _____. 뜻 _____

46 The car crossed the road and hit a truck _____. 뜻 _____

47 There are some very _____ buildings in the town. 뜻 _____

48 There will be major personnel _____ in the latter half of the year. 뜻 _____

49 Depression does not have to _____ your life. 뜻 _____

50 Your parent's _____ may differ from yours. 뜻 _____

 관계사 (Relatives)

01	encourage	ⓥ 용기를 북돋우다, 장려하다		
02	treasure	ⓝ 보물		
03	take pride in	~을 자랑하다		
04	athlete	ⓝ 운동선수		
05	accuse	ⓥ 고발[기소, 비난]하다		
06	warranty	ⓝ (품질 등의) 보증, 보증서		
07	resort	ⓝ 휴양지, 행락지		
08	release	ⓥ 석방하다		
09	hostage	ⓝ 인질		
10	star	ⓥ 주연[주역]을 맡다		
11	dramatics	ⓝ 연출법		
12	brick	ⓝ 벽돌		
13	absorbing	ⓐ 흡수하는		
14	similar to	~와 비슷한		
15	enormous	ⓐ 거대한		
16	governor	ⓝ 주지사, 통치자		
17	concentrate on	~에 집중하다		
18	diffusion	ⓝ 확산, 전파		
19	top-notch	ⓐ 최고의, 아주 뛰어난		
20	shortstop	ⓝ 유격수		
21	stifle	ⓥ 억누르다, 억압하다		
22	be in constant fear of	언제나 ~ 두려워하다		
23	foundation	ⓝ 기초, 토대, 근거		
24	non-violence	ⓝ 비폭력(주의)		
25	antibacterial	ⓐ 항균성의		

01 Harry _____ individual members to think creatively. 医 _____

02 He produced what was in him, and brought us a rich _____ of music. 医 _____

03 They look for employees who _____ _____ ___ their work. 医 _____

04 Ji-Sung Park is an _____ who I admire. 医 _____

05 She is the author whom the prosecutor _____ of a crime. 医 _____

06 The cell phone which you bought yesterday doesn't have a _____. 医 _____

07 Pyeong-Chang has a nice _____ people from all places visit. 医 _____

08 The people who were arrested have now been _____. 医 _____

09 The reporter who is held as a _____ by the terrorist is my cousin. 医 _____

10 Brad Pitt is an actor who _____ in a lot of popular movies. 医 _____

11 Students interested in _____ can take these courses. 医 _____

12 The house which I want to buy is made of fancy _____. 医 _____

13 It's a noise _____ material which is called NEXDAMP. 医 _____

14 She married a man whose interests are _____ ___ hers. 医 _____

15 She's married to the man whose nose is _____. 医 _____

16 The _____ is the person to whom you were talking. 医 _____

17 I can't _____ ___ the teacher whose voice is so husky. 医 _____

18 _____ is a process by which one culture or society borrows from another. 医 _____

19 Jessica is a _____ English teacher whose classes are very popular. 医 _____

20 David is a baseball player whose position is _____. 医 _____

21 The company is _____ the creativity of its workforce. 医 _____

22 Their employees _____ ___ _____ _____ ___ losing their jobs. 医 _____

23 His theory of Relativity shook the _____ of physics. 医 _____

24 His policy of _____ inspired other freedom activists throughout the world. 医 _____

25 It has been proved that garlic has _____ properties. 医 _____

26	material culture	물질 문화		
27	infrasound	ⓝ 초(超)저주파음		
28	handkerchief	ⓝ 손수건		
29	scout	ⓥ 스카우트하다		
30	go through	경험하다		
31	recognition	ⓝ 승인, 인정, 인지		
32	glorious	ⓐ 영광스러운, 영예로운		
33	be concerned about	~을 걱정하다		
34	purchase	ⓥ 사다, 구매하다		
35	firm	ⓝ 회사		
36	located in	~에 위치한		
37	self-image	자아상		
38	resourcefulness	ⓝ 지략이 풍부함, 자원이 많음		
39	torture	ⓥ 고문하다		
40	be based on	~에 기초[근거]를 두고 있다		
41	instructor	ⓝ 교관, 교사, 강사		
42	rate	ⓝ 요금, 가격, 임금		
43	perseverance	ⓝ 인내		
44	profound	ⓐ 깊은, 엄청난, 심오한		
45	withdraw	ⓥ (돈을) 인출하다		
46	existence	ⓝ 존재		
47	block	ⓥ 막다, 차단하다		
48	long-term	ⓐ 장기적인		
49	dizziness	ⓝ 현기증		
50	ridiculous	ⓐ 우스꽝스러운, 터무니없는		

26 _____ _____ is made up of all the physical objects. 医 _____

27 _____ is a low-pitched sound. 医 _____

28 This is the _____ that my friend gave to me. 医 _____

29 Michael Jordan was a player who almost every NBA team wanted to _____. 医 _____

30 He made a speech on the men and customs that he _____ _____. 医 _____

31 All that he wanted was _____ for his contribution to the cause. 医 _____

32 The _____ fact is that we can always have a new beginning. 医 _____

33 The problem that people ____ _____ _____ is unemployment. 医 _____

34 You are wearing the very sweater that I _____ yesterday! 医 _____

35 She was the first female that held such a high position in that _____. 医 _____

36 I come from a city _____ ____ the southern part of the country. 医 _____

37 Our _____ is the blueprint which determines how we see the world. 医 _____

38 He is a general with unsurpassed _____. 医 _____

39 This is the building where the Japanese _____ our people. 医 _____

40 The shapes of Korean kites ____ _____ ____ scientific principles. 医 _____

41 The _____ will teach how you could survive in the jungle. 医 _____

42 We stayed at the hotel which we booked at a reasonable _____. 医 _____

43 No matter where you may go, you can't succeed without _____. 医 _____

44 No matter when she speaks, she has a _____ effect on her audience. 医 _____

45 He _____ more money than he needed for the day. 医 _____

46 We become aware of their _____ when we are infants. 医 _____

47 An ugly new building _____ the view from the window. 医 _____

48 The _____ solution is to make life in the rural areas more attractive. 医 _____

49 This medicine may cause drowsiness or _____. 医 _____

50 Can you figure out why I was asked such a _____ question? 医 _____

01	journey	ⓝ 여행		
02	jet lag	(비행기 여행의) 시차로 인한 피로		
03	peel	ⓥ 벗기다, 벗겨지다		
04	register	ⓥ 등록[기록]하다		
05	moderately	ⓐⓓ 알맞게, 적당히		
06	tag along	~뒤에 따라가다, 붙어 다니다		
07	disaster	ⓝ 재난, 참사, 큰 불행		
08	private house	가정집		
09	recession	ⓝ 불경기, 경기 후퇴		
10	assess	ⓥ 평가하다		
11	plain	ⓐ 평범한, 소박한		
12	come down on	~을 호되게 꾸짖다		
13	get along with	사이좋게 지내다		
14	look into	조사하다		
15	astronomical	ⓐ 천문학적인, 어마어마한		
16	blackmail	ⓥ 협박[갈취]하다		
17	vanish	ⓥ 없어지다, 사라지다		
18	occasionally	ⓐⓓ 가끔		
19	prematurely	ⓐⓓ 너무 이르게, 시기 상조로		
20	enhance	ⓥ 높이다, 강화하다		
21	responsibility	ⓝ 책임, 의무		
22	arrest	ⓥ 체포하다		
23	disqualification	ⓝ 실격, 불합격, 자격 박탈		
24	meaningful	ⓐ 의미 있는, 의미심장한		
25	pause	ⓥ 중단하다, 잠시 멈추다		

01   They went on a long train _____ across India.   뜻 _____

02   If people travel a long distance, they often feel _____ _____.   뜻 _____

03   If you put a boiled egg in cold water, it will be easier to _____.   뜻 _____

04   If you want to vote, you must _____.   뜻 _____

05   We need a _____ priced hotel.   뜻 _____

06   I don't know her, but she just _____ _____ with our group.   뜻 _____

07   It would be a _____ for me if I lost my job.   뜻 _____

08   If you walked into this place, you might think you are in a _____ _____.   뜻 _____

09   More people are dining in because the country is in _____.   뜻 _____

10   Interviewers will _____ your ability to communicate in English.   뜻 _____

11   Abraham Lincoln didn't mind staying in a _____ hotel.   뜻 _____

12   My father _____ _____ ___ me when he saw the broken porcelain.   뜻 _____

13   She isn't _____ _____ well _____ the new manager.   뜻 _____

14   We're _____ _____ the possibility of merging the two department stores.   뜻 _____

15   If you missed this _____ show, you're really out of luck.   뜻 _____

16   The Iranians are trying to _____ the world with their missile tests.   뜻 _____

17   If the air were to _____, all life would die.   뜻 _____

18   We _____ meet for a drink after work.   뜻 _____

19   The baby was born _____, only seven months after conception.   뜻 _____

20   The program is set up for employees who wish to _____ their skills.   뜻 _____

21   Where does my _____ toward my children end?   뜻 _____

22   Last January, James was _____ for selling cocaine.   뜻 _____

23   Failure to obey the regulations may result in _____.   뜻 _____

24   I want my son to do something important and _____.   뜻 _____

25   She talks on and on without _____ for breath.   뜻 _____

16

26	amendment	ⓝ (법 등의) 개정, 수정		
27	turn down	거절하다		
28	time off	휴식, 휴가		
29	competent	ⓐ 유능한		
30	banker	ⓝ 은행원		
31	circumstance	ⓝ 상황		
32	priest	ⓝ 성직자		
33	document	ⓝ 문서		
34	duplicator	ⓝ 복사기		
35	celebrity	ⓝ 유명인사, 명성		
36	show-off	ⓝ 자랑쟁이, 과시적인 사람		
37	deserted island	무인도		
38	sacrifice	ⓥ 희생하다, 희생시키다		
39	nurturing	ⓝ 양육, 보살핌		
40	belief	ⓝ 신념, 신앙, 확신		
41	touching	ⓐ 감동적인, 감동시키는		
42	privilege	ⓝ 특권, 혜택		
43	roughly	ⓐⓓ 어림잡아		
44	promptly	ⓐⓓ 즉시, 신속히		
45	virtue	ⓝ 덕목, 미덕		
46	dedication	ⓝ 헌신, 전념		
47	monotonous	ⓐ 단조로운, 지루한		
48	demonstrate	ⓥ 증명하다, 시위하다		
49	overall	ⓐ 전부의, 총체적인, 전반적인		
50	enforce	ⓥ 시행[실시]하다, 강요하다		

26 People express support for an _____ to the Constitution. 医 _____

27 If Cindy had come, Jeff might have _____ _____ the invitation. 医 _____

28 If I had asked for _____ _____ last month, I would be on vacation now. 医 _____

29 If the teacher had been more _____, they would be smarter now. 医 _____

30 If I hadn't become a _____, I would have been a history professor. 医 _____

31 I know I can trust her in any _____. 医 _____

32 I read his biography in high school, and now I am a _____ like him. 医 _____

33 I wish you would send me a copy of the _____. 医 _____

34 I wish I knew how to use this _____. 医 _____

35 He acts as if he is a _____. 医 _____

36 That _____ acted as if he had met Mr. Obama. 医 _____

37 Suppose you were stranded on a _____ _____ with your friends. 医 _____

38 A true teacher wouldn't mind _____ himself for his students. 医 _____

39 Were it not for this _____, we would only live for a few days at the most. 医 _____

40 His _____ in God gave him hope during difficult times. 医 _____

41 Her compassionate care for her sick brother was very _____. 医 _____

42 You do not owe your children baby-sitting _____. 医 _____

43 He makes _____ half a million dollars for each film. 医 _____

44 Inform your supervisor _____ if there are any changes in the plan. 医 _____

45 Gratitude is one of the _____ everyone should acquire. 医 _____

46 We appreciate all your hard work and _____ to the firm. 医 _____

47 The _____ scenery all looked alike. 医 _____

48 The crowd _____ before the Japanese Embassy. 医 _____

49 The _____ situation is good, despite a few minor problems. 医 _____

50 The city government decided to _____ a high-price policy. 医 _____

01	equipment	ⓝ 장비, 용품		
02	average life	평균 수명		
03	vision	ⓝ 통찰력, 미래상		
04	contemporary	ⓐ 현대의, 동시대의		
05	trait	ⓝ 특성		
06	pitch	ⓥ 던지다, 투구하다		
07	instinct	ⓝ 본능, 직감		
08	transfer	ⓥ 갈아타다, 옮기다		
09	complex	ⓐ 복잡한 ⓝ 합성물, 복합체		
10	indicate	ⓥ 가리키다, 지적하다		
11	trade	ⓥ 거래[교환]하다		
12	humble	ⓐ 겸손한, 미천한, 초라한		
13	annual	ⓐ 1년의, 해마다의		
14	costume	ⓝ 복장, 옷차림, 시대 의상		
15	disorder	ⓝ 질환, 장애, 혼란		
16	outgoing	ⓐ 외향성의, 사교성이 풍부한		
17	treatment	ⓝ 치료		
18	energetic	ⓐ 활동적인		
19	atmosphere	ⓝ 분위기, 대기, 공기		
20	popularity	ⓝ 인기, 대중성, 유행		
21	technique	ⓝ 기술, 기법, 솜씨		
22	terrific	ⓐ 엄청난, 아주 좋은		
23	continent	ⓝ 대륙		
24	organize	ⓥ 조직하다		
25	adapt	ⓥ 적응시키다, 적합하게 하다		

녹음된 문장을 듣고 빈칸에 단어 또는 표현을 쓰고, 그 뜻도 써 보세요.

01 The first true piece of sports _____ that man invented was the ball. 医 _____

02 The _____ _____ of a street tree surrounded by concrete is 7 to 15 years. 医 _____

03 The company needs some people who have a _____ of their future. 医 _____

04 The Davidson Gallery houses a diverse collection of _____ art. 医 _____

05 To try to define and classify the things we find in the world is a human _____. 医 _____

06 In ancient Egypt, _____ stones was children's favorite game. 医 _____

07 I don't know for certain, I have a gut _____. 医 _____

08 People should get off here to _____ to line number five. 医 _____

09 An old lady had trouble understanding the _____ subway network. 医 _____

10 I _____ the direction to go. 医 _____

11 They _____ their goods with each other. 医 _____

12 They are speaking in a _____ manner before the lord. 医 _____

13 Thousands of people attended the _____ event. 医 _____

14 The players are dressed in nineteenth−century _____. 医 _____

15 His mental _____ caused him to stop his studies. 医 _____

16 _____ people make an office a fun place to work. 医 _____

17 The injured were taken to the hospital for _____. 医 _____

18 Some people are lazy. Others are _____. 医 _____

19 One reason why I like the beach is its solitary _____. 医 _____

20 Her books have grown in _____ recently. 医 _____

21 In many sports, _____ is as important as physical fitness. 医 _____

22 Juvenile crime is increasing at a _____ rate. 医 _____

23 Asia and Africa are the two biggest _____. 医 _____

24 You can use this folder to _____ your favorites. 医 _____

25 She _____ herself quickly to the new climate. 医 _____

26	nonetheless	ⓐⓓ 그럼에도 불구하고		
27	tendency	ⓝ 경향, 풍조, 성향		
28	decline	ⓝ 쇠퇴, 거절, 경사		
29	awful	ⓐ 무서운, 지독한, 대단한		
30	superstition	ⓝ 미신		
31	isolation	ⓝ 고립, 분리, 격리		
32	antique	ⓐ 골동품의, 구식의		
33	pursue	ⓥ 추구하다, 뒤쫓다		
34	addiction	ⓝ 중독, 탐닉, 몰두, 열중		
35	come up with	생각해내다, ~을 제안하다		
36	crawl	ⓥ 기다, 기어가다, 포복하다		
37	unrealistic	ⓐ 비현실적인		
38	donate	ⓥ 기부하다, 기증하다		
39	at a loss	당황하는, 어쩔 줄 모르는		
40	(at) second hand	간접적으로		
41	motivate	ⓥ 자극하다, 동기를 부여하다		
42	sorrowful	ⓐ 슬퍼하는, 슬픈		
43	receipt	ⓝ 영수증, 수취		
44	interruption	ⓝ 중단, 방해[물]		
45	primitive	ⓐ 원시의, 미개의		
46	in honor of	~에게 경의를 표하여		
47	commit	ⓥ (범죄 등을) 저지르다		
48	solitary	ⓐ 고독한, 외딴, 단 하나의		
49	compensation	ⓝ 보상, 배상, 보수		
50	sufficient	ⓐ 충분한, 족한		

26 He felt thirsty, _____ he continued to run.　　　　　图 _____

27 She has a _____ to talk too much.　　　　　　　　　图 _____

28 A prime reason for our economic _____ is lack of investment.　图 _____

29 We are afraid of the _____ power of a hurricane.　　　　　图 _____

30 Knowledge is the best remedy for _____.　　　　　　图 _____

31 No living creature, plant or animal can exist in complete _____.　图 _____

32 That _____ box used to belong to my great grandfather.　图 _____

33 Individuals have the right to _____ their own happiness.　　图 _____

34 _____ is a disease, which can only be treated by experts.　图 _____

35 I wonder who first _____ ___ _____ the idea of wearing seatbelts.　图 _____

36 Ants began to _____ out of the dust.　　　　　　　　　图 _____

37 Some parents have _____ expectations of their children.　图 _____

38 Profits raised from the campaign will be _____ to orphanages.　图 _____

39 We were wholly ___ __ _____ what to do.　　　　　　　　图 _____

40 I learned it _____ _____ from my neighbor.　　　　图 _____

41 I don't know what _____ me to come here.　　　　　图 _____

42 His death left us all very _____.　　　　　　　　　　图 _____

43 Make certain that you get a _____ with your purchase.　　图 _____

44 How long is the service _____ expected to last?　　　图 _____

45 In Africa, people still have very _____ methods of farming.　图 _____

46 The party was held ___ _____ ___ a teacher who was leaving.　图 _____

47 Jealousy drove her to _____ murder.　　　　　　　　图 _____

48 He leads a _____ life in the woods.　　　　　　　　图 _____

49 He received some money as _____ for his injury at work.　图 _____

50 The food was not _____ for all of us.　　　　　　　　图 _____

01	discovery	ⓝ 발견		
02	efficiently	ⓐ𝐝 효율[능률]적으로		
03	disorganize	ⓥ ~의 조직을 파괴[문란케]하다		
04	exquisite	ⓐ 매우 아름다운, 정교한		
05	grief	ⓝ 슬픔		
06	creep	ⓥ 살금살금 움직이다		
07	gravitational	ⓐ 중력의		
08	heartfelt	ⓐ 진심에서 우러난		
09	luxurious	ⓐ 사치스러운		
10	classify	ⓥ 분류하다		
11	appropriate	ⓐ 적당한		
12	sympathize	ⓥ 동정[공감]하다		
13	appliance	ⓝ 기구, 설비, 장치		
14	descendant	ⓝ 자손, 후예		
15	invasion	ⓝ 침입, 침략		
16	spectacular	ⓐ 장관인, 굉장한, 볼만한		
17	ethnic	ⓐ 민족의		
18	vomit	ⓥ 토하다		
19	pass over	빠뜨리다, 넘어가다		
20	put up with	~을 참다		
21	confidential	ⓐ 은밀한, 1급 비밀의		
22	enthusiastic	ⓐ 열광적인, 열렬한		
23	temporary	ⓐ 일시적인, 임시의		
24	anticipate	ⓥ 예견하다, 기대하다		
25	thermometer	ⓝ 온도계		

01 As astronomy builds on the _____ of the past, so does mathematics. 图 _____

02 Never had he seen such an _____ run business. 图 _____

03 Were it not for my wife, I would be completely _____. 图 _____

04 I've walked on such _____ marble floors only once in my life. 图 _____

05 The joys of parents are secret, and so are their _____ and fears. 图 _____

06 I _____ up the stairs, trying not to wake my parents. 图 _____

07 Its _____ pull is what keeps the billions of stars grouped around it. 图 _____

08 Once a week, write a _____ letter. 图 _____

09 She is too proud and too _____ to marry him. 图 _____

10 The books are _____ according to subject. 图 _____

11 Your clothes are not _____ for the party. 图 _____

12 She _____ with the blind beggar. 图 _____

13 A washing machine is one of the most convenient domestic _____. 图 _____

14 Queen Elizabeth is a _____ of Queen Victoria. 图 _____

15 Troops were sent to guard against _____. 图 _____

16 The view from the top of the mountain was _____. 图 _____

17 There are a lot of different _____ groups living in this city. 图 _____

18 The vet put something down the dog's throat to make it _____. 图 _____

19 He resented being _____ _____ for promotion. 图 _____

20 I just can't _____ ___ _____ your crying. 图 _____

21 The attached documents contain _____ information. 图 _____

22 Our company prefers an _____ worker to a person of quiet capability. 图 _____

23 We apologize for the _____ loss of vision. 图 _____

24 We _____ a good time at the party. 图 _____

25 Most _____ contain mercury in the narrow tube. 图 _____

26	abandon	ⓥ 버리다, 그만두다		
27	triumph	ⓝ 승리, 성공		
28	trivial	ⓐ 사소한, 하찮은		
29	adjust	ⓥ 조절[조정]하다		
30	violent	ⓐ 격렬한, 난폭한		
31	absurd	ⓐ 어리석은, 불합리한		
32	generate	ⓥ 일으키다, 만들어 내다		
33	abstract	ⓐ 추상적인, 관념적인		
34	on account of	～ 때문에		
35	out of order	고장 난		
36	exaggerate	ⓥ 과장하다		
37	collision	ⓝ 충돌, 격돌		
38	valid	ⓐ 유효한, 효력 있는		
39	interrupt	ⓥ 가로막다, 도중에 방해하다		
40	advocate	ⓥ 주장[옹호]하다, 지지하다		
41	flexible	ⓐ 유연한, 신축성이 있는		
42	upcoming	ⓐ 다가오는, 이번의		
43	diverse	ⓐ 다양한		
44	literally	ⓐⓓ 문자 그대로		
45	enhance	ⓥ 높이다, 향상시키다		
46	ultraviolet	ⓐ 자외선의 ⓝ 자외선		
47	accuracy	ⓝ 정확, 정밀, 엄밀함		
48	perspective	ⓝ 견해, 관점, 원근법		
49	compound	ⓝ 합성[혼합]물, 합성어		
50	invaluable	ⓐ 매우 유용한, 귀중한		

26 We had to _____ our homes to enemy troops. 뜻 _____

27 It was the _____ of right over mighty. 뜻 _____

28 We decide what is important or _____ in life. 뜻 _____

29 She _____ the seat to her height. 뜻 _____

30 Hurricanes are a _____ natural phenomenon. 뜻 _____

31 It was _____ of you to suggest such a thing. 뜻 _____

32 The economic recovery has _____ record profits for the industry. 뜻 _____

33 Her works are _____ art. 뜻 _____

34 The picnic was put off ___ _____ ___ rain. 뜻 _____

35 The elevator was _____ ___ _____ and we had to walk to the tenth floor. 뜻 _____

36 Don't _____ a tiny matter. 뜻 _____

37 Three people were killed yesterday in the _____ of buses. 뜻 _____

38 You must carry your _____ ID at all times. 뜻 _____

39 I wish you would stop _____ me when I talk. 뜻 _____

40 He _____ the return of capital punishment. 뜻 _____

41 Rubber is a _____ substance. 뜻 _____

42 Tickets are selling well for the group's _____ concert tour. 뜻 _____

43 You would be surprised at the _____ products on the market. 뜻 _____

44 All languages possess phrases that cannot be understood _____. 뜻 _____

45 Air bags can greatly _____ vehicle safety. 뜻 _____

46 _____ rays are the strongest from 11 a.m. to 2 p.m. 뜻 _____

47 The _____ of the articles must be ensured. 뜻 _____

48 Try to understand the different _____ of others. 뜻 _____

49 CO_2 is a _____ of carbon and oxygen. 뜻 _____

50 This book is _____ for all students of English. 뜻 _____

MEMO

MEMO

고교영문법 B

한국에서 유일한 고교영문법 알짜 3000제

단어장

Challenge 1 주어진 문장을 읽고 may 또는 might를 이용해서 문장을 다시 쓰시오.

01. Perhaps Kelly won't go out tonight.

→ _____

02. Perhaps I'll be watching the movie on television.

→ _____

03. You don't know if Sally will like the gift you bought for her.

→ _____

Challenge 2 ( ) 안의 표현과 함께 may, might, can을 써서 빈칸을 완성하시오. (가능한 것은 모두 쓸 것)

| 보기 | A : What are you going to do this evening? |
| | B : I don't know. *I may[might] go over to Susan's house.* (to Susan's house, go over) |

01. A : I'm looking for Steve. Do you know where he is?

B : I haven't seen him, but _____. (in his room, watch TV)

02. A : Is it okay if I have a piece of candy, Mom?

B : No, but _____. (an orange, have)

Challenge 3 〈보기〉와 같이 might[may] as well을 이용하여 빈칸을 완성하시오.

| 보기 | You and a friend have just missed the shuttle bus. The buses run every hour. |
| | You say : We'll have to wait an hour for the next bus. *We might[may] as well walk.* |

01. You've just painted your kitchen. You still have a lot of paint, so why not paint the bathroom, too?

You say : _____ There's plenty of paint left.

02. You and a friend are at home. You're bored. There's a film on TV starting in a few minutes.

You say : _____ There's nothing else to do.

※ You can use *may* instead of *might* in all theses sentences.

부탁하기 / 정중한 요청 (1)

point

FORMAL	**May I** have your autograph? 제가 사인을 받을 수 있을까요? ▶ They don't know each other.
↓	**Could I** have your autograph? ▶ They might or might not know each other.
INFORMAL	**Can I** have your autograph? ▶ They have been speaking together or they know each other.

A May[Could/Can] ~?

I를 주어로 하는 May[Could/Can] I ~?라는 표현은 허락(permission)을 요구하거나, 정중한 부탁(polite request)을 할 때 쓴다. May I ~?는 잘 모르는 사람이나, 친하지 않은 사람에게 쓰는 정중한 표현이고, 가까운 사이에서는 Can[Could] I ~?를 많이 쓴다. please를 주어 뒤나 문장 끝에 쓰기도 한다.

	Affirmative	Negative
May I (please) borrow your pen? 당신의 펜 좀 빌릴 수 있을까요? **Could I** borrow your pen (please)? 당신의 펜 좀 빌릴 수 있을까요? **Can I** borrow your pen? 네 펜 좀 빌릴 수 있니?	Certainly. Yes, Certainly. Sure. Yes, of course. Okay.	I'm sorry, but I can't. Sorry, I can't.

B Would[Will/Could/Can] you ~?

1 you를 주어로 하여 '상대방이 ~할 것을' 요청할 때 Would[Could/Will/Can] you ~?로 쓴다. Would you~?와 Will you ~?는 공손한 부탁을 나타낸다. 일상 영어에서는 주로 Would you~?를 많이 쓰며 please를 주어 뒤 또는 문장 끝에 쓰기도 한다.

Would you open the window, please? 창문을 좀 열어주시겠습니까?

Will you please open the window? 창문을 좀 열어주실래요?

2 Could you~?와 Would you~?는 특히 잘 모르는 사람 또는 나이 든 분들에게 주로 쓴다. 가족이나 친구들과 같이 격이 없는 친한 사람들에게는 Can[Would/Could] you~?를 쓰지만, 주로 Can you~?를 가장 많이 쓴다.

Could[Would] you wait a minute, please? 잠시 기다려 주시겠어요?

Can you recommend a good dentist? 좋은 치과의사를 소개해 줄래?

Can you lend me a hand with this? 이것 좀 도와줄래?

긍정 대답 : Yes, I'd be happy[glad] to. / Certainly. / Sure[Okay].

부정 대답 : Sorry, (but) I can't. / I don't think so. / I'd like to, but I can't.

Challenge 1   Can[Could/Would] you~? 중 알맞은 것을 빈칸에 모두 쓰시오.

보
기

You are speaking to a bank clerk.
→ *Would[Could] you* give me the balance of my current account, please?

---

01. You are speaking to a flight assistant.

→ _____ bring me something to drink, please?

02. You are speaking to your sister.

→ _____ open the window?

Challenge 2   다음 상황을 읽고 May[Could/Can] I ~?를 이용한 문장을 만든 뒤 대답을 골라 쓰시오.

보
기

You and Jane are friends. In a classroom she has a newspaper. You want to borrow it for a moment.
A : *May[Could/Can] I borrow your newspaper for a moment?*
B : *Of course. (Sure.)*

Of course. (Sure.)   Certainly. That's fine.   Of course. Go ahead.   Sure! Right away.

01. You're at a restaurant. You've finished your meal. You want to have another cup of coffee.

A : _____

B : _____

02. You have a fever and your whole body aches. You are speaking to your boss. You want to leave work

a little early today.

A : _____

B : _____

03. Your friends are going cycling this weekend, but you don't have a bike. You want to borrow your

friend's bike this weekend.

A : _____

B : _____

point

A : Would you mind if I (opened / opening) the window?
B : No, I don't.

A : 창문을 열어도 괜찮을까요?
B : 네, 그러세요.
→ Would you mind if I ~ 뒤에는 과거시제를 쓴다. 동명사 opening을 쓰려면 Would you mind+
V-ing~?로 써야 한다. 따라서 정답은 opened이다.

A   **Would you mind if ~? (polite requests)**

① **Would you mind ~?**는 정중하게 무엇을 의뢰하거나 허가를 구하는 표현으로, '~해도 괜찮을까요?'라는 긍정 의문문이 된다. 하지만 mind의 뜻은 '꺼리다' 혹은 '싫어하다'로, Would you mind~?를 단어 그대로 해석하면 '~하면 네가 싫겠니?'란 뜻이 된다. 이런 이유로 질문에 대한 대답을 부정 의문문일 때와 같이 조심해야 한다.

> Would you mind ~?
>
> 긍정 대답 : No, not at all. / Of course not. / No, that would be fine. / No problem. /
>   No, go ahead. / Sure[Okay/No].
> 부정 대답 : Yes. / I'm sorry, but~ / Actually, I'd appreciate it if you didn't~

A : **Would you mind if I opened** the window? 창문을 열어도 괜찮을까요?
긍정 : No, that would be fine. 네, 좋아요.
부정 : Yes, I do. I actually have a cold. 아뇨, 그건 좀. 나 사실 감기에 걸렸어요.

A : **Would you mind if** I smoke here? 여기서 담배를 피워도 될까요?
B : Oh, **actually, I'd appreciate it if you didn't** smoke in the office. You can smoke outside of the
     building or in the bathroom. 실은, 사무실에서 담배를 피우지 않으셨으면 해요. 빌딩 밖이나 화장실에서 피우시면 됩니다.

② Would you mind if I~ 뒤에는 **과거시제를 쓴다. 과거시제는 과거를 나타내는 것이 아니라, 현재나 미래를 나타내는 표현이다.** 일상 영어(formal spoken English)에서는 **현재시제를 쓰기도 한다.** 상대방에게 정중하게 허가를 구할 때는 'Would you mind+V-ing(동명사)~?'를 쓴다.

Would you mind if I **left** at three tomorrow? 내일 3시에 퇴근해도 될까요? ▶ Formal
= Would you mind if I **leave** at three tomorrow? ▶ Informal

A : Would you mind **waiting** a few minutes longer? 몇 분 더 기다려 주실 수 있나요?
B : No, that's OK. (or Not at all.) 네, 좋아요. ▶ OK. I'll do it.의 의미

B Would you like ~?

1 **제안(offering)이나 초대(invitation)를 할 때** Would you like＋명사~? 또는 Would you like to V~?를 쓴다.

Would you like a glass of champaign? 샴페인 한 잔 할래요?

－ Yes, please. 네, 좋아요.

How **would you like** your steak? 스테이크를 어떻게 드시겠어요?

－ Medium, please. 중간 정도로 익혀주세요.

Would you like to tell me something about yourself? 자신에 대해서 얘기해 주시겠습니까?

2 정중하게 원하는 표현을 말할 때 'I'd like＋명사(나는 ~를 원한다[~주세요])', I'd like to＋V(나는 ~하고 싶다)'로 쓴다. 'I'd like＋목적어＋to V'는 '목적어가 ~해주기'를 원할 때 쓴다.

A : Would you like a window or an aisle seat? 창가 혹은 복도 쪽 좌석 중 어느 것을 원하세요?

B : **I'd like** a window seat. 창가 쪽 좌석으로 주세요.

I **would like to go** to the movies tonight. How about going with me?
나는 오늘밤 영화를 보러 가고 싶어. 나와 함께 가는 게 어때?

I'd like to try on this jacket, please. 이 자켓을 입어보고 싶어요.

I'd like you **to think** about your decision one more time. 네 결정에 대해 네가 한 번 더 생각해 봤으면 좋겠다.

I'd like you **to try** some volunteer work with me. 나는 당신이 나와 함께 자원봉사 일을 하면 좋겠어요.

Challenge 1   Would you mind if I+과거시제 또는 Would you mind+V-ing로 빈칸을 완성하시오.

보기
I'm getting tired. I'd like to go home and go to bed. *Would you mind if I left* early? (I, leave)

01. A : Are you coming with us?

　　B : I know I promised to go with you, but I'm not feeling very good.

　　_____ home? (I, stay)

02. A : _____ the light in the room? (turn off)

　　B : I'm sorry. But I haven't finished my homework yet.

03. A : _____ me the food that I want? (bring)

　　B : Of course not. I will do it in a minute.

04. A : _____ the music? (turn down)

　　B : I'm sorry. I'll do it right away.

05. A : I need to look up the meaning of the word "necessary."

　　_____ your dictionary? (I, borrow)

　　B : No, I don't mind. I'm not using it right now.

Challenge 2   주어진 상황을 Would you like~?로 시작하는 문장으로 만드시오.

보기
Cindy has come to see you. You offer her something to eat.
You　: *Would you like something to eat?*
Cindy: No, thank you. I'm not hungry.

01. You're on a bus. You have a seat, but an elderly woman is standing. You offer her your seat.

　　A : _____

　　B : Oh, that's very kind of you. Thank you very much.

02. You're on a train. The man next to you has finished reading his magazine. Now you want to borrow it.

　　A : This magazine looks very interesting.

　　B : Yes, it's very good. _____

22

point

Kelly can't meet us this evening. She (had / has) to work late.

Kelly는 오늘 저녁에 우리를 만날 수 없어. 그녀는 늦게까지 일해야 해.

→ 과거가 아닌 현재나 미래를 나타내고 있으므로 '~해야 한다'의 has to를 쓴다. 주어가 3인칭 단수이므로 답은 has이다.

A 필요(necessity)와 의무(obligation)

1 must와 have to, have got to는 '~해야 한다'라는 뜻으로, 필요와 의무를 나타낸다. 상대방에게 그 일을 꼭 하라는 강한 강조의 의미를 지닌다. 일상 영어에서는 must보다 have to를 더 자주 쓴다.

You **must**(=have to) keep your promise. 너는 약속을 반드시 지켜야 한다.

Bob **has to**(=must) attend every class if he wants to get an A.
Bob이 A를 받길 원한다면 모든 수업에 출석해야 한다.

2 have got to는 미국식 표현으로, 글로 쓸 때보다 **주로 말할 때(in speaking) 쓴다**. must, have to와 의미가 같고, 주어가 3인칭 단수일 때는 has got to를 쓴다.

You **have got to** give me all your homework by tomorrow. 너는 내일까지 너의 모든 숙제를 내게 제출해야 한다.

She **has got to** study tonight. 그녀는 오늘밤에 공부해야 한다.

3 must와 have got to는 미래형이 없다. **will have to** 또는 **be going to have to**를 써서 미래형을 만든다.

We **will have to** pass through the security check before we enter the stadium.
▶ we will must ~ (×) / we will have got to ~ (×)
우리는 경기장에 들어가기 전에 보안 검사를 통과해야 할 거야.

I'm **going to have to** buy a new laptop before I enter university.
대학교에 들어가기 전에 새 노트북을 사야 할 것 같아.

4 '~했어야 했다'처럼 과거형을 쓸 때는 had to를 쓴다. must와 have got to는 과거형도 없다.

I **had to** learn some Chinese before I went to China. 나는 중국에 가기 전에 중국어를 좀 배웠어야 했다.

They **had to** study for the test yesterday. 그들은 어제 시험을 위해 공부해야 했다.

Did they **have to** study for the test yesterday? 어제 그들은 시험을 위해 공부를 했어야 했니?

B 불필요(lack of necessity)와 금지(prohibition)

1 must와 have to는 긍정문에서 뜻이 같다. 하지만 부정문에서는 뜻이 서로 완전히 다르다. have to의 부정인 '**don't have to**'는 '~할 필요가 없다'의 의미로 불필요를 나타낸다. 불필요하다는 것은 '다른 가능성이나 선택이 있다'는 의미를 내포하고 있다.

You **don't have to** help me today. 너는 오늘 나를 도와줄 필요가 없다.

→ It's not necessary. I don't need your help today ; you can help me another day.

Tomorrow is a holiday. We **don't have to** go to school. 내일은 휴일이다. 우리는 학교에 갈 필요가 없다.

→ It's not necessary for us to go to school tomorrow because it is a holiday.

※ 과거형은 didn't have to를 쓴다.

   I didn't have to go to class yesterday.

2 **don't have to 대신에 don't need to를 쓰기도 한다.** 같은 뜻으로 need not+동사원형을 쓰기도 하지만 이는 영국식 표현이다. 과거형은 didn't need to를 쓴다.

You **don't need to** make an enemy of your friends. 당신은 당신의 친구들을 적으로 만들 필요가 없다.

=You need not make an enemy of your friends. ▶ 영국식 영어

3 **must not[mustn't]은 강한 어조로 '~해서는 안 된다'의 금지(prohibition)를 나타낸다.** 경고 문구 같은 강압적인 분위기 때문에 실제 미국에서는 can not[can't]을 주로 쓴다.

You **mustn't** smoke in this restaurant. 이 식당에서 담배를 피우면 안 됩니다.

▶ 강압적인 어조로 종업원이 이렇게 말했다면, "당장 사장 불러와라"할 것 같다.

You **can't** smoke in this restaurant. 이 식당에서 담배를 피우면 안 됩니다. ▶ 부드러운 어조

You **must not** swim that far. The water is too deep. 그렇게 멀리까지 수영해서는 안 돼. 물이 너무 깊어.

※ 필요할 때 must not을 써야 하지만, 가급적 쓰지 않는 것이 좋다.

Challenge 1 ( ) 안의 말을 이용하여 빈칸을 완성하시오.

01. 그건 다 내 잘못이야. 난 그녀에게 미안하다고 말해야 해. (must, tell her)

→ It's all my fault. I _____ I am sorry.

02. 우리는 서둘러야 할 거야. 그렇지 않으면 영화시간에 늦겠다. (hurry up, have to, will)

→ We _____ or we'll be late for the movie.

03. 너는 한국에 가기 전에 한국어를 좀 배웠어야 했니? (learn, have to)

→ _____ some Korean before you went to Korea?

04. 우리는 경기장에 들어가기 전에 보안 검사를 통과해야 할 거야. (will, pass through, have to)

→ We _____ the security check before we enter the stadium.

05. 오늘 우리 회의를 늦게 미뤄야 할 것 같아요. (postpone, be going to have to)

→ I'm afraid we _____ our meeting until later today.

Challenge 2 must / have to / must not / don't have to 중 알맞은 것으로 빈칸을 채우시오.
(시제에 주의하고, must와 have to 둘 다 쓸 수 있는 경우에는 must를 쓸 것)

01. You _____ drive when you are tired. It's very dangerous.

02. Every new student _____ attend orientation during registration week.

03. We _____ separate our trash. The recycling company does it for us every week.

04. I'm not working tomorrow, so I _____ get up early.

05. Scott didn't know how to use the camcorder, so I _____ show him.

06. You must keep it a secret. You _____ tell anyone.

07. When I started my new job, I saw that most of the employees were wearing jackets and casual shirts.
I'm happy that men _____ wear a suit and tie.

Challenge 3 〈보기〉와 같이 주어진 문장에서 틀린 부분을 찾아 바르게 고쳐 쓰시오.

| 보기 | By law, cyclists must to wear helmets.
→ *By law, cyclists must wear helmets.* |

01. You don't have buy any more bread. We've got enough.

→ _____

02. I haven't heard from Tom for ages. I must have call him soon.

→ _____

03. You don't have to park there. It's not allowed.

→ _____

04. Andrew needn't have come to the airport to pick me up. I'll take a taxi!

→ _____

Challenge 4 〈보기〉와 같이 mustn't 또는 don't have to를 이용하여 문장을 다시 쓰시오.

| 보기 | It isn't necessary for you to fasten your seat belt throughout the flight.
→ *You don't have to fasten your seat belt throughout the flight.* |

01. It is forbidden to smoke on the aircraft.

→ _____

02. It is forbidden to carry knives or sharp objects in your hand baggage.

→ _____

03. It's forbidden to leave your baggage unattended in the airport.

→ _____

04. It is forbidden to take fruits and other foods from one country to another.

→ _____

should, ought to, had better/would rather

point

She proposed that the taxes (were / be) spent to build a home for the homeless.

그녀는 세금이 집 없는 사람들을 위해 집을 짓는 데 쓰여져야 한다고 제안했다.

→ 제안을 나타내는 동사 'propose' 뒤에 이어지는 that절에 should가 생략되었으므로 그 다음에는 동사원형인 be가 쓰인다.

A should, ought to, had better : Advisability(권유)

① '~해야 한다, ~하는 게 좋겠다'의 의미로 '충고(give advice)나 제안(give an opinion)'을 할 때 should와 **ought to V는 같은 의미로 쓰인다.** 일상 영어에서는 should를 더 자주 쓴다.

Mario **should**(=**ought to**) find a new job. Mario는 새 직업을 찾아야 한다.

You **ought to**(=**should**) apply for several jobs at once. 너는 즉시 몇몇의 일자리에 지원해야 한다.

② should의 부정은 should not으로 쓰고, ought to의 부정은 ought not to로 쓴다. shouldn't와 oughtn't to로 줄여 쓰지만 부정문이나 의문문에서는 ought to를 잘 쓰지 않고 대신 should를 많이 쓴다.

You **oughtn't to** leave your keys in the car. 열쇠를 차 안에 두지 않아야 한다.

=You **shouldn't** leave your keys in the car. ▶ more common

③ 'have better+동사원형'은 should와 의미가 같다. 하지만 should보다 **좀 더 강한 충고나 경고의 메시지 (strong advice or warning)를 담고 있다.** 충고를 따르지 않을 때는 어떤 문제가 있을 수 있다는 암시를 내포하고 있는데 '~하는 게 좋겠다[낫겠다]'의 뜻이다. 부정은 had better 뒤에 not을 붙여 'have better not+동사원형'으로 쓴다.

The gas tank is almost empty. We **had better stop** at the next service station.

→ If we don't stop at a service station, there will be a bad result. We will run out of gas.
연료탱크가 거의 비었다. 우리는 다음 주유소에서 멈추는 게 좋겠다.

It's raining. You'**d better take** an umbrella. 비가 오고 있어. 너는 우산을 가져가는 게 좋겠다.

We'**d better not** be late or we'll miss the plane. 우리는 늦지 않는 게 좋겠다. 그렇지 않으면 비행기를 놓칠 거야.

B would rather+V : Preference(선호)

① would rather+V(동사원형)은 '~하는 것이 더 좋다, ~하고 싶다'의 뜻으로, 더 선호하는 것을 선택한다는 데서 **had better와는 차이가 있다.** would prefer+to V로 바꿔 쓸 수 있고 부정은 would rather not을 쓴다.

A : Would you like to sit here? 여기에 앉으실래요?

B : No, thanks. I'**d rather sit** on the floor. 아니요. 바닥에 앉는 것이 더 좋아요.

I don't really want to go out. I'**d rather stay** home.(=I'**d prefer to** stay home.)
나는 정말 외출하고 싶지 않아. 집에 있는 게 더 좋을 거 같아.

I'm feeling tired. I'**d rather not** go out tonight. 나는 피곤하다. 오늘밤에 외출하지 않는 게 좋을 거 같다.

※ would prefer의 목적어로, 명사와 to부정사는 가능하나 동명사는 쓰지 않는다.

I'd prefer **a coffee**. (○) / I'd prefer **to watch** a movie. (○) / I'd prefer watching a movie. (×)

C   주장, 요구, 명령, 제안 동사 뒤의 that절에서 should의 쓰임

1 주장(insist), 요구(demand, require), 명령(order, command), 제안(suggest, propose) 등을 나타내는 동사 뒤에 이어지는 that절에는 '주어+(should)+동사원형'을 쓰는 것이 일반적이다. 하지만 **should는 생략될 수 있기 때문에 동사는 인칭과 수에 관계없이 반드시 '동사원형'을 써야 한다.**

He **insisted** that everyone **(should) have** a certain goal.
그는 모든 사람들이 확실한 목표를 가지고 있어야 한다고 주장했다.

The doctor **recommended** (that) I **(should) rest** a few days. 그 의사는 내가 며칠 쉬어야 한다고 충고했다.

I **insisted** that she **have** dinner with us. 그녀가 우리와 저녁 식사를 해야 한다고 나는 주장했다.

She **demanded** that he **apologize** to her. 그가 그녀에게 사과를 해야 한다고 그녀는 요구했다.

The doctor **recommended** that she **not go** to work for two days.
그 의사는 그녀에게 이틀 동안 직장에 가지 말라고 권고했다.

※ 부정문 : I not be, you not bring, she not go / 수동태에서는 동사원형 be만 사용하여 'be+V-ed'로 쓴다.

My boss proposed that the plans **be changed**. 사장님은 그 계획들이 변경되어야 한다고 제안했다.

2 감정, 이성적 판단을 나타내는 형용사(natural, strange, necessary, impossible, regrettable, surprising 등)와 함께 'It is+감정[이성] 형용사+that+S+(should)+동사원형'으로 쓴다. 주관적 판단과 감정을 강조하기 위해 should를 사용하는데, 여기서도 should의 생략이 빈번히 일어난다.

It's **essential** that everyone **(should) be** here on time. 모든 사람들이 정시에 여기 도착하는 것이 필수적이다.

It is **natural** that the child **be punished**. 그 아이가 벌을 받는 것은 당연하다.

※ 말하는 영어(in speaking)에서는 should 없이 수와 시제를 일치시켜 사용한다.

It is regrettable that the sailboat **got stuck** in the terrible storm.

3 **단순한 사실을 주장하거나 제안할 때는 should를 쓰지 않고, 수와 시제를 일치시켜 주어야 한다.** 먼저 that절 이하를 '~해야 한다'로 해석해 보고 의미가 통하면 should가 생략된 것으로 간주하되, 해석이 어색하거나 의미가 통하지 않으면 '수와 시제'를 일치시켜야 한다.

The suspect **insisted** that he **kept** the law, but he was sent to a prison.
그 용의자는 그가 그 법을 지켰다고 주장했지만, 감옥에 보내졌다.

Challenge 1   다음 문장에서 어법상 알맞은 것을 고르시오.

01. You (had better not / had not better) go there alone.

02. I suggest that the meeting (is / be) postponed.

03. The workers at the factory are demanding that their wages (are / be) raised.

04. It is recommended that the students (will / should) finish writing their reports.

05. They insisted that she not (bring / brings) them a present.

06. The witnesses insisted that the accident (should take / had taken) place at the bus stop.

07. The teacher suggested to me that I (listen to / listened to) the English broadcast every day.

Challenge 2   ( ) 안의 동사를 사용하여 ought to V의 형태로 빈칸을 채우고 should로 다시 쓰시오.

> **보기**
> It's your fault. You *ought to apologize* (apologize) to her.
> → You *should apologize to her.*

01. Lisa needs a change. She _____ (go away) for a few days.

  → She _____.

02. You _____ (not, make noise) in the library.

  → You _____.

03. You _____ (check out) my blog. I posted some pictures of you on it.

  → You _____.

04. It'll be such a busy day tomorrow, so we _____ (not, stay up) too late.

  → We _____.

05. My sister _____ (prepare) the answers to the expected questions before

she goes to the job interview tomorrow.

  → My sister _____.

Challenge 1   had better (not)을 이용하여 다음 상황에서 해 줄 수 있는 말을 영작하시오.

> 보기
> I'm going out, and it's starting to rain.
> → *You had better take an umbrella.* / *You'd better not go out.*

01. I might miss an important interview. I have to be there in ten minutes.

→ _____

02. I just rented an apartment, but the rent is too high for me alone.

→ _____

03. My upstairs neighbors make a lot of noise.

→ _____

Challenge 2   〈보기〉와 같이 would rather ~ than을 이용하여 여러분이 선호하는 것을 쓰시오.

> 보기
> play soccer or baseball
> → *I'd rather play soccer than baseball.* / *I'd rather play baseball than soccer.*

01. live in the country or the city

→ _____

02. drink tea or orange juice

→ _____

03. be married or be single

→ _____

04. do homework or watch a movie

→ _____

출제 100%

01 주장, 요구, 명령, 제안 동사 뒤에 오는 that절의 동사를 조심하라!

출제자의 눈 주장(insist), 요구(demand, require), 명령(order, command), 제안(suggest, propose) 등의 동사 뒤에 이어지는 that절 안에는 '주어 (should 생략)+동사원형'을 쓴다. 현대 영어에서는 should를 거의 생략한다. 이때 조동사가 생략되기 때문에 인칭과 수에 관계없이 동사원형을 그대로 써야 한다. 단, '~해야 한다'라는 주장이나 제안이 아닌, 단순한 사실을 언급할 때는 수와 시제를 일치시켜야 한다. 이를 노리는 문제가 출제되었고, 특히 토익과 텝스에서 빈번하게 출제된다.

Check Up

다음 괄호 안에서 어법에 맞는 표현을 고르시오.

1. The guide suggested that the hikers (start / started) walking back to camp before it became too dark and windy, but they didn't listen to his advice.

글의 흐름으로 보아, 어법상 적절하지 **않은** 것은?

2. ❶ One day a truck hit a pedestrian on the street. ❷ The driver argued that the careless pedestrian was to blame for the accident. ❸ It was difficult to determine exactly where the accident had taken place. ❹ Many witnesses insisted that the accident should take place on the crosswalk. ❺ So, the driver was held responsible for the accident.

(1997년 수능)

 핵심 Grammar Formula

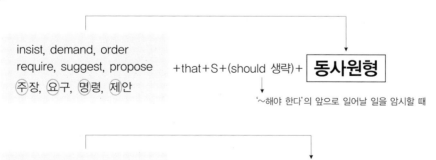

insist, demand, order
require, suggest, propose
주장, 요구, 명령, 제안 +that+S+(should 생략)+ **동사원형**

'~해야 한다'의 앞으로 일어날 일을 암시할 때

insist, demand, order
require, suggest, propose +that+S+ **V(수 일치, 시제 일치)**

→ 단순한 사실만을 언급할 때는 수와 시제를 일치시켜야 한다.

[unit 7]

현재 추측

Where is Cindy? Isn't she supposed to join us for studying?
Cindy는 어디에 있니? 우리와 함께 공부하기로 하지 않았니?

- She **is** in the library. 그녀는 도서관에 있다. (100% 확신)
- She **must** be in the library. 그녀는 도서관에 있는 게 틀림없다. (95% 확신)
- She **may** be in the library. 그녀는 도서관에 있을지도 모른다. (50% 이하 확신)
  =She **might** be in the library.
  =She **could** be in the library.

A 현재 추측

1 **100% 현재의 사실**이라고 확신하면 **현재형**을 쓴다.

A girl is nodding on the bench of a subway car. 한 소녀가 지하철 의자에서 꾸벅꾸벅 졸고 있다.

→ She **is** tired. 그녀는 피곤하다.

Jennifer has a smartphone. Jennifer는 스마트 폰을 갖고 있다.

→ She **surfs** the Internet in the subway on her way to work.
그녀는 일하러 가는 중에 전철에서 인터넷 검색을 한다.

2 must는 우리가 현재 알고 있는 사실로부터 **강한 확신(95%)**을 나타내는데 '~임에 틀림없다'로 해석한다. 우리가 알고 있거나 관찰한 사실에 대해 **논리적인 결론**을 이끌어 내기도 한다.

Bob is yawning. He **must** be tired. Bob은 하품하고 있다. 그는 피곤한 게 틀림없다.

Nancy is coughing and sneezing. She **must** have a cold.
Nancy가 기침을 하고 재채기를 한다. 그녀는 감기에 걸린 것이 틀림없다.

Sunny plays tennis every day. She **must** like to play tennis.
Sunny는 매일 테니스를 친다. 그녀는 테니스 치는 걸 좋아하는 것이 틀림없다.

3 may, might, could는 확신이 50% 이하로 떨어질 때 쓰는데 '~일지도 모른다'의 뜻이다. might와 could는 과거가 아닌 현재와 미래의 추측을 나타낸다.

A : Who is at the door? 문에 누가 있지?

B : I don't know. It **may** be Kevin. 잘 몰라. Kevin일지도 몰라.

A : Where is Jenny? Jenny는 어디에 있니?

B : She **could** be in the classroom. 그녀는 교실에 있을지도 몰라.

※ maybe는 한 단어로 부사 역할을 한다. : **Maybe** she is sick.
　may be는 동사 역할을 한다. : She **may be** sick.

Challenge 1   ( ) 안의 단어를 이용하여 같은 의미의 문장으로 다시 쓰시오.

보기	Maybe I will take a nap. (might)	→ *I might take a nap.*

01. Maybe my brother will come to live with me. (may)   → _____

02. Maybe she is at home right now. (might)   → _____

Challenge 2   ( ) 안의 말을 이용하여 빈칸을 완성하시오.

01. 내가 Lucy에게 우리를 도와달라고 해볼게. 그 애는 시간이 있을지도 몰라. (could, have time)

→ I'll ask Lucy to help us. She _____.

02. Jenny는 요즘 매우 행복함에 틀림없어. 그녀는 곧 결혼할 거야. (must, be very happy)

→ Jenny _____ these day. She's going to get married soon.

03. 기온이 내려간다면 내일 아침에 얼음이 얼지도 몰라. (might, freeze)

→ It _____ tomorrow morning if the temperature goes down.

Challenge 3   Susan의 집에 가서 본 것을 토대로 must를 이용한 문장을 만드시오.

enjoy cooking   very busy   like modern art   a nurse

보기	In the kitchen, there are a lot of cookbooks. → *She must enjoy cooking.*

01. There is a nursing certificate on the wall with Susan's name on it.

→ _____

02. On the bookshelf, there are a lot of books about modern art.

→ _____

03. On the kitchen calendar, there's an activity filled in for almost every day of the week.

→ _____

[unit 8]

현재 부정 추측

point

I haven't seen Cindy today. Where is Cindy?
나는 오늘 Cindy를 보지 못했다. Cindy는 어디에 있니?

– She **isn't** in the library. 그녀는 도서관에 없다. (100% 확신)

– She **can't be** in the library. 그녀는 도서관에 있을 리가 없다. (95% 확신)
  =She **couldn't** be in the library.
  =She **must not** be in the library.

– She **may not** be in the library. 그녀는 도서관에 없을지도 모른다. (50% 이하 확신)
  =She **might not** be in the library.

A 현재 부정 추측

1 100% 현재의 사실이 아니라고 확신하면 현재형을 쓴다.

Peter doesn't want anything to eat. Peter는 어떤 것도 먹고 싶어 하지 않는다.

→ He **isn't** hungry. 그는 배가 고프지 않다.

2 can't와 couldn't는 '~일 수가 없다'의 뜻으로, 화자가 어떤 일이 거의 불가능(95%)하다고 생각하여 사실은 억지로 믿을 때 쓴다. must not은 '~일 리가 없다'의 의미로 나름대로의 사실과 관찰을 통해 논리적 결론(95%)을 내릴 때 쓴다.

We just saw her eat a huge hamburger. She **can't[couldn't]** be hungry.

→ It's impossible that she is hungry because she just had eaten a huge hamburger.
  우리는 방금 그녀가 아주 큰 햄버거를 먹는 걸 봤다. 그녀는 배가 고플 수 없다.

I saw Kelly a minute ago, so she **can't[couldn't]** be at home.
나는 Kelly를 조금 전에 봤다. 그래서 그녀는 집에 있을 리가 없다.

She ate everything on her plate except the Gimchi. She **must not** like Gimchi.

→ I'm sure she doesn't like Gimchi – otherwise she would eat it.
  그녀는 김치를 빼고 접시에 있는 모든 음식을 먹었다. 그녀는 김치를 좋아하지 않는 게 틀림없다.

3 may[might] not은 가능성과 확신이 현저히 떨어질 때(50% 이하) 사용한다. '~가 아닐지도 모른다'라는 의미이다.

She **may[might] not** come tomorrow. 그녀는 내일 안 올지도 모른다. ▶ Possibly she will not come.

The rain has stopped. I **may not** need an umbrella.
비가 그쳤다. 나는 우산이 필요 없을지도 모른다. ▶ Possibly I won't need an umbrella.

A : Someone told me that they finally divorced each other. 누군가가 그들이 결국 이혼했다고 말했어.

B : That **may[might] not** be true. 사실이 아닐지도 몰라.

Challenge 1　빈칸에 must not과 can't 중 알맞은 것을 쓰시오.

| 보 기 | The Adam's house is dark and quiet. Their car isn't in the driveway.
→ They *must not* be at home. |

01. How can you say such a thing?

　　→ You _____ be serious.

02. I offered Tom something to eat, but he didn't want anything.

　　→ He _____ be hungry.

03. When Bob's wife is in the car with him, she always asks him to change the station or the tape.

　　→ She _____ like classical music.

04. You just started filling out your tax forms 10 minutes ago.

　　→ You _____ be finished with them already!

05. Ron is a good friend of Sunny's, but he hasn't visited her in the hospital.

　　→ He _____ know she's in the hospital.

Challenge 2　may not 또는 might not을 이용하여 같은 의미가 되도록 문장을 완성하시오.

| 보 기 | Perhaps Jane isn't in her office.
→ *Jane may[might] not be in her office.* |

01. Perhaps she isn't working today.

　　→ _____

02. Perhaps she doesn't want to see me.

　　→ _____

03. Perhaps she doesn't want to get married to Peter.

　　→ _____

04. Perhaps she doesn't want to be alone.

　　→ _____

 [unit 9]

과거 추측

point

The phone rang but she didn't hear it.

She **was** asleep. 그녀는 자고 있었다. (100% 확신)
She **must have been** asleep. 그녀는 자고 있던 게 분명하다. (95% 확신)
She **may have been** asleep. 그녀는 자고 있었을지도 모른다. (50% 이하 확신)
=She **might have been** asleep.
=She **could have been** asleep.

The light was red, but the car didn't stop.

The driver **didn't see** the red light. 운전자는 적신호를 보지 못했다. (100% 확신)
He **must not have seen** the red light. 그는 적신호를 봤을 리가 없다. (95% 확신)
=He **couldn't have seen** the red light.
=He **can't have seen** the red light.
He **may not have seen** the red light. 그는 적신호를 보지 않았을지도 모른다. (50% 이하 확신)
=He **might not have seen** the red light.

A 과거 추측

1 100% 과거의 사실은 과거형을 쓴다. '~했음에 틀림없다(95%)'의 뜻으로, **과거 상황에 대한 논리적 이유를 갖는 강한 확신이나 추측은 must have+V-ed를 쓴다.** '~했을지도 모른다(50% 이하)'의 뜻인 **may[might/could] have+V-ed는 확신의 정도가 현저히 떨어지는 경우에 사용한다.**

We **may have been** here a lot as kids. Everything is so familiar.
우리는 어렸을 때 여기 많이 와봤을지도 몰라. 모든 것이 굉장히 익숙해.

There is water all over the floor. The water cooler **must have leaked**.
마루가 온통 물바다야. 정수기가 샜음에 틀림없어.

A : I can't find my purse anywhere. 나는 어디서도 내 지갑을 찾을 수가 없어.

B : You **may have left** it in the store. 지갑을 그 가게에 두고 왔을지도 몰라.

2 must not[can't/couldn't] have+V-ed는 모두 '~했을 리가 없다(95%)'의 뜻이다. may[might] not have +V-ed는 '~하지 않았을지도 모른다(50% 이하)'의 뜻으로 확신의 정도가 현저히 떨어지는 경우에 사용한다.

She walked past me without saying hello. she **must[can/could] not have seen** me.
그녀는 인사도 없이 나를 지나갔다. 그녀는 나를 보지 못했음에 틀림없다.

She **might not have been** sick yesterday. 그녀는 어제 아프지 않았을지도 모른다.

Challenge 1   might 또는 might have+V-ed를 이용하여 A에 대한 B의 응답을 완성하시오.

> 보기
>
> A : I can't find Jenny anywhere. I wonder where she is.
> B : She *might have gone shopping*. (go shopping)

01. A : Why didn't Bob come to the meeting? He said he would come.

     B : He _____. (get stuck, in heavy traffic)

02. A : I'm looking for Sally. Do you know where she is?

     B : She _____. (be, in the library)

Challenge 2   ( ) 안의 단어와 can't have V-ed 또는 must have+V-ed를 이용하여 빈칸을 채우시오.

> 보기
>
> People *must have died* (die) when they had infectious diseases because there were no antibiotics.

01. Travel to faraway places _____ (be) long and dangerous without trains or planes.

02. Europeans _____ (go) to Australia because they didn't know it existed.

03. Many children _____ (have) a good education because there were no schools.

04. Many people _____ (work) at home or on a farm because the economy was not as industrialized as it is today.

Challenge 3   주어진 문장을 ( ) 안의 조동사를 이용하여 추측을 나타내는 표현으로 만드시오.

01. I am sure that she didn't solve the problem. (can)

     → She _____.

02. It is probable that he revealed the secret. (may)

     → He _____.

03. It is impossible that he has done the work by himself. (could)

     → He _____.

point

I (must / should) have left a little earlier. I get stuck in traffic.

나는 좀 더 일찍 떠났어야 했다. 교통 체증에 갇혀 꼼짝 못하고 있다.

→ '~했어야 했는데 (사실은 하지 않았다)'의 뜻이므로 should have+V-ed를 쓴다.

A should have+V-ed

1 should의 과거형인 'should have+V-ed'는 과거에 했어야 하는 일이나 행동에 대한 후회, 유감을 나타낸다. '~했어야 했는데 (사실은 하지 않았다)'로 해석한다. ought to have+V-ed도 같은 의미로 사용된다.

You **should have seen** the concert. It was great. 너는 그 콘서트를 봤어야 했다. 대단했거든.

→ You didn't see it, but it would have been good to see.

The wedding is in half an hour. The flowers **should have arrived** by now.

→ The flowers haven't arrived yet.

　　30분 후에 결혼식이 시작된다. 꽃들은 지금쯤 도착했어야 했다.

2 must의 과거형인 'must have+V-ed'는 과거 사실에 대한 강한 추측으로 '~이었음에(했음에) 틀림없다(95%)'로 해석한다. 실제 어떤 논리적인 근거를 통해 동작이나 행동을 이미 했음을 내포하고 있다.

Cindy fell asleep in class this morning. She **must have stayed** up too late all night.

Cindy는 오늘 아침 수업 중에 잠이 들었다. 그녀는 밤을 꼬박 세운 것이 틀림없다.

Since the ditch is full of water, it **must have rained** last night.

도랑에 물이 가득차 있기 때문에 어젯밤에 비가 온 것이 틀림없다.

3 'should not have+V-ed'는 '~하지 말았어야 했는데 (사실은 했다)'의 뜻이다. should have V-ed와 서로 반대의 뜻이 된다. ought not to have+V-ed도 같은 의미로 쓴다.

We went to a movie, but it was a waste of time and money.

우리는 영화를 보러 갔지만, 그것은 시간과 돈 낭비였다.

→ We **should not have gone** to the movies. 우리는 그 영화를 보러 가지 말았어야 했다.

→ We **ought not to have gone** to the movies.

She **shouldn't have been** listening to our conversation. It was private.

그녀는 우리의 대화를 듣지 말았어야 했다. 그것은 사적인 대화였다.

B need have V-ed

1 'need have+과거분사'는 '~할 필요가 있었는데 (하지 않았다)'의 뜻이다. 부정은 '~할 필요가 없었는데 (사실은 했다)'의 뜻으로 'need not have+과거분사'를 쓴다. 영국에서 주로 쓰는 표현으로 미국식 영어에서는 잘 쓰지 않는다.

→ later

I think it's going to rain.

I'll go back home to take the umbrella.

비가 올 것 같다. 우산을 가지러 집으로 돌아가야겠다.

I **needn't have brought** the umbrella.

→ I took the umbrella, but this was not necessary.

나는 우산을 가져올 필요가 없었는데. (사실은 가져왔다.)

It's raining. I **need have brought** an umbrella. 비가 내리고 있다. 우산을 가져올 필요가 있었는데.

Everything turned out to be O.K. You **needn't have worried.**

→ You worried, but it was not necessary.

모든 일이 결국 다 잘됐다. 너는 걱정할 필요가 없었다.

Challenge 1 다음 문장을 읽고 should (not) have+V-ed를 이용하여 B의 대답을 완성하시오.

01. A : I lost my history book yesterday, and I couldn't find it because I didn't write my name on it.

B : _____

02. A : The room is full of flies because you opened the window.

B : _____

03. A : I am broke now because I spent all my money foolishly.

B : _____

Challenge 2 〈보기〉와 같이 needn't have+V-ed를 이용하여 빈칸을 완성하시오.

보기	Eric went out. He took an umbrella because he thought it was going to rain. But it didn't rain. → *He needn't have taken an umbrella.*

01. I thought I was going to miss my plane, so I rushed to the airport. But the plane was late and in the end I had to wait twenty minutes.

→ _____

02. Lisa bought some oranges when she went shopping. When she got home, she found that she already had plenty of oranges.

→ _____

Challenge 3 ( ) 안의 조동사를 이용하여 주어진 의미와 같도록 빈칸을 완성하시오.

01. It is almost certain that she has forgotten the promise. (must)

→ She _____ the promise.

02. It is not right that you laughed at her mistakes. (not, should)

→ You _____ at her mistakes.

03. It was wrong of her to give the child the knife to play with. (not, ought)

→ She _____ the child the knife to play with.

40

출제 100%

01 **조동사+have+V-ed의 의미를 구별하라.**

출제자의 눈 조동사+have+V-ed는 원칙적으로 본동사의 시제보다 더 이전의 과거를 나타낸다. 따라서 현재 시점에서 과거를 추측할 때 알맞은 조동사를 고르는 문제가 출제될 수 있다. 특히 must have+V-ed와 should have+V-ed가 서로 상대개념으로, 문맥을 통해 must와 should를 구별할 수 있는지를 묻는 문제가 출제되었다.

Check Up

밑줄 친 부분 중 어법상 **틀린** 것을 고르시오.

My brother became ❶ <u>ill</u> yesterday. I paid little attention to him and did not send him to hospital, because his illness did not seem ❷ <u>to be serious</u>. Now his condition ❸ <u>is changing</u> for the worse. I regret ❹ <u>having paid</u> little attention to him. In other words, I ❺ <u>should be paid</u> more attention to him. (1994년 수능)

 핵심 Grammar Formula

	must have V-ed	should have+V-ed
공통점	현재에서 과거를 추측할 때 (과거시제)	
차이점	_____에 대한 강한 추측	_____에 대한 후회, 비난

→ 글의 내용에 따라 과거에 이미 한 일은 'must have+V-ed', 하지 않은 일을 나타낼 때는 should have+V-ed를 쓴다. 이 둘을 구별하는 어법 문제가 출제된다.

[unit 11]

used to / would

point

The Beatles (**used to** / would) be the most popular group in the world.

비틀즈는 세계에서 가장 유명한 그룹이었다.

→ 과거에 반복된 동작이 아닌 지속된 상태를 나타낼 때는 'used to+동사원형'만 쓸 수 있다. 상태가
아닌 동작을 나타낼 때는 would도 쓸 수 있다. 따라서 답은 used to이다.

A   used to와 would

1 'used to+동사원형'은 지금은 하지 않지만, 과거에 반복되었던 행동이나 지속된 상태를 나타낸다. '~하곤 했다
(였다)'의 뜻이다. 부정은 **never used to V** 또는 **didn't use(d) to V**를 쓴다. '예전에는 ~하지 않았지만 지금
은~ 한다'라는 의미이다. 의문문은 '**Did+주어+use(d) to+동사원형~?**'으로 쓴다.

I **used to go** jogging outside, but now I stay in and do yoga.
나는 예전에는 밖에서 조깅을 했지만 지금은 실내에서 요가를 한다.

I **never used to** ride a bicycle. 나는 자전거를 탄 적이 없었다.

=I **didn't use(d) to** ride a bicycle.

→ Once I didn't ride a bicycle, but now I do.

Did you **use(d) to** live in Paris? 너는 파리에서 살았었니?

※ 구체적인 과거의 시간이 언급될 경우에는 used to를 쓸 수 없다.

We went to the beach every week in 2008. (○)

→ We used to go to the beach every week in 2008. (×)

2 would 또한 과거에 자주 했던 일을 나타내며, 이때 would는 used to로 바꾸어 쓸 수 있다. 실제 원어민들조차
규칙적인 것과 불규칙적인 것을 구별하기가 애매하기 때문에 **과거의 습관(특히 행동)에는 used to와 would를
구별 없이 쓴다.** 단, 과거의 습관적인 행동이나 동작이 아닌 '**상태(stative verbs)**'를 나타낼 때에는 would를 쓸
수 없다.

Kelly **used to** have very long hair. Kelly는 긴 머리였다. ▶ would로 바꿔 쓸 수 없다.

There **used to** be the World Trading Center here. 여기에 월드 트레이딩 센터가 있었다. ▶ would로 바꿔 쓸 수 없다.

Dennis **would(=used to)** travel a lot. Dennis는 여행을 많이 하곤 했었다.

3 be[get] used to+V-ing는 '~하는 데에 익숙하다'의 뜻으로 'be accustomed to V-ing도 같은 의미로 사용
된다. 반면, be used to+동사원형은 '~하는 데 사용되다'의 뜻으로 의미에 분명한 차이가 있다. **be used to
V-ing와 be used to V를 혼동하지 않도록 주의한다.**

I **used to** live alone. 나는 혼자 살곤 했었다.

I **am[get] used to living** alone. 나는 혼자 사는 데 익숙하다.

=I am accustomed to living alone.

This medicine **is used to** reduce fevers. 이 약은 열을 내리는 데 사용된다.

Challenge 1 〈보기〉와 같이 used to와 didn't use(d) to를 이용하여 영작하시오.

She stopped
• working at an insurance company
• riding her bicycle to work
• living in a small town
• playing tennis after work every day

She started
• watching cartoons on TV
• eating breakfast in the morning
• working at a restaurant nearby the college
• spending a lot of money

보기
→ *She used to work at an insurance company.*
→ *She didn't use(d) to watch cartoons on TV.*

01. _____

02. _____

03. _____

04. _____

05. _____

06. _____

Challenge 2 다음 중 어법에 맞는 것을 고르시오.

01. People (used to / used) watch black and white television in the 1960s.

02. Women (used to wear / used to wearing) mini-skirts in the sixties.

03. Girls (used to scream / used to be screaming) when they saw the Beatles.

04. Before the 1920's, scientists (use / used) to think an immobilized muscle would become weaker.

05. In many ways, fashion (used to / would) be much simpler. Women didn't use to wear pants to the office, and men's clothes never used to come in bright colors.

06. That drug (used / was used) to treat extreme weight loss in AIDS patients.

07. I (used to listen / am used to listening) to the radio when I drive to work. I hear many of my favorite songs from the 1960s.

⭐ 출제 100%

01 **used to V, be used to V, be used to V-ing를 구별하라.**

출제자의 눈 '~하곤 했다'의 'used to+동사원형'과 '~하는 데 익숙하다'의 'be used to V-ing'를 구별하는 문제가 출제된 적이 있다. 주로 '동사원형과 동명사'의 쓰임을 물어본다. 'be used(사용된다) to V(~하려고)'일 때는 당연히 V-ing(동명사)를 쓰지 않도록 조심해야 한다. '익숙하다'와 '사용되다'라는 분명한 의미 차이가 있으므로 to V와 V-ing를 구별해서 써야 한다. 이 둘을 혼동시키는 문제가 출제될 가능성이 높다.

Check Up

다음 괄호 안에서 어법에 맞는 표현을 고르시오.

1. All this money is being used (helping / to help) thousands of homeless and hungry people around the world.

2. That little kid is used to (be / being) teased by his older brother, so he doesn't cry any more.

 핵심 Grammar Formula

used to V　「~하곤 했다」
would V　　「~하곤 했다」
　　└──▶ 상태를 나타낼 때는 would를 사용할 수 없다.

be[get] used │ **to** │ V-ing「~에 익숙하다」
be accustomed │ **to** │ V-ing「~에 익숙하다」
　　└──▶ to는 전치사로 동명사(V-ing)만 쓸 수 있다.

be used │ to V　「~ 하는 데 사용되다」
　　└──▶ be V-ed는 수동태 표현으로 '사용되다'는 의미이고
　　　　to V는 '~하는 데(하기 위해)'라는 의미이다.

1. 다음 빈칸에 공통으로 들어갈 단어를 쓰시오.

· Grandfather _____ _____ live in P'yŏng-
yang. (할아버지는 예전에 평양에 사셨다.)
· He _____ _____ think he was the best,
so he didn't listen to others' advice.
(그는 자신이 최고라고 생각하곤 했다. 그래서 다른 사람
들의 충고를 듣지 않았다.)

오답노트

2. 주어진 문장이 의미하는 바로 알맞은 것은?

She must have forgotten the promise.

❶ I am sure that she will forget the promise.
❷ I hope that she can forget the promise.
❸ It is almost certain that she has forgotten the
promise.
❹ I wonder if she has forgotten the promise.
❺ I am not sure that she forgot the promise.

오답노트

[3-5] 빈칸에 들어갈 가장 알맞은 표현을 고르시오.

3.

The ability to write well _____ as useful
as the ability to speak well.

❶ has to be   ❷ will be   ❸ can be
❹ might be   ❺ would be

1997년 수능

4.

Whatever problem you name, you can also
_____ some hoped-for technological
solution.

❶ naming   ❷ name   ❸ able to meet
❹ named   ❺ are naming

5.

Travelers had better _____ their
reservations well in advance if they want to fly
during the Christmas holidays.

❶ to get   ❷ getting   ❸ get
❹ got   ❺ get to

오답노트

04년 수능 응용

6. 다음 대화를 읽고 어법상 어색한 것을 찾아 고치시오.

W : Is Brian coming to dinner tomorrow night?
M : I think so. But he just got out of the
hospital a few days ago.
W : How's he feeling?
M : Much better, but he's still not completely
back to normal.
W : Is he on any kind of special diet?
M : Actually, he's not supposed to eat any
spicy food for a while.
W : So, what should we make for him?
M : I don't know.
W : Then, we'd better to ask him what he can
eat.

오답노트

[7-9] 다음 두 문장이 같은 뜻이 되도록 빈칸에 알맞은 것을 고르시오.

7. It is certain that he is innocent.

= He _____ be innocent.

① can   ② must   ③ may

④ should   ⑤ may well

8. I am sorry that you didn't work hard.

= You _____ hard.

① ought have worked   ② should work

③ ought to work   ④ should have worked

⑤ cannot have worked

9. It is natural that she should be proud of her son.

= She _____ be proud of her son.

① may   ② can   ③ may well

④ had better   ⑤ cannot but

오답노트

10. 다음 글의 밑줄 친 부분과 의미가 같은 것은?

I have been asked to speak on the question how to make the best of life, but may as well confess at once that I know nothing about it. I can't think that I have made the best of my own life, nor is it likely that I shall make much better of what may or may not remain to me.

① had better   ② cannot but

③ may well   ④ have good reason to

⑤ would rather

오답노트

[11-12] 다음 글을 읽고 물음에 답하시오.

If you have ever tried to keep a few spiders in a jar, you ① may have found out an interesting fact. In a few days, you ② may have had only one spider. Many spiders are cannibals! Hungry spiders eat anything they can catch, ③ including other spiders. A spider has a very small mouth and does not actually 'eat' its victim. Instead, it first sucks out the body juices from its victim's body. Then fluids from the spider ④ are injected into the victim's body. These fluids turn the victim's tissues into juices that ⑤ can also be eaten by the spider. Later the hollow body of the victim is cast aside.

11. 밑줄 친 ①~⑤에서 어법상 어색한 것을 골라 바르게 고치시오.

_____

12. 거미의 특징을 가장 잘 나타낸 말은?

① Spiders catch their prey very easily.

② Spiders are very cunning animals.

③ When hungry, they eat other spiders.

④ Spiders don't like to eat living insects.

⑤ Spiders have very strong appetite.

오답노트

13. 다음 빈칸에 알맞은 것은?

A : Well, Tom, I'd like to congratulate you on winning the prize.

B : Oh, it was nothing. I mean there was nothing to it. Anyone _____ it, really.

❶ has done   ❷ had done

❸ could have done   ❹ must have done

❺ needn't have done

오답노트

14. 다음 중 must의 쓰임이 나머지와 다른 것은?

❶ She was told she mustn't open the safe.

❷ Jane must tell her father about the accident.

❸ I must go along with the plan.

❹ He must be stupid to tell such a lie!

❺ You must not be late for the commencement.

오답노트

15. 아래 문장에서 would와 쓰임이 같은 것은?

Sometimes she looked at me directly and sometimes she seemed lost in her own world. Many afternoons I would sit at the end of her bed.

❶ If I were you, I would buy it.

❷ It's getting hot in here. Would you mind opening the window?

❸ Would you please pass me the pepper?

❹ I would like to read this book.

❺ I used to be very shy. Whenever a stranger came to our house, I would hide in a closet.

오답노트

16. 다음 빈칸에 알맞은 표현으로 짝지어진 것은?

나는 어젯밤 그 파티에 가기보다는 차라리 집에 있었을 걸 그랬다.

= I would rather _____ at home than _____ to the party last night.

❶ be – go   ❷ was – have gone

❸ have been – went   ❹ was – went

❺ have been – have gone

오답노트

17. 다음 상황을 읽고 조동사 have V-ed를 넣어 문장을 완성하시오.

I heard a loud crash in the next room. When I walked in, I found a stone on the floor, and the window was broken. Someone _____ _____ (throw) the stone through the window.

오답노트

18. ( ) 안에서 어법상 알맞은 것을 고르시오.

A : Amy has two full-time jobs this summer to make some money for school in the fall. She (may / must) not have very much time to rest and do other things.

B : That might explain why no one answered the door when I stopped by her house a little ago. She (should / must) have been sleeping.

오답노트

출제의도 had better / should have+과거분사
평가내용 상대방에게 충고나 조언하기

A **had better, should 또는 shouldn't have V-ed를 이용하여 문장을 영작하시오.** (서술형 유형 : 12점 / 난이도 : 중하)

보기		Jane lost her money. (call / the police) → *She should[had better] call the police.* (leave / her handbag / open) → *She shouldn't have left her handbag open.*

1.

Julie has got a terrible headache.

(take / an aspirin) → _____

(go / to the concert) → _____

2.

Cindy wants to lose weight.

(exercise / more) → _____

(eat / sweets) → _____

3.

School starts in ten minutes and they're still eating breakfast.

(hurry up) → _____

(waste / any more time) → _____

평가영역		채 점 기 준	배 점
유창성(Fluency) & 정확성(Accuracy)	A	표현이 올바르고 문법, 철자가 모두 정확한 경우	4 × 3 = 12점
	B		3 × 3 = 9점
	C		3 × 2 = 6점
	공통	문법, 철자가 1개씩 틀린 경우	문항당 1점씩 감점
		내용과 일치하지 않는 답을 썼거나 답을 기재하지 못한 경우	0점

출제의도 Subjunctive / Polite request
평가내용 상대방에게 제안하기 / 상대방에게 정중한 부탁하기

B Cindy가 몸이 약해져 고민하고 있을 때 친구들이 그녀에게 몇 가지 제안을 한다. suggest를 이용하여 〈보기〉와
같이 Cindy의 친구들이 제안한 내용을 영작하시오. (서술형 유형 : 9점 / 난이도 : 중하)

| ex) Linda | 1. Kelly | 2. Steve | 3. Christina |

| 보기 | *Linda suggested that she start going to the gym.* |

1. _____

2. _____

3. _____

C 주어진 상황에 맞게 조동사+I[you]~?를 이용하여 제안을 나타내는 문장을 만드시오. (서술형 유형 : 6점 / 난이도 : 중)

| 보기 | You want your brother to help you with your assignment. What do you say?
→ *Can[Could, Will] you help me with my assignment?* |

1. You need to make a phone call but don't have a phone card. Ask your friend to use his/her phone card.

→ _____

2. You aren't computer literate but you need to download something from the Internet. Ask your science
teacher to show you how to do it.

→ _____

창의성과 표현력을 길러주는 **서술형 문항**

출제의도 should have V-ed
평가내용 지난 일에 대한 후회나 유감 나타내기

D James와 Nancy는 휴가차 서울에 다녀왔다. '그들이 했어야 했던 것'과 '하지 말았어야 하는 것'을 should (not) have를 이용하여 7개의 문장을 영작하시오.

(서술형 유형 : 21점 / 난이도 : 상)

James and Nancy decided to go to Seoul, Korea for their vacation. They found a cheap hotel and light package from a new discount travel agency. When they got to the airport, they found that the flight was overbooked. They hadn't phoned to confirm their flight ahead of time, so they had to wait seven hours for the next flight. When they got to the hotel, they found that it was not near the beach as the advertisement had said. It was at least 300km away! They went to a nearby restaurant for lunch, but they couldn't speak any Korean, and Nancy had left her phrasebook at home. They couldn't understand the menu, and they ordered Bulgogi even though they are both vegetarians. When they got back to their hotel, James found that his digital camera and smartphone had both disappeared. They thought about complaining to the travel agency, but when they got back from their vacation, they were just too exhausted.

| 보기 | *They should have booked the trip with a travel agency that they knew about.* |

1. _____

2. _____

3. _____

4. _____

5. _____

6. _____

7. _____

평가영역	채 점 기 준	배 점
유창성(Fluency) & 정확성(Accuracy)	표현이 올바르고 문법, 철자가 모두 정확한 경우	3 × 7 = 21점
	문법, 철자가 1개씩 틀린 경우	문항당 1점씩 감점
	내용과 일치하지 않는 답을 썼거나 답을 기재하지 못한 경우	0점

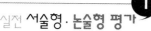
2004년 수능

A 다음 글을 읽고 물음에 답하시오.

Mom was an extraordinarily clean person. After feeding my brother and me breakfast, she would scrub, mop, and (A) dust / to dust everything. As we grew older, Mom made sure we did our part by keeping our rooms (B) neat / neatly . Outside, she would tend a small flower garden, which was the envy of the neighborhood. With Mom, everything she touched (C) turned / turning to gold. She didn't believe in doing anything halfway. She often told us that we always had to do our best in whatever we did.

Words & Phrases

◆ extraordinarily 유별나게
◆ scrub 문지르다
◆ mop 닦다, 청소하다
◆ dust 먼지를 털다
◆ tend 손질하다
◆ halfway 불충분하게

Critical Thinking!

(A) 병렬구조를 확인했는가?
(B) 형용사 자리인가, 부사 자리인가?
(C) 문장에서 동사가 필요한가, 분사가 필요한가?

1. (A), (B), (C)의 각 네모 안에서 어법에 맞는 표현을 골라 바르게 짝지은 것은? (2점)

	(A)	(B)	(C)
❶	dust	neat	turned
❷	dust	neat	turning
❸	dust	neatly	turned
❹	to dust	neat	turned
❺	to dust	neatly	turning

2. 밑줄 친 문장이 말하는 교훈을 가르치기 위해 엄마가 한 구체적인 행동을 본문에서 찾아 두 문장으로 쓰시오. (2점)

(1) _____

_____

(2) _____

_____

오답노트

정답
p.7

1999년 수능

A 다음 글을 읽고 물음에 답하시오.

It is often believed that the function of school is ❶ to produce knowledgeable people. If schools ❷ only provide knowledge, however, they may destroy creativity, ❸ producing ordinary people. We often ❹ hear stories of ordinary people who, if education had focused on creativity, could have become great artists or scientists. Those victims of education ❺ should receive training to develop creative talents while in school. It really is a pity that they did not.

1. 윗글의 흐름으로 보아, 밑줄 친 부분 중 어법상 어색한 것을 찾아 고치시오. (3점)

_____

2. 필자의 주장이 잘 나타나도록 주어진 문장을 완성하시오. (단, 본문에 있는 단어를 최대한 활용할 것) (3점)

→ So, I strongly suggest that schools should _____

_____ .

Words & Phrases

◆ knowledgeable 지식 있는
◆ creativity 창의력, 독창력
◆ ordinary 평범한
◆ focus on ~에 초점을 맞추다, 집중하다
◆ victim 희생자

Critical Thinking!

❶ to부정사를 쓰는 것이 적절한가?
❷ 시제가 적절한가?
❸ 현재분사의 사용이 올바른가? 과거분사가 아닌가?
❹ 시제가 적절한가?
❺ 수 일치와 시제가 올바른가?

오답노트

Chapter 2. 접속사 (Conjunctions)

Chapter 2

접속사

 반드시 알아야 해!

여러 가지 상관접속사를 알아두자.
시간이나 조건의 부사절에 나오는 현재시제에 주목하라.
간접의문문의 어순은 반드시 출제된다.
등위접속사나 비교구문으로 연결되는 병렬구조를 조심하라.

 수능 기출

다음 괄호 안에서 어법에 맞는 표현을 고르시오.

1. I asked a clerk (where did they have books / where they had books) about computers.

2. In the Metro, you have to open the doors yourself by pushing a button, depressing a lever or (slide / sliding) them.

[해석]　1. 나는 점원에게 컴퓨터에 관한 책이 어디에 있는지를 물었다.
　　　　2. Metro에서는 당신이 직접 버튼을 누르거나 레버를 내리거나 옆으로 밀어 문을 열어야 한다.

[해설]　1. 간접의문문의 어순은 '의문사＋주어＋동사'이므로 where they had books가 올바른 표현이다.
　　　　2. 전치사 by에 병렬구조(pushing ～, depressing ～, or sliding)로 연결되어 있으므로 sliding이 적절하다.

정답　　1. where they had books　2. sliding

54

and, but, or, so

p●int

Reading develops the powers of imagination (but / and) inner visualization.

(1997년 수능)

독서는 상상력과 내적인 심상의 힘을 길러준다.

→ 알맞은 접속사를 고르는 문제로, 앞의 내용을 대등하게 연결할 때는 and를 쓴다. and 자체를 물어보는 시험보다는 접속사를 사이에 두고 앞뒤의 형태가 같은지, 즉 앞이 명사면 뒤에도 명사, 동명사면 동명사, 부정사면 부정사 등과 같이 병렬관계를 물어보는 경우가 많다. 따라서 답은 and이다.

A 접속사의 개념 및 분류

접속사는 단어와 단어, 구와 구, 절과 절을 이어주는 역할을 하는데, 크게 등위접속사와 종속접속사로 나뉜다. **등위접속사는 문법적 기능이 대등한 말을 연결해 주고, 종속접속사는 주절과 종속절을 연결해 준다.**

Eating should be healthful **and** enjoyable. 식사는 건강에 도움이 되고 즐거워야 한다.
└─────── 대등 ───────┘

I will check **if** the movie is playing. 내가 그 영화가 상영 중인지 아닌지 확인해 볼게.
  주절   종속절

B 등위접속사(and, but, or, so)

등위접속사는 단어와 구, 절을 대등하게 연결한다. 두 단어를 연결할 때는 쉼표(,)를 쓰지 않지만 셋 이상의 단어를 연결할 때는 각 단어 뒤와 접속사 앞에 쉼표를 써준다. **문장[절]과 문장[절]을 연결할 때는 접속사 앞에 쉼표를 쓴다.** 단, 앞 문장이 짧은 경우에는 쉼표를 쓰지 않아도 좋다.

1 **첨가**를 나타내는 등위접속사 and : ~와, 그리고

Dennis is a bright **and** happy child. Dennis는 명랑하고 행복한 아이이다.

I love trees, grass, flowers, rivers, **and** lakes. 나는 나무, 잔디, 꽃, 강, 그리고 호수를 사랑한다.

I saw the doctor, **and** he gave me some medicine. 나는 진찰을 받았다. 그리고 그는 내게 약간의 약을 주었다.

※ 셋 이상의 단어가 나열되어도 영국식 영어에서는 and 앞에 쉼표를 쓰지 않는다.

I went to Korea, Japan **and** China.

※ 명령문에서 and는 '(~해라) 그러면 ~'의 뜻으로 and 다음은 결과를 나타낸다.

Hurry up, **and** you won't be late for the train. 서둘러라, 그러면 열차 (시간)에 늦지 않을 것이다.

Believe in yourself, **and** you can succeed. 네 자신을 믿어라, 그러면 성공할 수 있다.

2 **선택**을 나타내는 등위접속사 or : 또는, 혹은

I will go camping **or** canoeing this weekend. 나는 이번 주말에 캠핑을 가거나 카누를 타러 갈 것이다.

I doubt that we **or** our teacher is going to solve the problem.
나는 우리 또는 우리 선생님이 그 문제를 해결할지 의심스럽다.

We can go fishing, **or** we can just stay home. 우리는 낚시를 하러 가거나 단지 집에 머무를 수 있다.

※ 명령문에서 or은 '(~해라) 그러지 않으면~'의 뜻으로 or 다음은 부정적 결과를 나타낸다.

Hand in the report by tomorrow, **or** you'll be given extra homework.
내일까지 보고서를 제출해라, 그렇지 않으면 네게 추가 숙제가 주어질 것이다.

3 대조를 나타내는 등위접속사 but : 그러나, 하지만

A doctor can prescribe medicine, **but** a nurse cannot prescribe medicine.
의사는 약을 처방할 수 있지만, 간호사는 약을 처방할 수 없다.

I washed my shirt, **but** it didn't get clean. 나는 셔츠를 세탁했지만 깨끗해지지 않았다.

4 등위접속사 so(＝therefore 그래서), for(＝because 왜냐하면), yet(＝but 그러나)은 **문장과 문장만 연결시키며, 접속사 앞에 항상 쉼표**를 쓴다. so는 앞 문장의 동작이나 생각의 결과를 나타낸다. for는 전치사가 아닌 접속사로 쓰이는 경우가 있다. 주로 문장 중간에 위치하며 **for 뒤에는 반드시 주어＋동사가 연이어 나온다.**

I wanted to clear my thoughts, **so** I went for a walk. 나는 생각을 정리하고 싶었고, 그래서 산책을 했다.

She had cut her hair short, **so** I couldn't recognize her at first.
그녀가 머리를 짧게 잘라서 나는 처음에 그녀를 알아볼 수 없었다.

I had to stay home, **for** it was too cold. 나는 집에 머물러야 했는데, 왜냐하면 너무 추웠기 때문이다.

Sunny wants to see the movie, **yet** Bob prefers to watch soccer on television.
Sunny는 영화를 보고 싶지만, Bob은 TV로 축구 보는 것을 더 좋아한다.

Challenge 1 다음 문장에서 어법상 알맞은 것을 고르시오.

01. My girlfriend and I (am / are) going to the concert.

02. The editor is responsible for collecting articles (and / but) publishing newsletters.

03. I had to decide between going up to senior high school and (to be / being) a professional baseball player.

04. Even when they sit at the passenger's seat, their terror increases, and they keep an eye on the driver, offering advice about taking curves and (slowing / slow) down for yellow lights.

05. She tried to get her poems published, (so / but) newspapers didn't want them. (1995년 수능)

Challenge 2 빈칸에 and, but, for, so 중 알맞은 것을 써 넣으시오.

> 보기 We need to eat fruit *and* vegetables for good health.

01. At first, I couldn't remember her name, _____ later it occurred to me.

02. It was raining cats and dogs, _____ I decided to stay home.

03. We need vitamins for good health, _____ we need only very small amounts.

04. Everyone's blood is one of our basic types : A, B, AB _____ O.

05. Leonardo DiCaprio is kind, sweet, _____ very handsome.

06. Would you like to take in a movie _____ go shopping?

07. Be patient, _____ opportunity will come knocking on your door.

08. Call ahead and make a reservation, _____ you will not be able to get a table.

09. I was overwhelmed with hunger, _____ I hadn't eaten anything since dawn.

Challenge 1 〈보기〉와 같이 주어진 표현과 적절한 접속사를 이용하여 빈칸을 완성하시오.

> **보기** 어디로 가고 싶으세요? 해변으로, 아니면 국립박물관으로? (to the beach / to the national museum)
> → Where would you like to go *to the beach or to the national museum*?

01. 내 동생은 열심히 공부했지만 시험에 떨어졌다. (failed the exam)

　→ My brother studied hard, ＿＿＿＿＿＿＿＿＿＿＿＿＿＿＿＿＿＿ .

02. 의사는 내가 정크푸드를 적게 먹고 충분한 운동을 할 필요가 있다고 했다. (eat less junk food / get enough exercise)

　→ The doctor said that I need to ＿＿＿＿＿＿＿＿＿＿＿＿＿＿＿＿ .

03. 나는 교통카드를 잃어 버려서, 지하철이나 버스를 탈 수가 없었다. (couldn't take the subway / the bus)

　→ I lost my transportation card, ＿＿＿＿＿＿＿＿＿＿＿＿＿＿＿＿ .

Challenge 2 주어진 문장을 알맞은 접속사를 이용하여 다시 쓰시오.

> **보기** If you take a shuttle bus, you can save time and energy.
> → *Take a shuttle bus, and you can save time and energy.*

01. I talked to Jane for a long time. She didn't listen.

　→ ＿＿＿＿＿＿＿＿＿＿＿＿＿＿＿＿＿＿＿＿＿＿＿＿＿＿＿＿＿＿＿

02. Would you like some water? Would you like some coffee?

　→ ＿＿＿＿＿＿＿＿＿＿＿＿＿＿＿＿＿＿＿＿＿＿＿＿＿＿＿＿＿＿＿

03. It started to rain. She opened her umbrella.

　→ ＿＿＿＿＿＿＿＿＿＿＿＿＿＿＿＿＿＿＿＿＿＿＿＿＿＿＿＿＿＿＿

04. If you don't try to keep your promise, she will be disappointed in you.

　→ ＿＿＿＿＿＿＿＿＿＿＿＿＿＿＿＿＿＿＿＿＿＿＿＿＿＿＿＿＿＿＿

05. We can live without food for a few days. We will die in a few minutes without air.

　→ ＿＿＿＿＿＿＿＿＿＿＿＿＿＿＿＿＿＿＿＿＿＿＿＿＿＿＿＿＿＿＿

 출제 100%

01 **등위접속사로 연결된 병렬구조를 노린다!**

출제자의 눈 등위접속사는 저울과 같아서 앞뒤의 문법적 형태가 같아야 한다. 이를 틀리게 해놓고 고르는 문제를 출제한다. 등위접속사 자체를 물어보는 경우는 드물고, 등위접속사 앞에는 명사인데 뒤에는 형용사나 부사를 슬쩍 갖다 놓는 문제가 대부분이다. 동명사, 과거분사, 분사구문 모두 앞이 동명사면 뒤에도 동명사, 과거분사면 과거분사 등으로 대등하게 연결해야 한다. to부정사는 앞에만 to를 쓰고 뒤에는 to를 생략하는 경우가 많다.

Check Up

(A), (B), (C)의 각 괄호 안에서 어법에 맞는 표현을 골라 짝지은 것은?

The jobs that (A) (most / almost) companies are doing with information today would have been impossible several years ago. At that time, getting rich information was very expensive, and the tools for (B) (analysis / analyzing) it weren't even available until the early 1990s. But now the tools of the digital age give us a way to easily get, share, and (C) (act / acting) on information in new ways. (2003년 수능)

	(A)		(B)		(C)
❶	most	–	analysis	–	acting
❷	almost	–	analyzing	–	act
❸	most	–	analyzing	–	act
❹	almost	–	analysis	–	acting
❺	most	–	analysis	–	act

핵심 Grammar Formula

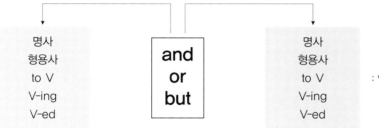

명사		명사	
형용사	**and**	형용사	: 앞뒤의 문법적 형태가 같아야 함.
to V	**or**	to V	
V-ing	**but**	V-ing	
V-ed		V-ed	

주어(A and B) + (is / are)······ : 주어가 A and B인 경우 복수 동사

문장······, so[for/yet] 문장······ : 문장[절]과 문장[절]만을 연결

[unit 2]

상관접속사

p●int

The most important thing in the Olympic Games is not to win (but / but also) to take part in them.

올림픽 경기에서 가장 중요한 것은 이기는 것이 아니라 올림픽에 참가하는 것이다.

→ not A but B로 'A가 아니라 B이다'라는 의미이다. 따라서 but이 올바르다.

A 상관접속사

1 both A and B : **'A와 B 둘 다(부가 additive)'의 뜻**으로 주어로 쓸 때는 **동사를 복수형으로** 쓴다. 등위접속사 and보다 더 강조된 의미를 나타낸다.

Coffee **and** tea have long and historic pasts. ► less emphatic

Both coffee **and** tea have long and historic pasts. ► more emphatic

커피와 차 모두 긴 역사적인 과거를 가지고 있다.

2 not only A but (also) B : **'A뿐만 아니라 B도'의 뜻**으로 B를 강조한다. 의미상 B를 강조하고자 할 때 쓰기 때문에 주어 자리에 쓸 경우 **동사의 수는 B에 일치**시켜야 한다. 'B as well as A'와 같은 의미이고 also를 생략하고 but만 쓰는 경우도 많다.

Not only coffee **but** (also) tea has long and historic pasts. ► even more emphatic

커피뿐만 아니라 차도 긴 역사적인 과거를 가지고 있다.

Not only eating right **but** (also) exercising regularly is important to good health.

=Exercising regularly **as well as** eating right is important to good health.

바르게 먹는 것뿐만 아니라 규칙적으로 운동하는 것도 건강에 중요하다.

3 either A or B는 **'A와 B 둘 중 하나(양자택일 alternative)'의 뜻**이고, **neither A nor B는 'A와 B 둘 다 아닌 (양자부정 negative)'의 뜻**이다. 이 둘은 뒤에 오는 B를 강조하는 역할을 하므로 주어로 쓸 때 **동사는 B에 일치**시킨다.

Either he **or** I have to exchange emails with the company.

그와 나 둘 중 하나는 그 회사와 이메일을 주고 받아야 한다.

Neither Kelly **nor** her sister eats vegetables. Kelly도 그녀의 언니도 야채를 먹지 않는다.

※ neither A nor B는 'A도 B도 아니다'에 해당하는 not~either A or B와 같다.

That dress is **neither** well-made **nor** cheap. 저 옷은 잘 만들어지지도 않았고 싸지도 않다.

=That dress is **not either** well-made **or** cheap.

4 not A but B : **'A가 아니라 B'의 뜻**으로 **동사는 뒤에 오는 B에 의해 결정된다.**

Peter goes to the library **not** to study **but** to sleep. Peter는 도서관에 공부하러 가는 것이 아니라 자러 간다.

He is **not** a nurse **but** a doctor. 그는 간호사가 아니라 의사이다.

Challenge 1 다음 문장에서 어법상 알맞은 것을 고르시오.

01. I not only like to watch but also like (playing / to play) soccer.

02. Either my wife (or / nor) I have to stay home and wait for my parents.

03. Coins reflect both a country's history (but also / and) its aspirations, and it is natural that collections based on place of origin should develop. (2008년 수능)

04. Future artificial skins could incorporate sensors not only for pressure and temperature, (and also / but also) for light, humidity, strain or sound. (2007년 모의)

05. The Mongol Empire was not a unified state (but / nor) a vast collection of territories held together by military force. (2006년 모의)

06. Christina neither ate nor (sleep / slept) for days after her dad died in a car accident.

Challenge 2 다음 빈칸에 알맞은 상관접속사를 쓰시오.

보 기	직원 명부는 1층이 아닌, 지하층 엘리베이터 근처에 놓여 있다. → Payroll is located *not* on the first floor, *but* near the elevator in the basement.

01. 선물가게는 할인을 제공할 뿐만 아니라 작은 기념품도 주었다.

→ The gift shop _____ offered discounts _____ gave away small souvenirs.

02. Jason은 그녀를 알지도 못하고, 알게 되길 원하지도 않는다.

→ Jason _____ knows her _____ wants to get to know her.

03. 비가 오니까, 아버지나 어머니 둘 중 한 분이 날 데리러 오실 거야.

→ _____ dad _____ mom will come and pick me up since it's raining.

04. 킴벌리는 프랑스에서 5년 넘게 살았기 때문에 불어와 스페인어를 둘 다 할 줄 알아.

→ Kimberly lived in France more than 5 years, so she can speak _____ French _____ Spanish.

Challenge 1 〈보기〉와 같이 주어진 표현과 상관접속사를 이용하여 빈칸을 완성하시오.

ex)
1.
2.
3.

ex) in Korea / in Japan

1. go out to dinner / see a concert

2. the opening / the closing

3. at the bus stop / in the library

> **보기** The 2002 World Cup was held *both in Korea and in Japan*. (both A and B)

01. Nancy is tired. She doesn't want to _____. (both A and B)

02. I saw _____ ceremony of the Olympic Games.
(neither A nor B)

03. Cindy is _____. I saw her there. (not A but B)

Challenge 2 다음 두 문장을 (   ) 안의 접속사를 이용하여 한 문장으로 바꾸시오.

> **보기** Steve bought a smartphone. He also bought a car. (not only)
> → *Steve bought not only a smartphone but also a car.*

01. Bob can speak English. He can speak Korean, too. (both)

→ _____

02. This woman cannot be a suspect. That old lady cannot be a suspect, either. (neither)

→ _____

03. I'm going to major in sociology, or I'm going to major in economics. (either)

→ _____

04. My dad will drive me to the Incheon International Airport, or my mom will drive me to the airport.

→ _____

01 상관접속사는 병렬구조와 동사의 수 일치를 노린다!

출제자의 눈 상관접속사에서 기본적으로 물어보는 것은 짝으로 연결되는 and, but (also), or, nor가 바르게 쓰였는가이다. 그 외에 등위접속사와 마찬가지로 단어-단어, 구[부정사, 동명사, 분사]-구[부정사, 동명사, 분사], 절[문장]-절[문장]끼리 문법적 기능이 대등하게 연결되어 있는지를 묻는다. 특히 상관접속사가 있는 표현이 주어가 될 때 both A and B는 복수 취급하여 복수 동사를 쓰고 not only A but also B, either A or B, neither A nor B는 의미상 뒤에 있는 B를 강조하기 때문에 동사의 수는 B에 의해서 결정된다. B의 단, 복수에 따라 동사를 결정하는데 이를 틀리게 해놓고 고치라는 문제가 출제될 가능성이 가장 높다.

Check Up

어법상 <u>어색한</u> 부분에 밑줄을 긋고 바르게 고치시오.

1. Remember, however, that neither 'legal authority' and 'magical power' is stated in either sentence. Then how do you know the answer? You know it because you use your background knowledge of the policeman and Superman in order to understand these two sentences.

다음 괄호 안에서 어법에 맞는 표현을 고르시오.

2. Energy can neither be created nor (to destroy / destroyed), but can merely be transformed from one state to another. (2007년 모의)

핵심 Grammar Formula

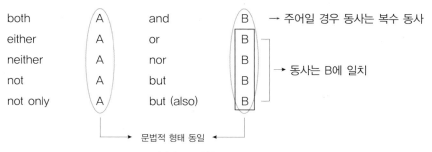

both	A	and	B	→ 주어일 경우 동사는 복수 동사
either	A	or	B	
neither	A	nor	B	→ 동사는 B에 일치
not	A	but	B	
not only	A	but (also)	B	

→ 문법적 형태 동일

→ 명사면 명사, 형용사면 형용사, 동명사면 동명사, 부정사면 부정사, 과거분사면 과거분사

명사절 that / 의문사로 시작하는 명사절

point

The secret of the Great Pyramid is (how did the ancient Egyptians build / how the ancient Egyptians built) it.

피라미드의 비밀은 어떻게 고대 이집트인들이 그것을 건설했는가이다.

→ 간접의문문의 어순은 '의문사+주어+동사'이다. 따라서 how the ancient Egyptians built의 어순이 되어야 한다.

A that으로 시작하는 명사절

1 명사절(noun clauses)은 문장에서 명사 자리에 들어가 명사 역할을 하는 절이다. 문장 맨 앞인 주어 자리에 들어가 문장의 주어 역할을 한다. 우리말 '~것은, ~라는 것은'의 의미를 나타낸다.

That we should keep our environment clean is important. 우리가 우리 환경을 깨끗하게 해야 하는 것이 중요하다.

  ▶ 주어(명사) 자리＝명사절

2 that 명사절이 주어로 오면 주어가 길어지기 때문에 잘 쓰지 않는다. 주어가 길어지면 핵심 동사가 멀어지기 때문에 it을 쓰고 모두 뒤로 보낼 수 있다. to부정사와 마찬가지로 가주어, 진주어라고 한다.

That we can access information anywhere on the Internet is amazing.

＝**It** is amazing that we can access information anywhere on the Internet.
우리가 인터넷으로 어디서나 정보에 접근할 수 있다는 것은 경이로운 일이다.

That the earth is getting warmer is alarming.

＝**It** is alarming **that** the earth is getting warmer. 지구가 더워지고 있다는 것은 심상치 않은 일이다.

3 동사의 목적어로 (대)명사가 위치하는 자리이다. 'S+V'를 쓰려면 명사절을 쓴다. **명사절이 목적어로 사용될 경우 명사절의 that은 자주 생략한다.** 우리말 '~(라)고, ~하는 것(을)'의 뜻이다.

Do you know (**that**) next Wednesday is Mary's birthday? 다음 주 수요일이 Mary의 생일이라는 것을 아니?

Many philosophers think (**that**) human nature is basically bad.
많은 철학자들은 인간의 본성은 본래 악하다고 생각한다.

4 be동사 뒤의 보어로 명사절을 쓴다. '~것(은), ~라는 것'의 뜻이다. 보어절로 쓰인 명사절 접속사 that은 생략하지 않는다.

The main problem is **that** the memory space is inadequate. 주된 문제는 메모리 공간이 부족하다는 것이다.

Their core philosophy is **that** happy employees create happy customers.
그들의 핵심 철학은 행복한 직원이 행복한 고객을 만든다는 것이다.

5 동격의 that은 '~라는'의 의미로, idea that(~라는 생각), news that(~라는 소식), fact that(~라는 사실), rumor that(~라는 소문), opinion that(~라는 의견), report that(~라는 소문/보도) 등의 뒤에서 동격 역할을 한다. 모두 추상명사가 that 앞에 온다.

I have an idea **that** she is still living somewhere. 나는 그녀가 어디엔가 아직 살아 있을 거라고 생각한다.

You should know the fact **that** everybody has their own strengths.
모든 사람은 자신만의 강점을 가지고 있다는 사실을 넌 알아야 해.

의문사로 시작하는 명사절(간접의문문)

1 의문사가 있는 문장[절]이 문장의 명사 자리(주어, 목적어, 보어)에 들어가 명사 역할을 하는 것을 말한다. 직접의
문문의 어순이 아닌 '의문사+주어+동사'의 간접의문문 어순으로 바뀐다. 우리말 '~는지(를)'로 해석한다.

Where does she live? 그녀는 어디에 사니?

→ I don't know **where she lives**. 나는 그녀가 어디에 사는지 모른다.

What was he doing? 그는 무엇을 하고 있었니?

→ We wondered **what he was doing**. 우리는 그가 무엇을 하고 있었는지 궁금했다.

2 직접의문문에 쓰인 do, does, did는 'S+V' 어순으로 만들 때 없어지고 **주어에 따라 동사의 수와 시제를 일치**
시킨다. 의문사 자신이 주어인 경우에는 '의문사+동사' 어순으로 쓴다.

I don't remember. + Where did we buy this camera?

→ I don't remember **where we bought this camera**. 우리가 어디서 이 카메라를 구입했는지 난 기억나지 않아.

Please tell me. + Who can solve the problem?

→ Please tell me **who can solve the problem**. 누가 그 문제를 풀 수 있는지 내게 말해줘.

3 동사가 think, believe, guess, suppose, imagine 등과 같이 생각과 관련된 동사일 경우 **의문사를 문장 맨 앞**
으로 보낸다.

Do you think? + What will they say about our plan?

→ Do you think what they will say about our plan?

→ **What** do you think **they will say about our plan**?

※ 의문사를 문장 맨 앞으로 보내더라도 의문사 내에 있던 '주어+동사'의 어순은 그대로이다.

Challenge 1 다음 문장에서 어법상 알맞은 것을 고르시오.

01. The first thing I notice upon entering this garden is (what / that) the ankle-high grass is greener than that on the other side of the fence. (2008년 수능)

02. (What / That) we all need desperately is a 'pause button'.

03. (That / What) drug abuse can damage a person's health is a widely known fact.

04. I don't know (who made the cake / who the cake made).

05. I don't remember how many letters (are there / there are) in the English alphabet.

06. One key social competence is how well or poorly (people express / do people express) their own feelings. (2008년 수능)

Challenge 2 두 문장을 연결해 각각 That과 It으로 시작하는 문장을 만드시오.

보기	Drug abuse can damage a person's health. That's a widely known fact. → *That drug abuse can damage a person's health is a widely known fact.* → *It is a widely known fact that drug abuse can damage a person's health.*

01. People are unhappy with the government. That's a fact.

→ _____

→ _____

02. Smoking causes cancer and heart disease. That's still true.

→ _____

→ _____

03. We can access information anywhere on the Internet. It's amazing.

→ _____

→ _____

Challenge 1   주어진 의문문을 간접의문문으로 고쳐 다시 쓰시오.

01. "How many people does your company employ?"

→ Can you tell me _____ ?

02. "Who is Cindy waiting for in the hallway?"

→ We wonder _____ .

03. "Why did Eric cancel his vacation plans?"

→ I don't understand _____ .

04. "Where should I buy the meat for the lamb stew?'

→ I don't know _____ .

05. "How old is your grandmother?"

→ Please tell me _____ .

06. "How often does your mother connect to the Internet?"

→ Please tell me _____ .

Challenge 2   〈보기〉와 같이 The fact that~으로 시작하는 문장으로 만드시오.

보기	Jason spends a lot of time in front of a computer. That is true.
	→ *The fact that Jason spends a lot of time in front of a computer is true.*

01. The Japanese economic situation is getting better. That is true.

→ _____

02. Many people living in Miami speak only Spanish. That's surprising.

→ _____

 출제자가 노리는 급소 **이것이 수능에 출제되는 영문법이다!**

출제 100%

01 **접속사 that 뒤에는 완전한 문장이 와야 한다!**

출제자의 눈 that과 what을 구별할 수 있는지를 묻는 문제가 출제된다. what과 that이 명사절로 쓰일 때, what 다음에는 불완전한 절이 오지만, that 다음에는 완전한 절이 온다. 또한, 앞에 있는 명사와 동격을 이룰 때는 반드시 that만을 써야 한다. 전치사 뒤에는 that절을 쓸 수 없고 반드시 의문사를 포함한 간접의문문이 와야 한다.

Check Up

다음 괄호 안에서 어법에 맞는 표현을 고르시오.

1. No one is completely sure (what / that) causes booms and depressions in free economies. (연세대 대학원 기출)

2. Nancy came up with an idea (what / that) we have a campaign to save electricity.

3. Disharmony enters our relationships when we try to impose our values on others by wanting them to live by (that / what) we feel is "right," "fair," "good," "bad," and so on.
(2006년 수능)

핵심 Grammar Formula

| that | + | 1) S+V(자동사)
2) S+V(타동사)+O
3) S+V+(O)+전치사+O | → 완전한 문장 |

| what | + | 1) S+V(자동사)
2) S+V(타동사)+Ø
3) S+V+(O)+전치사+Ø | → 주어가 빠지거나, 목적어가 없거나, 전치사의 목적어가 없어 불완전한 문장 |

| fact, statement, opinion, truth, rumor, report, idea, (re)assurance, claim | + | that | +S+V |

→ 추상명사가 앞에 있을 때 동격으로 that만 사용한다.

if와 whether로 시작하는 명사절

point

From ancient times, people argued about (whether / if) the speed of light is limited or infinite.

고대로부터 사람들은 빛의 속도가 유한한지 무한한지에 대해 논쟁했다.

→ 'whether A or B' 형태로는 쓰지만 'if A or B'로는 쓰지 않는다. 또한, if가 이끄는 명사절은 전치사 뒤에도 쓰지 않는다. 따라서 전치사 뒤에는 whether가 이끄는 명사절만 올 수 있다.

A ｜ if와 **whether**로 시작하는 명사절

1 if나 **whether**로 시작하는 명사절은, 의문사가 없는 직접의문문을 간접의문문으로 바꾼 것이다. 문장에서 명사 자리(주어, 목적어, 보어)에 들어가 명사와 같은 역할을 한다. if[whether]+S+V'의 어순으로 쓰고 '~인지 아닌 지'로 해석한다.

I will check **if** the movie is playing. 그 영화가 상영 중인지 아닌지 내가 확인해 볼게.

I don't know **whether** she likes me **or** hates me. 그녀가 날 좋아하는지 싫어하는지 모르겠다.

2 Yes/No 의문문을 명사절로 바꿀 때 if 또는 whether를 둘 다 쓰지만, **일상 영어에서는 if를 더 많이 쓴다.** 부사 절의 if와 명사절 if의 구별은, if 바로 앞에 동사가 있으면 명사절 if이다. **주어로 명사절을 쓸 경우에는 접속사 whether를 쓴다.**

I don't know. + Should we wait for him?

→ I don't know **if** we should wait for him. 나는 우리가 그를 기다려야 하는지 아닌지 모르겠다.

Does she come? + It is unimportant to me.

→ **Whether** she comes or not is unimportant to me. 그녀가 오는지 안 오는지는 내게 중요하지 않다.

Let's have dinner out **if** you aren't too tired. 네가 너무 피곤하지 않으면 밖에서 저녁 먹자. ▶ 조건의 부사절 if

3 whether는 whether ~ or not 또는 whether or not의 형태가 모두 가능하나, **if는 if ~ or not만 쓸 수 있다. (if or not으로 쓰지 않음.)**

I wonder **if/whether** she will come or not. 나는 그녀가 올지 안 올지 궁금하다.

=I wonder **whether or not** she will come.

　　　　→ if or not she will come (×)

※ if가 이끄는 명사절은 주어 자리에도, 전치사 다음에도 쓰지 않는다.

There's a controversy **about whether** we have to appeal to the country.

　　　　→ about if we have to appeal to the country (×)

총선거를 실시해야 하는지에 대한 논란이 있다.

Challenge 1 주어진 의문문을 명사절로 바꾸어 문장을 완성하시오.

> 보
> 기
>
> Where can I park my car?
> → Can you tell me *where I can park my car*?
> Will the universe expand forever or contract again?
> → Scientists wonder *if[whether] the universe will expand forever or contract again.*

01. Where is the information center located?

→ Please let me know _____ .

02. Does he like the movie theater?

→ I wonder _____ .

03. Do the passengers come out here?

→ Can you tell me _____ ?

04. How long has he been working for IBM?

→ Do you know _____ ?

Challenge 2 다음 문장을 Could you please tell me~로 시작하는 간접의문문으로 만드시오.

01. Does this bus go downtown?

→ _____

02. How much does this cell phone cost?

→ _____

03. Did Karen dye her hair black? I don't remember well.

→ _____

04. When is Flight 73 expected to arrive?

→ _____

05. Is this word spelled correctly?

→ _____

70

01 문장 중간에 오는 의문사 뒤에서는 '주어+동사'의 어순을 조심하라!

출제자의 눈 문장 중간에 의문사가 나오는 경우 의문사 뒤는 무조건 'S+V'의 어순인가를 확인하자. 마찬가지로 '의문사+부사'도 하나의 의문사로 보고 'S+V'의 어순으로 써야 한다. 의문사가 주어 역할을 할 때가 있는데 이때는 'S(의문사)+V'의 어순이 맞는지 반드시 확인해 보자. whether는 whether ~ or not 또는 whether or not의 형태가 모두 가능하나, if는 if ~ or not만 가능하다. (if or not으로 쓰지 않음.)

Check Up

다음 괄호 안에서 어법에 맞는 표현을 고르시오.

1. The twelve-year-old, the adult thinks, does not worry about salary or professional advancement. When the roof leaks, only the parent worries about what contractor to employ or about how (will he repair / he will repair) it himself. (2005년 수능)

2. She is still thinking about (whether / if) or not to boost the office's computer systems with the latest software programs.

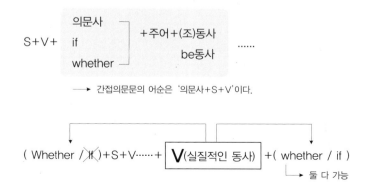

그 외 자주 사용하는 명사절

point

A : Did you fail the test? 그 시험에서 떨어졌니?
B : I **hope not**. 그러지 않길 바랐어.
  I **am disappointed that** I failed the test. 나는 그 시험에 떨어져서 실망스럽다.

A 자주 쓰이는 명사절 that

① 'be+형용사', 'be+과거분사' 뒤에 that이 이끄는 명사절이 온다. 감정을 나타내는 형용사이므로 that절은 주로 '~해서(원인)'로 해석한다. 일상 영어에서는 that을 생략한다.

be afraid	be delighted	be happy	be proud
be terrified	be amazed	be disappointed	be horrified
be sad	be thrilled	be angry	be fortunate
be impressed	be shocked	be worried	be aware
be furious	be lucky	be sure	be convinced
be glad	be pleased	be surprised	It is true[a fact]

I'm **sure (that)** he will be a valuable asset to your company. 그가 귀사에 귀중한 자산이 될 것으로 확신합니다.
It **was lucky (that)** she entered the college without a blow. 그녀가 힘들이지 않고 대학교를 간 것은 행운이었다.

B that절의 기타 용법

① Yes/No 의문문의 대답으로 think, guess, believe, hope 등의 동사가 오면, 뒤에 **that절의 내용이 반복되는 것을 피하기 위해** so를 대신해서 쓴다.

A : Does Judy live in Seattle? Judy는 시애틀에 사니?

B : I believe **so**. (so＝that Judy lives in Seattle.) 그런 것 같아. ▶ not sure의 의미

※ 확실할 때는 Yes/No로 대답한다. Yes, she does. / No, she doesn't.

A : Is Sunny married? Sunny는 결혼했니?

B : I **don't** think **so**. / I **don't** believe **so**. 그런 것 같지 않은데.

※ 불확실성을 나타내는 부정은 do not think so / do not believe so를 쓴다.

② know와 be sure 뒤에는 so를 쓰지 않고 know와 be sure만 쓴다.

A : She was promoted to a director of this company. 그녀는 이 회사의 이사로 승진되었다.

B : Yes, I **know**. 응, 나도 알아.
  → I know so. (×)

A : Are you convinced of her innocence? 너는 그녀의 무죄를 확신하니?

B : Yes, I'm **sure**. 응, 확신해.
    → I'm sure so. (×)

3 확실하지 않아 내용을 부정할 때 think와 expect는 'do not think so', 'do not expect so'로 쓴다. be afraid, guess, hope는 'hope[be afraid, guess]+not'으로 쓴다. believe와 suppose는 둘 다 쓸 수 있다.

A : Will Bob be able to complete the project on time? Bob이 그 작업을 제시간에 끝낼 수 있을까?

B : I **don't expect so**. 그렇지 않으리라고 생각해.
    → I expect not. (×)

A : Did you fail the test? 그 시험에서 떨어졌니?

B : I hope **not**. (=I hope I didn't fail the test.) 그러지 않기를 바랬는데.
    → I don't hope so. (×)

A : Will it snow tomorrow? 내일 눈이 올까?

B : I **don't** believe **so**. (=I believe **not**.) 그렇지 않으리라 봐.

Challenge 1   〈보기〉와 같이 주어진 표현을 이용하여 문장을 영작하시오.

보기

Cindy : I really like my science teacher.

Peter : Great! That's wonderful. It's important to have a good science teacher.

→ *Cindy thinks that her science teacher is very good.* (think that)

→ *Peter is delighted that Cindy likes her science teacher.* (be delighted that)

→ *Peter thinks that it's important to have a good science teacher.* (think that)

01. Nancy : Did you really fail your chemistry course? How is that possible?

Eric : I didn't study hard enough. I was too busy having fun with my family. I feel terrible about it.

→ _____ (be surprised that)

→ _____ (be disappointed that)

02. Steve : Stella! Hello! It's nice to see you.

Stella : It's nice to be here. Thank you for inviting me.

→ _____ (be glad)

→ _____ (be pleased that)

Challenge 2   각 대화에 나온 so와 not의 의미를 풀어서 that절로 바꾸어 쓰시오.

보기

A : Are you going to have a grammar quiz tomorrow?

B : I think <u>so</u>.   → *I think that I'm going to have a grammar quiz tomorrow.*

01. A : Is Kelly going to be home tonight?

B : I don't expect <u>so</u>. → _____

02. A : Are the photos ready to be picked up at the photo shop?

B : I believe <u>so</u>.   → _____

03. A : Will your flight be canceled because of the snowstorm in Seoul?

B : I hope <u>not</u>.   → _____

[unit 6] 시간의 부사절

point

Please tell me when Tom (will be / is) here.

언제 Tom이 여기에 올 건지 말해 줄래?

→ 접속사 when은 명사절 또는 시간의 부사절 둘 다 쓸 수 있다. 여기서 when은 명사절로 will be를 써서 미래를 나타낸다. 단, 시간의 부사절일 때는 will을 쓰지 않는다.

A 시간의 부사절

1 when, while, as가 이끄는 시간의 부사절이, 과거진행형과 함께 비교적 긴 시간을 나타내는 경우 모두 같은 의미이다. '~한 중에(동안)'의 뜻으로 이미 진행되고 있었던 동작은 부사절 안에 과거진행형으로 쓰고, 나중에 짧게 일어난 동작은 주절에 과거시제로 쓴다.

While my car was being repaired, I had a rental car to use for transportation.
내 차가 수리되는 동안, 나는 교통수단으로 사용할 렌터카를 한 대 구했다.

One idea struck me **as** I was delivering a speech. 연설을 하는 도중에 내게 아이디어 하나가 떠올랐다.

My wife and I met **when** we were backpacking in Europe.
내 아내와 나는 유럽 배낭여행을 하고 있을 때 만났다.

2 when, while, as가 서로 다른 의미로 사용될 때에는 **약간의 의미 차이가 있다.**

1) when(~할 때, ~할 때마다) : 인생의 **어느 한 시점이나 기간**을 뜻할 때

When I was a student, I really liked going to concerts and plays.
학생이었을 때 음악회에 가고 연극 보러 가는 걸 무척 좋아했다.

I leap up **whenever**(=**when**) I see a beautiful girl. 나는 아름다운 소녀를 볼 때마다 가슴이 두근거린다.

2) while(~하는 동안에, ~하는 사이에) : 두 **동작이나 상태가 동시에 오래 지속**되는 경우

Ricky listens to music **while** he does his homework. Ricky는 숙제를 하는 동안에 음악을 듣는다.

3) as(~할 때, ~함에 따라) : 두 가지 동작이 동시에 변화하고 있음을 의미한다. as soon as는 '~하자마자'의 뜻으로 on+V-ing, the moment~, the instant~로 바꾸어 쓸 수 있다.

As she got older, she looked more like her father. 그녀는 나이를 먹어감에 따라 점점 그녀의 아빠를 닮아갔다.

As soon as you get home, please give me a call. 집에 도착하자마자 나한테 전화해 줘.

=**The moment**[**The instant**] you get home, please give me a call.

=**On getting** home, please give me a call.

3 before(~하기 전에), after(~한 후에), since(~한 이래로, 이후로)가 있다. 특히 since는 주로 **완료시제와 함께 사용될 때** '~이래로'의 뜻을 가지며, 계속의 의미를 강조하기 위해 ever와 같이 쓰기도 한다.

They left the theater **after** the singer gave an encore. 그 가수가 앵콜 곡을 부른 후에 그들은 극장을 떠났다.

I haven't eaten anything **since** I got home last night. 나는 어젯밤 집에 온 이후로 아무것도 먹지 않았다.

Ever since he was a little boy, Peter wanted to be a Superman.
Peter는 어렸을 때부터 줄곧 슈퍼맨이 되고 싶었다.

4 until과 by the time은 '~할 때까지'의 의미이나, **until**은 동작이나 상태가 계속될 때 쓰고 by the time은 완료의 기한을 나타낼 때 쓴다.

She wasn't allowed to play **until** she had done her homework.
그녀는 숙제를 마칠 때까지 노는 것이 허락되지 않았다.

By the time we reached home, it was quite dark. 우리가 집에 도착했을 때에는 아주 캄캄해졌다.

B **주의해야 할 시간 표현**

1 for와 during은 둘 다 '~동안에'라는 뜻이지만, **for는 얼마 동안인지 구체적인 시간의 단위가 오고, during은 시간 단위가 아닌 기간을 나타내는 명사**가 온다. before, after, until 등은 전치사와 접속사 둘 다로 쓰인다.

It rained **for** three days without stopping. 3일 동안 비가 그치지 않고 내렸다.

We met a lot of nice people **during** our vacation. 우리는 여행 동안 좋은 사람들을 많이 만났다.

I hang out with my friends in the cafe **after** school. 학교가 끝나면 친구들하고 카페에서 시간을 보낸다. ▶ 전치사
=I hang out with my friends in the cafe **after** school is over. ▶ 접속사

2 시간의 부사절이 미래를 나타내더라도 부사절 안에는 미래를 쓰지 않는다. 즉 현재시제로 미래를 나타내고 미래완료 대신 현재완료를 쓴다. 단, when이 명사절로 쓰일 경우에는 미래를 나타내는 will을 쓸 수 있다.

I'll stay here **until** you **come** back safely, so don't worry!
네가 안전하게 돌아올 때까지 여기서 기다릴 테니까 걱정하지마.

When they **come** back, the ceremony will begin as scheduled.
그들이 돌아오면 예정대로 그 의식이 시작될 것이다.

John will buy a car **when** he **has passed** his driving test. John은 운전면허 시험을 합격했을 때 차를 살 것이다.

Please tell me **when** Jane **will** be here. Jane이 언제 여기에 올지 말해주세요. ▶ when은 명사절

Challenge 1 〈보기〉와 같이 ( ) 안의 접속사를 이용하여 한 문장으로 완성하시오.

보 기	He was listening to the radio. Someone knocked on the door. (while) → *While he was listening to the radio, someone knocked on the door.*

01. It was very hot and humid. I was exhausted before I got there. (as)

→ _____

02. She admitted to cheating on the test. The teacher took her to the office. (as soon as)

→ _____

03. I'll be in Singapore. You receive this letter. (by the time)

→ _____

04. Marie watches TV. She always goes out for a walk. (before)

→ _____

Challenge 2 〈보기〉와 같이 ( ) 안의 접속사를 이용하여 한 문장으로 완성하시오.

보 기	I will call Jessica tomorrow. I'll ask her to come to my party. (when) → *When I call Jessica tomorrow, I'll ask her to come to my party.*

01. I will arrive. I will put on light clothes and walk in the sun. (as soon as)

→ _____

02. I will leave. I will visit all the museums in the city. (before)

→ _____

03. They will get to Moscow. They will stay at the Hilton Hotel. (when)

→ _____

04. I reached for the phone to make a call. It began to ring. (when)

→ _____

05. I'm going to buy a new smartphone. I will save enough money. (when)

→ _____

정답
p.11

출제 100%

01 **시간의 부사절을 이끄는 접속사를 조심하라!**

출제자의 눈 시간의 부사절을 이끄는 접속사 안에서는 의미상 미래를 나타내더라도 현재시제를 쓴다. 따라서 미래를 나타내는 will을 쓰지 않는다. 완료시제도 미래를 나타내는 경우 미래완료를 쓰지 않고 현재완료로 미래를 대신한다. 단, 명사절로 쓰일 경우에는 will을 사용할 수 있다. until과 by (the time)는 둘 다 '~까지'의 뜻이지만, until은 '언제까지 계속해서'라는 '계속'의 뜻이고 by (the time)는 '~때에 딱 맞춰' 또는 '~까지는'의 뜻이다. 이 둘을 구별하라는 문제를 출제할 수도 있다. since(~이후로) 다음에는 과거시제가 오고, 주절에는 완료시제가 온다는 것도 시험에 등장한다.

Check Up

> 다음 괄호 안에서 어법에 맞는 표현을 고르시오.
>
> **1.** I will go out when I (have finished / will have finished) this work.
>
> **2.** All travellers should ensure they have adequate travel insurance before they (depart / will depart). (2007년 수능)
>
> **3.** (While / Since) the war first began, 50,000 refugees have left the country.

 **Grammar Formula**

......, | 접속사+S+will+동사 |, ...

└─▶ 시간의 부사절 : 미래시제 대신 현재 또는 현재완료를 쓴다.

문장의 실질적인 동사
↓
※ | 접속사+S+(will)+동사 | + | V | + | 접속사+S+(will)+동사 | : when이 명사절로 쓰일 때는 미래시제 will을 사용
   주어로 쓰인 명사절   목적어/보어로 쓰인 명사절

p●int

I've just heard on the news that the airport is closed (because of / because) the fog.

나는 방금 뉴스에서 안개로 인해 공항이 폐쇄되었다는 사실을 들었다.

→ because 뒤에는 S+V인 절이 오고, because of 뒤에는 명사가 온다. the fog는 명사이므로 because of를 쓴다.

A 원인과 결과를 나타내는 접속사

1 because는 상대방이 알지 못하는 원인을 강조할 때 사용하고, as와 since는 말하는 사람과 듣는 사람, 모두가 이미 알고 있는 경우나 이유를 강조할 필요가 없을 때 사용한다. as와 since는 주로 문장 앞에 쓴다.

Jessica is mad at you **because** you lied to her. 네가 Jessica에게 거짓말을 했기 때문에 그녀는 화가 나 있어.

Since Monday is a holiday, we don't have to go to work. 월요일은 휴일이기 때문에 우리는 일하러 갈 필요가 없어.

As I love Sting's music, I wrote a fan letter to him. 내가 스팅의 음악을 좋아하기 때문에 그에게 팬 레터를 썼지.

He stole **not because** he wanted the money **but because** he liked stealing.

그는 돈이 탐나서가 아니라 도둑질이 재미있어서 훔쳤다.

※ not because Ⓐ but because Ⓑ : Ⓐ 때문이 아니라 Ⓑ 때문에

2 because는 듣는 사람이 잘 알지 못하는 이유를 말하므로, 이유를 묻는 why에 대한 대답으로 because를 쓴다. because of, due to, thanks to 뒤에는 명사를 써서 이유를 강조하는 부사구를 만든다.

The meeting was postponed **because of** urgent matters. 급한 일 때문에 그 회의는 연기되었다.

Our factory is closed down **due to** a general strike. 우리 공장은 총파업으로 조업을 중지했다.

Thanks to online booking, paper tickets are becoming extinct.

온라인 예약 덕분에, 종이 티켓이 사라져 가고 있다.

3 so(결과), now that(=because now, since ~이니까 : 이유, 원인), seeing that(=considering that ~을 생각해 보면), in that (~라는 점에 있어서 : 이유+관점)

Now that we are all here, let's begin the meeting. 모두 이곳에 모였으니, 회의를 시작합시다.

We are different **in that** you prefer to keep your opinions to yourself.

네가 너의 의견을 남에게 말하지 않는 것을 좋아한다는 점에서 우리는 다르다.

Seeing that I'm late, how about letting me get in for free? 늦게 온 것을 생각해서, 공짜로 들어가게 해주면 어때요?

It was raining cats and dogs, **so** we decided to stay home. 비가 억수같이 쏟아져서 우리는 집에 있기로 결정했다.

B 조건의 부사절

1 조건을 나타내는 if에는 현재시제가 미래를 대신한다. if ~ not의 의미로 unless를 쓴다. unless로 시작하는 부사절에서는 부정문을 쓰지 않도록 조심하자.

Let's not go to the park **if** it **rains** tomorrow. 내일 비가 오면 공원에 가지 말자.

We will go on a field trip **unless** it rains hard. 비가 많이 오지 않으면 우린 현장 답사갈 거야.

=We will go on a field trip **if** it **doesn't** rain hard.

2 **whether or not**은 조건이 어떠하든지 결과는 같다는 의미이다. '~이든 아니든, ~간에'로 해석한다. whether or not이 명사절이 아닌 부사절로 쓰이는 경우이다. 주로 문장 맨 앞에 오며 쉼표(,)로 분리된 후 '주어+동사'가 연이어 나온다.

Whether or not I feel well tomorrow, I'm going to school. 내일 몸이 좋든 좋지 않든 간에, 나는 학교에 갈 예정이다.

=**Whether** I feel well **or not** tomorrow, I'm going to school.

→ I don't care if I am ill. It doesn't matter. I'm going to school tomorrow.

I'm going to go fishing tomorrow **whether or not** it is cold. 나는 내일 춥든지 안 춥든지 간에 낚시하러 갈거야.

=I'm going to go fishing tomorrow **whether** it is cold **or not**.

3 조건을 더 엄격하게 하기 위해 if 앞에 only를 사용하기도 한다. **only if**는 '~할 때에만'이라는 뜻이고 **in case / in the event (that)**는 '~의 경우를 대비하여'라는 뜻이다. in case는 조건의 부사절이고, in case of 뒤에는 명사를 써서 조건의 부사구를 만든다.

Cindy's parents said they'd buy her a car **only if** she graduated.
Cindy의 부모님은 그녀가 졸업할 때에만 차를 사 주겠다고 말씀하셨다.

In case it rains, take an umbrella with you. 비가 올 경우에 대비해서 우산을 가져가라.

=Whether it rains or not, take an umbrella with you.

In case of rain, the game will be called off. 비가 내릴 경우 경기는 중지될 것이다.

※ in case는 비가 오든지 안 오든지 상관없이 만약을 위해서 우산을 가지고 가라는 의미인데 반해, if는 '비가 오는 경우에만' 우산을 가지고 가라는 의미이다.

If it rains, take an umbrella with you. 비가 오면 우산을 가져가라.

4 그 외 조건의 부사절로는 '~하기만 한다면'의 뜻인 as[so] long as가 있다. only if와 providing (that)과 같은 의미로 쓰인다.

You can use my car **as[so] long as** you drive carefully. 네가 조심스럽게 운전한다면 내 차를 사용해도 좋다.

You will get a discount **providing (that)** you purchase two sets. 두 세트를 살 경우에만 할인을 받을 수 있다.

Challenge 1 다음 문장에서 어법상 알맞은 것을 고르시오.

01. I'm taking my umbrella with me (in case of / in case) heavy rain.

02. (If / Unless) Kelly hurries up tomorrow morning, she will be late for the seminar.

03. They'll make more money if we (will buy / buy) a new model as soon as the old one fails. (1998년 수능)

04. Sunny's in good shape physically (because / because of) she gets a lot of exercise.

05. (Now that / Unless) the semester is over, I'm going to rest a few days and then take a trip.

06. Launching of a rocket was aborted (because / due to) bad weather.

07. You can attend this school only if you (have / will have) a student visa.

Challenge 2 주어진 표현을 이용하여 빈칸을 완성하시오.

01. 네가 더 나은 아이디어를 가지고 있는 게 아니라면, 오늘밤엔 그냥 집에 있자. (have a better idea, unless)

→ _____ , let's just stay home tonight.

02. 네가 나와 연락이 필요한 경우에 대비해서 오늘 저녁 늦게까지 사무실에 있을거야.

(need to get in touch with me, in case)

→ _____ , I'll be in my office until late this evening.

03. 비가 오고 있었기 때문에 나는 비옷을 입었다. (was raining, because)

→ I put on my raincoat _____ .

04. 비가 오는 경우에만 우산을 가져가라. (rain, only if)

→ _____ , take an umbrella with you.

05. 네가 인정하든 안 하든 간에 우리는 결혼할 거야. (approve, whether, or not)

→ _____ , we're going to marry.

Challenge 1 〈보기〉와 같이 only if와 unless를 이용하여 같은 의미의 문장을 만드시오.

보기

If you don't study hard, you won't pass the test.
→ *You will pass the test only if you study hard.*
→ *You won't pass the test unless you study hard.*

01. If you don't have an invitation, you can't go to the party.

→ _____

→ _____

02. If the temperature doesn't reach 32℉ / 0℃, water won't freeze.

→ _____

→ _____

03. Jane doesn't talk in class if the teacher doesn't ask her specific questions.

→ _____

→ _____

Challenge 2 각 문장의 상황에 맞게 whether ~ or not을 이용한 문장을 완성하시오.

보기

Jimmy's father tells a lot of jokes. Sometimes they're funny, and sometimes they're not.
→ *Jimmy laughs at the jokes whether they are funny or not.* (laugh at the jokes)

01. It might snow, or it might not. It doesn't matter. We want to go camping.

→ _____

(be going to go camping in the mountains)

02. Sometimes the weather is hot, and sometimes the weather is cold. It doesn't matter for my sister.

→ _____

(wear her blue sweater)

03. Robert wants to get a scholarship, but it doesn't matter because he's saved some money to go to school.

→ _____

(can go to school)

01 **접속사와 전치사를 구별하라!**

출제자의 눈 의미가 같은 부사절과 부사구를 구별할 수 있어야 한다. 특히 전치사구인 because of, due to, thanks to, owing to, in case of 뒤에는 반드시 명사가 와야 한다. 접속사 because, since, as, now that, seeing that 뒤에는 'S+V'의 절이 오는데 전치사구와 접속사를 구별하는 문제가 출제된다. 조건의 부사절 안에는 그 의미가 미래라 하더라도 현재시제를 써서 미래를 나타낸다는 것을 반드시 명심해 두자. unless는 부정의 의미를 이미 포함하고 있기 때문에 절 안에 반복해서 부정어를 쓰지 않도록 해야 한다.

Check Up

다음 문장에서 어법상 <u>어색한</u> 부분을 골라 바르게 고치시오.

1. Generally, you have little difficulty performing each of your roles because of you know what is expected of you. (2001년 수능)

2. Unless you are not willing to train hard, you won't have a chance to be a good doctor.

3. Let's keep the heating on in case the temperature will drop below zero overnight.

(고려대 대학원)

 핵심 Grammar Formula

because of due to owing to thanks to in case of	+ 명사(명사구)

because so now that seeing that in case	+ S+V(절)

……, 접속사+S+~~will~~+동사 , ……

└▶ 조건의 부사절 : 미래시제 대신 현재 또는 현재완료를 쓴다.
if, unless, in case, only if 등

양보와 대조의 부사절

point

Last of all, (despite / although) all the crowds, it is still possible to feel very lonely in a city. (1998년 수능)

마지막으로, 이렇게 많은 사람들에도 불구하고, 도시에서는 여전히 커다란 외로움을 느낀다는 것이다.
→ in spite of와 despite는 (al)though와 같은 뜻을 가진 전치사인데 뒤에 명사 crowds가 있으므로 전치사인 despite를 답으로 쓴다. 반면, (al)though 뒤에는 주어와 동사로 구성된 절이 와야 한다.

A 양보와 대조를 나타내는 접속사

1 **(al)though, even though**는 예상치 못한 결과를 나타내는 양보의 부사절을 이끈다. '~임에 불구하고'라는 의미로, 주절을 강조하는 역할도 겸한다. 예상되는 결과를 이끌 때는 because를 쓴다.

Because the weather was cold, I didn't go fishing. 날씨가 추웠기 때문에 나는 낚시하러 가지 않았다.

Even though the weather was cold, I went fishing. 날씨가 추웠는데도 불구하고, 나는 낚시하러 갔다.

I know a seafood restaurant. It's far from here, **though**. 해산물 요리전문 식당을 알고 있지만 여기에서 멀어.

※ 일상 영어에서는 though를 많이 쓰고 even though는 though보다 더 강한 양보의 의미를 나타낸다. 단, though가 문장 맨 마지막에 오면 '그러나(but)'의 뜻이 된다.

2 **even if**는 조건이나 가정하는 내용이 오고, 나머지 **(al)though, even though**는 기정사실의 내용이 온다.

Even if the weather is cold, we're going to go camping. ▶ 조건

=Whether the weather is cold or not, we're going to go camping.
날씨가 춥든지 안 춥든지 간에 우리는 캠핑을 갈 거야.

Even if there is a mistake, please forgive her. ▶ 잘못이 있다는 것을 가정
잘못이 있더라도 그녀를 용서해 주세요.

I didn't get the job **although** I had the necessary qualifications. ▶ 자격증이 있다는 것은 기정사실
나는 필요한 자격증이 있는데도 불구하고 그 직업을 얻지 못했다.

3 **while**과 **whereas**는 두 가지 생각이 대조를 이루는 경우에 사용한다. while과 whereas가 이끄는 절은 문장 중간에 와도 항상 쉼표(,)를 쓴다. whereas는 주로 문어체에 자주 쓴다.

He looks about forty, **while[whereas]** his wife looks about twenty.
그는 마흔 살쯤 되어 보이는 반면, 그의 부인은 스무 살쯤으로 보인다.

Whereas Sunny is rich, Kevin is poor. Sunny는 부자인 반면에, Kevin은 가난하다.

4 **in spite of, despite**는 (al)though, even though와 같은 뜻을 지닌 전치사이다. **전치사의 특성상 반드시 뒤에 (대)명사, 동명사를 써야 한다.**

I couldn't sleep **despite** being very tired. 나는 매우 피곤한데도 불구하고 잠을 잘 수 없었다.

In spite of a massive infusion of research capital, major questions remain unanswered.
막대한 연구비를 투입했는데도 불구하고, 주요 의문점들에 대한 해답은 나오지 않고 있다.

B **주의해야 할 표현**

1 no matter how[however]＋형용사[부사]＋주어＋동사의 형태로 쓰며 '아무리 ~하더라도'라는 의미이다.

No matter how badly your children behave, you shouldn't beat them.

＝**However** badly your children behave, you shouldn't beat them.

아무리 아이들이 버릇없이 행동하더라도 때려서는 안 된다.

No matter how cold it is outside, the rooms are comfortably heated.

＝**However** cold it is outside, the rooms are comfortably heated.

밖이 아무리 추워도 방은 따뜻하게 난방이 된다.

2 '형용사[부사/명사]＋as＋S＋V'의 형태로 쓰며 '비록 ~이지만'이란 양보의 의미를 나타낸다. 명사가 문장 맨 앞에 나오는 경우에는 관사 없이 쓴다.

Rich **as** she is, she is not content. 그녀는 부자이지만 만족하지 않고 있다.

＝Though she is rich, she is not content.

Coward **as** he was, he couldn't bear such an insult. 그는 겁쟁이였지만 그러한 모욕을 참을 수가 없었다.

＝Though he was coward, he couldn't bear such an insult.

Hero **as** he was, he turned pale. 비록 영웅이었지만 그는 새파랗게 질렸다.

＝Though he was **a** hero, he turned pale.

Challenge 1 어법상 빈칸에 알맞은 것을 고르시오.

01. Expensive _____ the cell phone was, Jason nonetheless decided to buy it.

(a) no matter   (b) as   (c) while   (d) however

02. The publishing company did not obtain exclusive use of the material, _____ it was assured that it would not be published in England.

(a) whereas   (b) in addition   (c) although   (d) as if

03. No matter how _____, you can't beat me in playing tennis.

(a) you may be hard try   (b) may you be hard try

(c) hard you may try   (d) hard may you be try

04. _____ all our careful plans, a lot of things went wrong.

(a) Although   (b) In spite of   (c) Though   (d) However

05. Poor carpenter _____ he is, he is not ashamed of himself.

(a) while   (b) in case   (c) as   (d) even though

Challenge 2 두 문장의 의미가 같아지도록 빈칸에 알맞은 말을 쓰시오.

보기	He has a very important job, but he isn't particularly well-paid. = *(Al)though* he has a very important job, he isn't particularly well-paid.

01. Cindy is very old, she still works for a publishing company.

= _____ as _____ _____, she still works for a publishing company.

02. Though I was tired, I couldn't sleep.

= I couldn't sleep despite _____ _____.

03. It is very cold outside. However, it's nice and warm in here.

= It is very cold outside. It's nice and warm in here, _____.

Challenge 1 빈칸에 even though 또는 because를 적절히 써 넣으시오.

01. I put on my raincoat _____ it was a bright, sunny day.

02. I put on my raincoat _____ it was raining.

03. Tom's in good shape physically _____ he doesn't get much exercise.

04. Nancy's in good shape physically _____ she gets a lot of exercise.

05. Sunny didn't learn Japanese _____ she lived in Japan for three years.

06. John speaks Chinese well _____ he lived in China for ten years.

Challenge 2 다음 우리말과 일치하도록 ( ) 안의 단어를 적절한 접속사와 함께 배열하시오.

01. 사막에서는 충분한 강우량을 얻을 수 없음에도 불구하고, 단지 적은 양의 물을 가지고도 잘 자라고 있는 많은 식물들이 있다.

→ _____, there are many

plants that thrive on only small amounts of water. (don't, a high amount of rainfall, deserts, receive)

02. 영화의 긴 장면들은 아버지의 입장을 묘사하는 반면, 단편적인 장면은 소년의 관점에 초점을 두고 있다.

→ The brief scenes in the movie focus on the boy's point of view, _____

_____. (the father's side, the longer scenes, depict)

Challenge 3 주어진 문장을 no matter how를 이용하여 다시 쓰시오.

> **보기**
> Although he is very famous, he is not satisfied.
> → *No matter how famous he is, he is not satisfied.*

01. There is always hope for the future even though the situation is difficult.

→ _____

02. Though I give you instructions clearly, you don't seem to follow them correctly.

→ _____

03. Although the children are young, that's insulting.

→ _____

출제 100%

01 대조를 나타내는 접속사와 전치사를 구별하라!

출제자의 눈 알맞은 접속사를 고르는 문제를 기본으로 하여, while 또는 whereas를 빈칸에 넣는 고난이도 문제가 나오기도 한다. in spite of와 despite는 전치사(구)여서 항상 뒤에 명사 또는 동명사만를 써야 한다. 접속사 (al)though와 in spite of를 구별하는 문제가 자주 출제된다. 어순에 주목해야 할 양보 표현으로 no matter how와 as가 있다. no matter how+형용사+주어+동사의 어순으로 쓰고 명사[형용사, 부사]+as+주어+동사의 어순으로 양보의 절을 나타낸다. 명사+as+주어+동사로 쓸 경우 명사는 관사 없이 사용해야 한다는 점도 기억하자.

Check Up

밑줄 친 부분 중 어법상 틀린 것을 고르시오.

Thank you for ❶ <u>sending</u> your poems to this publishing house. I have had the opportunity to ❷ <u>look them over</u>, and I feel that they show considerable promise, ❸ <u>though</u> your youth and lack of experience in this genre. There ❹ <u>is</u> still much room for development, however, and I am afraid they are not yet appropriate for publishing in any of our current poetry journals. You indicate in your cover letter that you intend to follow a literary career. Please allow me ❺ <u>to offer</u> my best wishes for your future literary efforts. (2007년 수능)

 **핵심** Grammar Formula

```
┌ in spite of
│              + │ 명사/동명사 │
└ despite
```

```
┌ (al)though
│ even though   + │ S+V │
└ while[whereas]
```

no matter how+ │ 형용사/부사+S+V │

=however+ │ 형용사/부사+S+V │

│ 명사[형용사/부사] │ +as+주어+동사
         └→ 명사를 문두에 쓸 때에는 관사 없이 쓴다.

구(phrase)로 바꾸기

point

Before (came / coming) to the United States, I took some English classes.

미국에 오기 전에 나는 약간의 영어수업을 들었다.

→ 주어가 주절의 주어와 같을 때 부사절의 주어를 없애고 동사를 V-ing로 바꾸어 부사구로 줄여 쓸 수 있다. 위의 문장은 I came에서 주어 I를 지우고 came을 coming으로 고친 것이다. 주어와 동사를 쓰려면 Before I came to the United States, I took~로 써야 한다. 따라서 coming이 정답이다.

A 구(phrase)로 바꾸기

1 영어는 문법을 먼저 알리기 위해 부사절을 문장 처음에 쓰는 경우가 많다. 하지만 핵심내용은 주절이 담고 있어서 주절을 먼저 쓰고 부사절을 뒤에 쓰기도 한다. 이때 **시간을 나타내는 부사절의 주어가 주절의 주어와 같을 때는 부사절의 주어를 없애고 동사를 V-ing로 바꾸어 부사구로 줄여, 짧고 빠르게 의미를 전달하는 방법이 있다.** 하지만 시간의 전후가 혼동이 될 수 있어 시간의 접속사는 생략하지 않는 것이 좋고, 부사절의 시제가 사라져 주절의 내용으로 시제를 예측해야 하는 단점이 있다.

While I was walking down the street last night, I ran into one of my friends.

=**While walking** down the street last night, I ran into one of my friends.

　　어젯밤 길을 가다가 나는 친구를 만났다.

　　▶ 부사절의 주어와 주절의 주어(I)가 같으므로 주어를 생략한다. be동사는 뜻에 큰 영향을 주지 않으므로 생략한다.

After Tom finished his homework, he went to bed.

=**After finishing** his homework, Tom went to bed. 숙제를 마친 후에 Tom은 자러 갔다.

While I was traveling across Europe, **the differences** in architecture became very clear.

내가 유럽 전역을 걸쳐 여행하는 동안 건축 양식의 차이점들은 분명해졌다.

※ 부사절의 주어와 주절의 주어가 다르므로 부사구로 줄여 쓰지 않는다.

2 원인과 결과를 나타내는 부사절의 주어가 주절의 주어와 같을 때 부사절의 주어를 없애고 동사를 V-ing로 바꾸어 부사구로 줄여 쓸 수 있다. **주절만으로 인과 관계를 알 수 있으므로 접속사는 생략할 수 있다.** 하지만 시제를 예측해야 하는 단점이 있다.

Because he wanted to pass the class, he studied very hard.

=**Wanting** to pass the class, he studied very hard. 그 수업을 통과하길 원했던 그는 매우 열심히 공부했다.

※ 시간의 접속사 when 대신 upon V-ing 또는 on V-ing를 쓰기도 하는데 의미는 모두 같다.

When we entered the house, we took off our shoes. 그 집에 들어갔을 때, 우리는 신발을 벗었다.

=**Upon** entering the house, we took off our shoes.

=**On** entering the house, we took off our shoes.

아하! 이렇게 서술형 기초다지기

Challenge 1　각 문장을 V-ing 형태를 사용하여 부사구로 줄여 쓰시오. (원인과 결과의 접속사는 생략)

보기
While I was sitting in class, I fell asleep. → *While sitting in class, I fell asleep.*

01. After Julia finishes an essay, she checks her work carefully.

→ _____

02. Since Kelly started her new timetable, she has been much happier.

→ _____

03. Jessica knows that she must stay healthy, so she runs every day and eats lots of fruit.

→ _____

04. While he was herding his goats in the mountains, an Ethiopian named Kaldi discovered the coffee plant more than 1,200 years ago.

→ _____

Challenge 2　주어진 부사구를 본래의 부사절로 고쳐 다시 쓰시오.

보기
Opening his new business, Eric has been working 16 hours a day.
→ *Since[As] Eric opened his new business*, he has been working 16 hours a day.

01. Before returning home, she goes to the coffee shop with her friends.

→ _____, she goes to the coffee shop with her friends.

02. While traveling across Europe, I noticed the differences in architecture.

→ _____, I noticed the differences in architecture.

03. Upon entering the theater, we handed the usher our tickets.

→ _____, we handed the usher our tickets.

04. On seeing his wife and child get off the airplane, Bob broke into a big smile.

→ _____, he broke into a big smile.

05. Lacking the necessary qualifications, he was not considered for the job.

→ _____, he was not considered for the job.

[unit 10]

목적 / 결과를 나타내는 부사절

point

Shakespeare was (such / so) a talented writer that many people like to read his plays.

세익스피어는 너무나 뛰어난 작가라서 많은 사람들이 그의 희곡을 읽고 싶어한다.
→ 명사(a talented writer)이므로 such를 쓴다. such는 'such+명사+that'을 써서 '너무 ~이라서 ~하다'라는 결과의 뜻을 나타낸다.

A 목적을 나타내는 부사절

1 so[in order] that ~ may는 '~하기 위하여'의 뜻으로 목적을 나타내는 부사절이다. so that, in order that이 이끄는 절에는 종종 can, will 등의 조동사가 쓰인다. in order that은 주로 격식을 차리는 표현으로 so that을 더 자주 쓰며, 일상 영어에서는 that을 자주 생략한다.

Please turn off the TV **so (that)** I **can** sleep. 잠 좀 자게 TV좀 꺼주세요.

Please reply **in order that** we can send you the application forms.
저희가 신청서 양식을 보낼 수 있도록 회신해 주시기 바랍니다.

※ 목적을 나타내는 절을 in order to V를 이용한 구(phrase)로 표현해도 된다. 여기서도 주로 in order를 생략해서 쓴다.

She stayed at work late **so[in order] that** she could complete the work.

=She stayed at work late **(in order) to** complete the work. 그녀는 그 일을 끝내기 위해 야근을 했다.

2 lest[for fear] ~ (should)는 '~하지 않도록'의 뜻이다. so[in order] that ~ should[might] not, in order not to V로 바꿔 쓸 수 있다.

He studies hard **lest[for fear]** he **should** fail in the exam. 그는 시험에 떨어지지 않기 위해 열심히 공부한다.

=He studies hard **so[in order]** that he **should not** fail in the exam.

=He studies hard **in order not to** fail in the exam.

B 결과를 나타내는 부사절

1 'so+형용사[부사]+that'은 '매우 형용사[부사]해서 ~하다'의 결과를 나타낸다. **so와 that 사이에 '명사'를 쓰지 않도록 조심한다.** 일상 영어에서 that을 생략해서 쓰기도 한다.

The coffee is **so** hot **(that)** I can drink it. 그 커피는 너무 뜨거워서 내가 마실 수가 없다.

※ ~, so that : 그 결과[그래서] ~하다

They were short of fresh water, **so that** they drank as little as possible.
그들은 식수가 부족했으므로 가능한 한 아껴서 마셨다.

2 'such+a/an+(형용사)+명사+that ~'은 '매우 형용사한 명사여서 ~하다'의 뜻으로 결과를 나타낸다. **such와 that 사이에 형용사나 부사를 쓰지 않도록 주의한다.** 일상 영어에서 that을 생략해서 쓰기도 한다.

It was **such** a good book **(that)** I couldn't put it down. 매우 좋은 책이어서 나는 그 책을 손에서 놓을 수가 없었다.

It was **such** a clear day **that** we could see the far-off mountains.
매우 맑은 날이라 우리는 멀리 떨어진 산도 볼 수 있었다.

※ so를 사용할 경우 형용사가 앞으로 나와 'so+형용사+a/an+명사+that'으로 쓴다.

It was **so** good a book **that** I couldn't put it down.

It was **such** nice weather **that** we went to the park.

=The weather was **so** nice **that** we went to the park.

C 비교

so ~ that	so that ~ may/will/can
so[such] ~ that 구문에서는 that절에 조동사가 오든 안 오든 상관없다. It was **such** a cold afternoon **that** we stopped playing.	목적을 나타내는 so that에서는 조동사가 반드시 나온다. We practiced **so that** we **would** not make a mistake.
so that	such that
앞에는 완전한 절이 오고 that절 이하는 목적의 뜻으로 해석한다. I'll let you know my e-mail address **so (that)** we can keep in touch.	such 앞에는 불완전한 절이 나와서 such 자신이 주격보어 역할을 한다. that절 이하는 결과로 해석한다. His anger was **such that** he lost control of himself.
though	however
though가 이끄는 절이 2형식 문장이면, 주격보어로 쓰인 명사나 형용사가 맨 앞으로 나올 수 있다. 그러나 안 나와도 상관없다. **Though** she is a girl, Lisa is very brave. =Girl **though[as]** she is, Lisa is very brave. Although salt is important, we can't live upon it. =Important **though[as]** salt is, we can't live upon it.	however가 이끄는 절에 '형용사, 부사'가 있으면 반드시 however 바로 뒤로 이동해야 한다. Parents love their children, **however naughty** they are. (O) → Parents love their children, however they are naughty. (×)
if	whether
I wonder **if** she will come or not. ▶ 명사절 **If** it rains tomorrow, I'll take my umbrella. ▶ 부사절	**Whether** she comes or not is unimportant to me. ▶ 명사절 **Whether** it is cold or not, I'm going to go swimming tomorrow. ▶ 부사절

Challenge 1　빈칸에 so와 such 중 알맞은 것을 써 넣으시오.

01. She was _____ embarrassed that she couldn't show her face in public.

02. It was _____ cold an afternoon that we stopped playing.

03. This book is written in _____ details that it's beginning to bore me.

04. The movie has _____ an unexpected ending that I had to watch it again.

Challenge 2　주어진 문장을 so∼that 또는 such∼that을 이용하여 다시 쓰시오.

보 기	It was very windy outside. My hat blew off my head. → *It was so windy outside (that) my hat blew off my head.*

01. Kelly is a good pianist. I'm surprised she didn't go into music professionally.

　→ _____

02. We had hot and humid weather. It was uncomfortable just sitting in a chair doing nothing.

　→ _____

03. The radio was very loud. I couldn't hear what Michael was saying.

　→ _____

Challenge 3　〈보기〉와 같이 so that∼을 이용하여 문장을 완성하시오.

보 기	Please turn down the volume. I want to be able to get to sleep. → *Please turn down the volume so (that) I can get to sleep.*

01. I put the orange juice in the refrigerator. I wanted to make sure it didn't spoil.

　→ _____

02. Mr. Kevin is studying the history and government of Canada. He wants to become a Canadian citizen.

　→ _____

출제 100%

01 so와 such를 구별하라!

출제자의 눈 so와 such 뒤에서 형용사와 명사를 구별하는 문제를 출제할 수 있다. so 뒤에는 형용사로, such 뒤에는 명사로 끝나는 것을 명심하자. 특히 관사 앞에 형용사가 나올 경우에는 so를 써서 'so+형용사+a/an+명사+that~'의 어순이 되어야 한다는 것도 기억하자. 토익이나 텝스에서 so와 such를 구별하는 문제가 자주 출제된다. so that과 such that의 차이는 so 앞에는 완전한 절이 오고, such 앞에는 불완전한 절이 온다는 것이다.

Check Up

어법상 <u>어색한</u> 부분을 찾아 바르게 고치시오.

1. Lisa's such rude and obnoxious that most people shy away from her.
2. She gave such witty an answer that everyone burst out laughing.
3. For these reasons, the farmer changes the cow's food slowly such that the cow can adapt to the new food. (2000년 수능)

 핵심 Grammar Formula

so+ | 형용사/부사 | +that ~

such+ | a/an+(형)+명사 | +that ~

so+ | 형용사 | +a/an+명사+that ~

| 완전한 절 | +so that ~

Turn the light off **so that** we can sleep well.
잠을 잘 잘 수 있도록 불을 꺼라.

| 불완전한 절 | +such that ~

Her job was **such that** she shed tears.
그녀는 너무나 기쁜 나머지 눈물을 흘렸다.

1. 밑줄 친 **as**와 의미가 같은 것은?

> I talked with him <u>as</u> we walked home together.
> I'll have to check my plans. I'm pretty certain
> Byron has a piano concert next week. I think
> I'll go watch him.

❶ He saw me <u>as</u> he was getting off the bus.
❷ Do in Rome <u>as</u> the Romans do.
❸ <u>As</u> I was sick, I couldn't go to school.
❹ This box is three times <u>as</u> heavy as that one.
❺ Child <u>as</u> he was, he was brave.

오답노트

[2-3] 다음 밑줄 친 부분 중 어법상 틀린 것을 고르시오.

2.

> Salmon ❶ <u>spend</u> ❷ <u>most</u> of their adult lives in
> salt water, ❸ <u>despite</u> they ❹ <u>return</u> precisely
> to their freshwater birthplaces ❺ <u>to spawn</u> and
> die.

3.

> Balloon ❶ <u>observations</u> ❷ <u>for</u> military
> ❸ <u>intelligence</u> ❹ <u>were made</u> ❺ <u>while</u> the
> American Civil War.

오답노트

4. 다음 두 문장을 한 문장으로 바르게 연결한 것은?

> When will the festival be held?
> + Do you think?

❶ Do you think when will the festival be held?
❷ When do you think will the festival be held?
❸ Do you think when the festival will be held?
❹ When will you think the festival be held?
❺ When do you think the festival will be held?

오답노트

5. 밑줄 친 **that**의 쓰임이 나머지 넷과 **다른** 것은?

❶ Tom said <u>that</u> he lost his house because of the
earthquake.
❷ Doctors know <u>that</u> smoking causes cancer and
heart disease.
❸ It's a fact <u>that</u> people are unhappy with the
government.
❹ Many people believe <u>that</u> blood type has an
effect on personality.
❺ The energy <u>that</u> is not used is stored as fat in
the body.

오답노트

6. 다음 빈칸에 공통으로 들어갈 알맞은 말은?

> · I asked myself _____ I really wanted to do
> this job.
> · Is it OK _____ I use your mobile phone?

❶ but ❷ if ❸ as ❹ since ❺ that

오답노트

2005년 수능

[7-8] 다음 글을 읽고 물음에 답하시오.

The claim ❶ that we have recently entered the information age is misleading. Flooded by cellphones, the Internet, and television, we incorrectly imagine that our ancestors inhabited an innocent world ❷ where the news did not travel far beyond the village. It may not be valid to assume that the media make our time distinct from the past, ❸ because we know relatively little about ❹ how was information shared in the past. In fact, the Olympics celebrate the memory of the Greek soldier ❺ who brought the news of the Athenian victory over the Persians. Most of us could come up with many other examples – message drums, smoke signals, church bells, ship flags. But their primitiveness would only confirm our sense that we live in a fundamentally different world, one of constant, instant access to information.

7. 윗글에서 어법상 어색한 것을 골라 바르게 고치시오.

_____

8. 윗글의 요지로 가장 적절한 것을 고르시오.

❶ The value of information depends on speed.
❷ We are entering a new age of information.
❸ Even old information can benefit all of us.
❹ Every age is in fact an age of information.
❺ We are flooded by incorrect information.

9. 다음 문장에서 어법상 어색한 것을 고르시오.

❶ If you wrap the brownies in foil, they will stay fresh for several days.
❷ I'll draw a map for you in case you have difficulty finding our house.
❸ There are no buses to the beach. Unless you have a car, it's difficult to get there.
❹ Claudia's parents said they'd buy her an MP3 player only if she will pass this exam.
❺ The company can dismiss its employees in case of misconduct.

오답노트

[10-11] 다음 글을 읽고 물음에 답하시오.

Our bodies need food and oxygen, and these must be supplied constantly. Food can be stored in the body, _____ⓐ_____ a person need not eat all the time in order to satisfy this need. Our bodies cannot store oxygen; therefore _____ⓑ_____

10. 빈칸 ⓐ에 들어갈 알맞은 접속사를 고르시오.

❶ though   ❷ if   ❸ even though
❹ but   ❺ so that

11. 밑줄 친 ⓑ에 들어갈 내용으로 적절한 것은?

❶ we must keep breathing all the time.
❷ food is harder to find than oxygen.
❸ we must keep looking for new supplies of oxygen.
❹ oxygen is more important than food.
❺ remember that you should exercise to make your body healthy.

12. 다음 문장과 같은 뜻이 되도록 다시 쓰시오.

Fresh water is necessary not only for people's daily life but also for farming and industry.

= _____

_____

① how well or poorly people express
② how people express well or poorly
③ people express how well or poorly
④ how well or poorly people expresses
⑤ how people expresses well or poorly

오답노트

13. 다음 빈칸에 알맞은 말은?

> _____ its inherent dangers, nuclear energy is a clean and potentially inexhaustible source of energy.

① Although   ② In spite of   ③ Because of
④ What   ⑤ For

오답노트

2008년 수능

14. 빈칸에 가장 적절한 것은?

> One key social competence is _____ _____ their own feelings. Paul Ekman uses the term 'display rules' for the social agreement about which feelings can be properly shown when. Cultures sometimes vary tremendously in this regard. For example, Ekman and his colleagues in an Asian country studied the facial reactions of students to a horrific film about a teenage Aboriginal ritual ceremony. When the students watched the film with an authority figure present, their faces showed only the slightest hints of reaction. However, when they thought they were alone (though they were being taped by a secret camera) their faces twisted into vivid mixes of uncomfortable feelings.

15. 밑줄 친 문장을 no matter~를 이용하여 같은 뜻이 되도록 다시 쓰시오.

> However hard the government tries by providing houses, schools, and medical services, it has not yet solved the problem of those homeless, poor people.

→ _____

_____

오답노트

16. 다음 문장에 공통으로 들어갈 접속사는?

> · _____ she is over 70, she enjoys playing tennis.
> · _____ it was cold, they went swimming.
> · _____ stress and conflict may occur within the family, they are a normal part of growing up.

① However   ② Because   ③ Though
④ In spite of   ⑤ Now that

오답노트

창의성과 표현력을 길러주는 **서술형 문항**

출제의도 조건의 의미를 나타내는 if절
평가내용 조건의 부사절을 이용하여 미래에 관한 문장 서술하기

A 아래 제시된 질문에 자신의 생각을 영어로 쓰시오.

(서술형 유형 : 10점 / 난이도 : 중하)

> 1. What will you do if it snows tomorrow?
> 2. What will you do if it rains tomorrow?
> 3. What will you do if you go to Italy?
> 4. What will you do if your parents aren't at home tonight?
> 5. What will you do if you are hungry?

1. If _____ , _____

2. If _____ , _____

3. If _____ , _____

4. If _____ , _____

5. If _____ , _____

평가영역	채 점 기 준	배 점
유창성(Fluency) & 정확성(Accuracy)	표현이 올바르고 문법, 철자가 모두 정확한 경우	2 × 5 = 10점
	문법, 철자가 1개씩 틀린 경우	문항당 1점씩 감점
	내용과 일치하지 않는 답을 썼거나 답을 기재하지 못한 경우	0점

2004년 수능

A 다음 글을 읽고 물음에 답하시오.

Many people went outside around August 27 this year to observe the close encounter between Earth and Mars. On August 27, _____(A) to Earth than ever in human history, the one-way travel time of light was just 3 minutes and 6 seconds. Thus, if you had turned a light toward Mars that day, _____(B)_____ Mars in 186 seconds. | Mars was so bright that even the lights of the city didn't get in the way |. If you missed this astronomical show, you're really out of luck. Mars will not be this close again until the year 2287.

Words & Phrases

◆ observe 관찰하다
◆ encounter 만남, 접촉
◆ one-way 한쪽 방향으로만 이동하는
◆ get in the way 방해되다
◆ astronomical 천문학적인

Critical Thinking!

(A) 접속사가 필요한가? 필요하지 않은가? 어순은 올바른가?
(B) 알맞은 시제는 무엇으로 판단해야 하는가?

1. 빈칸 (A)와 (B)에 가장 적절한 것끼리 짝지은 것은? (3점)

(A)	(B)
❶ Mars was closer	it had reached
❷ Mars was closer	it would have reached
❸ when Mars was closer	it reached
❹ when Mars was closer	it would have reached
❺ when Mars was closer	it had reached

2. 윗글 네모 안의 문장을 〈보기〉와 같이 바꿔 쓰시오. (2점)

보기	The coffee was so good that I had another cup. → *It was such good coffee that I had another cup.*

Mars was so bright that even the lights of the city didn't get in the way.

→ _____

_____

오답노트

A 다음 글을 읽고 물음에 답하시오.

Alzheimer's disease damages the brain causing a steady loss of memory. _____(A)_____ for the illness, there may be hope for the cure with a protein called nerve growth factor. The protein is produced by nerve cells in the same region of the brain _____(B)_____ . Based on this relationship, scientists from the University of Lund in Sweden and the University of California at San Diego designed an experiment to test whether doses of nerve growth factor could reverse the effects of memory loss. Using a group of rats with impaired memory, the scientists gave half of the rats doses of nerve growth factor while giving the other nothing. At the end of the four-week test, the rats given the nerve factor performed equally to rats with normal abilities.

1. 빈칸 (A)와 (B)에 가장 적절한 것끼리 짝지은 것은? (3점)

	(A)	(B)
❶	Because there is not yet a cure	Alzheimer occurs
❷	Whether there is not yet a cure	when Alzheimer occurs
❸	If there is not yeat a cure	Alzheimer occurs
❹	When there is not yet a cure	when Alzheimer occurs
❺	Although there is not yet a cure	when Alzheimer occurs

2. 윗글에 소개된 알츠하이머병의 치료법을 우리말로 간단히 쓰시오. (2점)

_____

_____

오답노트

Chapter 3. 관계사(Relatives)

Chapter 3

관계사

🍵 반드시 알아야 해!

선행사가 있는지 없는지를 항상 확인한다.

관계부사 뒤의 문장은 완벽하다.

관계사절 내의 시제, 수, 태를 점검한다.

관계사 때문에 주어와 동사가 떨어져 있을 때 동사의 수 일치를 조심하라.

🎧 수능 기출

다음 괄호 안에서 어법에 맞는 표현을 고르시오.

1. The group to which Harry belongs (encourages / encourage) individual members to think creatively. (2004년 수능)

2. He just produced (which / what) was in him, and brought us a rich treasure of music. (2003년 수능)

[해석] **1.** Harry가 속해 있는 집단은 구성원 각자가 창조적으로 생각하도록 장려한다.

2. 그는 그 자신 안에 있는 것을 썼고 우리에게 풍요로운 음악의 보물을 가져다주었다.

[해설] **1.** to which Harry belongs가 관계사절 앞에 있는 명사 the group을 수식한다. 따라서 주어는 단수 (the group)이므로 단수 동사인 encourages를 써야 한다.

2. 관계대명사 which는 앞에 선행사가 없으면 쓸 수 없다. 따라서 선행사를 포함하고 있는 관계대명사 what이 정답이다.

정답 **1.** encourages **2.** what

주격과 목적격 관계대명사

point

They look for employees who (supports / support) each other, take pride in their work, and encourage a pleasant working environment. (1999년 수능)

그들은 서로 도와주고, 일에 자부심을 느끼며, 유쾌한 작업 환경을 조성하는 직원을 찾는다.
→ 관계사절 내에 주어가 없다. 따라서 who 앞의 선행사 employees가 주어이다. 주어가 복수이므로 관계사절 안의 동사도 복수 동사(support)를 써야 한다.

A 주격 관계대명사(who, which, that)

명사(선행사) 뒤에서 앞에 있는 명사를 꾸며 주는 절을 관계사절 또는 형용사절이라고 한다. 명사 뒤에 있는 that이나 wh-word(who, which, when 등)는 모두 앞에 있는 명사를 꾸며 주는 형용사 역할을 하며, '~하는, ~할, ~했던'으로 해석한다.

1 우리가 알고 있는 대명사는 he, she, it 등이지만 '동사'가 있는 절을 이끌면서 대명사 역할을 하려면 관계대명사가 필요하다. 주어 자리에 있던 (대)명사를 대신할 때 주격 관계대명사라고 부른다. **주어가 사람일 때 who, 사물(동물)일 때 which로 대명사 처리하며**, who나 which 대신 that으로 바꾸어 쓸 수 있다. 하지만 일상 영어에서는 that보다 who, which를 더 자주 쓴다.

The student is from Korea. + The student sits in the front row.

The student the student sits in the front row is from Korea.

▶ 똑같은 명사 2개가 충돌한다. 둘 중 하나를 대명사 who(=the student)로 바꿔 문장까지 연결시켜 주는 관계대명사가 탄생하게 된다. 주어를 대명사 처리했으므로 주격 관계대명사가 된다.

→ The student **who** sits in the front row is from Korea. ▶ more common
앞줄에 앉아 있는 그 학생은 한국에서 왔다.

The student **that** sits in the front row is from Korea.

You must get the vitamins. + They are important to your health.

You must get the vitamins they are important to your health.

▶ 주어 자리에 있는 they를 대명사 처리한다. 선행사가 사물이므로 which로 바꾸어 주며 여기서 which는 주격 관계대명사가 된다.

→ You must get the vitamins **which** are important to your health. ▶ more common
당신은 건강에 중요한 비타민을 섭취해야 한다.

You must get the vitamins **that** are important to your health.

2 주격 관계대명사는 주어를 대명사 처리했으므로 who[which, that] 바로 뒤에 동사가 먼저 등장한다. 따라서 동사의 단, 복수는 who[which, that] 앞에 있는 **선행사(명사)에 따라 단수면 단수, 복수면 복수 동사를 쓴다.**

An architect is **someone** who **designs** buildings. 건축가는 건물을 디자인하는 사람이다.

Journalists are **writers** that **work** on a newspaper or a magazine gathering and presenting news.
저널리스트들은 뉴스를 수집하고 제공하면서 신문이나 잡지 일에 종사하는 필자들이다.

목적격 관계대명사(who(m), which, that)

1 **관계대명사가 목적어를 대신할 때 목적격 관계대명사라 한다.** 대명사(he, it, she)는 목적어로 쓰인 명사를 대신할 뿐, 문장을 연결할 수 없다. 따라서 반복도 피하고, 문장도 연결할 수 있는 목적격 관계대명사 whom, which, that을 대명사로 사용한다.

Tiger Woods is an athlete. + I admire him.

Tiger Woods is ¦an athlete¦ I admire ¦him¦.

▶ 똑같은 명사 2개가 충돌한다. 둘 중 하나를 목적격 대명사 whom(=him)으로 바꿔 문장을 연결한다.

→ Tiger Woods is an athlete I admire **who(m)**.

→ Tiger Woods is an athlete **who(m)** I admire. 타이거 우즈는 내가 존경하는 운동선수이다.

2 **목적어가 사람일 때는 who(m)로, 사물, 동물, 대상일 때는 which로 대명사 처리한다.** 따라서 관계대명사 앞에 있는 선행사도 who(m)는 사람, which는 사물(동물, 대상)이 온다. who(m)과 which 대신 모두 that으로 바꾸어 쓸 수 있다.

She is ¦the author¦. + The prosecutor accused ¦her¦ of a crime.

→ She is the author **whom[that]** the prosecutor accused of a crime. 그녀는 검사가 범죄로 고소한 저자이다.

¦The cell phone¦ doesn't have a warranty. + You bought ¦it¦ yesterday.

→ The cell phone **which[that]** you bought yesterday doesn't have a warranty.
어제 네가 산 휴대전화는 품질보증서가 없다.

3 **목적어를 대신하는 목적격 관계대명사는 언제나 생략이 가능하다.** 관계대명사가 생략된 경우, '명사＋명사＋동사'가 연이어 나오는데 '명사＋동사'를 형용사의 한 덩어리로 보고 앞에 있는 명사(선행사)를 꾸며 주면서 '~하는, ~한, ~했던'으로 해석한다. whom은 다소 형식을 갖춘 표현으로 일상 영어에서는 who를 더 많이 쓴다. 그러나 목적격 관계대명사는 생략하는 것이 가장 자연스럽다.

PyeongChang has a nice resort √people from all places visit. ▶ resort (which는 생략) people
평창에는 곳곳에서 온 사람들이 방문하는 멋진 리조트가 있다.

My friend, Jane, is a person √I can trust. ▶ person (which는 생략) I
내 친구 Jane은 내가 믿을 수 있는 사람이다.

Challenge 1 다음 문장에서 어법상 알맞은 것을 고르시오.

01. What we all need is a 'pause button' – something (who / that) enables us to stop between what happens to us and our response to it. (1999년 수능)

02. Today, paths from the information superhighway reach Asia's most distant corners and the benefits go beyond the group of those (who / who they) can afford personal Internet links.

03. They do not make the progress (who / which) they would like to make and are fully capable of making. (2001년 수능)

04. People who use chopsticks and spoons (is / are) mostly East Asians.

05. Pride was a quality (which they / which) did not like very much, since they were all very modest.

(서울대 대학원)

Challenge 2 주어진 문장에서 생략할 수 있는 관계대명사를 ( ) 치시오.

01. We need a person who can speak both English and French fluently.

02. I like the woman who I met at the party last night.

03. I ate dinner with my ex-girlfriend that I hadn't seen for years.

04. The English Premier League which has twenty teams begins its season in fall.

05. Our teacher asked us to give a title of the book which she had written.

06. The tape recorder that you used for 10 years can't be repaired.

07. The game which was scheduled for today has been postponed because of the heavy rain.

08. What have you done with the money that I gave you?

Challenge 1 다음 두 문장을 관계대명사 who나 which를 사용하여 한 문장으로 쓰시오.

> **보기**
> The people have now been released. The people were arrested.
> → *The people who were arrested have now been released.*

01. Lucy works for a company. It makes washing machines.

→ _____

02. The reporter is my cousin. He is held as a hostage by the terrorist.

→ _____

03. The Beatles were four young men. These young men became famous all over the world.

→ _____

Challenge 2 목적격 관계대명사를 생략하여 두 문장을 한 문장으로 만드시오.

01. The high school is in New York City. She attended the high school.

→ _____

02. A friend sent me an e-mail. I knew a friend in high school.

→ _____

03. Even the student couldn't solve the problem. I thought the student to be clever.

→ _____

Challenge 3 동사의 수 일치에 유의하여 알맞은 관계대명사와 함께 주어진 빈칸을 완성하시오.

01. 우리 학급에는 불어를 말하는 세 명의 학생이 있다. (French, speak)

→ There are three students in my class _____ .

02. 연출법에 관심이 있는 학생들은 연극학과 과목을 들을 수 있다. (be, dramatics, interest in)

→ Students _____ can take theater department courses.

03. 벽에 있는 약속 예정표는 내 룸메이트 것이다. (on the wall, be)

→ The appointment calendar _____ belongs to my roommate.

출제 100%

01 주격 관계대명사에는 주어가 빠져 있고, 목적격 관계대명사에는 목적어가 없다.

출제자의 눈 선행사가 사람이면 who, 사람이 아닌 다른 모든 것은 which를 쓴다. 이 둘을 구별하는 문제는 기본적으로 출제된다. 관계대명사 앞에 있는 명사가 무조건 선행사는 아니다. 관계대명사 사이에 '전치사＋명사'가 끼어들어 선행사로 착각하게 만드는 함정 문제를 출제할 수도 있으니 문맥을 통해 판단해야 한다. 관계대명사는 주어나 목적어를 대신하기 때문에 관계사절 안에는 주어가 없거나 타동사와 부정사의 목적어가 빠져 있는 불완전한 문장이된다. 주어나 목적어가 빠져야 하는데 슬쩍 갖다 놓거나 관계부사와 관계대명사를 묻는 문제가 많이 출제된다. 관계부사는 말 그대로 부사이기 때문에 관계사절 안에는 완벽한 문장이 존재한다.

Check Up

다음 괄호 안에서 어법에 맞는 표현을 고르시오.

1. My father carried old furniture with my mother (who / which) had to be taken to the basement.

2. The house (where / which) I want to buy is made of fancy bricks.

밑줄 친 부분 중 어법상 틀린 것을 고르시오.

3. In fact, the movie business and the athletic world ❶ are full of intelligent, educated, ❷ and informed men and women who ❸ they are interested and ❹ involved in a wide variety ❺ of activities and causes. (2007년 수능)

 Grammar Formula

사람＋ who[that] …… ： 선행사에 따라 알맞은 관계대명사를 고른다.

사물/동물/대상＋ which[that] ……

N(선행사)＋who[which, that]＋S(주어)＋V＋(O)……
　　　　　　　　　　　　　　↳ 주격 관계대명사에는 주어가 빠져 있어 동사부터 나온다.

N(선행사)＋whom[which, that]＋S＋V＋O(목적어)……
　　　　　　　　　　　　　　↳ 목적격 관계대명사에는 반드시 목적어가 빠져 있다.

02 **주어와 동사의 일치를 방해하는 주범! 관계대명사절**

출제자의 눈 주어 뒤에 관계대명사절이 오면 주어와 동사가 멀어져 동사의 일치를 방해한다. 관계대명사절은 형용사절이므로 명사를 수식해 줄 뿐 실질적인 주어와 동사와는 아무런 관계가 없다. 따라서 관계사 전체를 없는 것으로 간주하고 동사의 수를 일치시켜야 한다. 또한 주격 관계대명사의 경우 관계대명사 바로 뒤에 동사가 나오는데 이 동사의 수 일치를 물어보는 문제도 출제된다. 주격 관계대명사는 관계대명사 바로 앞에 있는 명사(선행사)와 동일하므로 선행사가 단수면 단수 동사, 복수면 복수 동사로 일치시켜 준다. 이때 주격 관계대명사절 안의 동사가 선행사에 따라 수동태가 되는 다소 어려운 문제도 출제될 수 있다. 선행사가 행위의 주체가 아닌 대상이 되는 경우에는 수동태를 선택하고 be동사의 수의 일치도 함께 점검해야 한다.

Check Up

다음 괄호 안에서 어법에 맞는 표현을 고르시오.

1. A computer program that communicates with the user solely by providing choices from interlinked menus (is / are) said to be menu-driven.

2. A new product has been invented that could make the world little quieter. It's a noise absorbing material which (calls / is called) NEXDAMP.

핵심 Grammar Formula

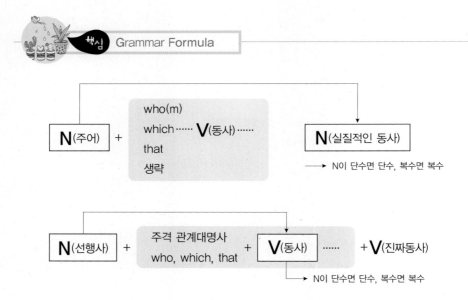

[unit 2]

소유격 / 전치사+관계대명사

point

The way (which / in which) we spend our own money must be learned from our parents.

우리는 우리 자신의 돈을 쓰는 방법을 부모님으로부터 배워야 한다.

→ 선행사 the way가 전치사 in의 목적어가 되어야 한다. which를 쓰려면 주어나 목적어가 빠져야 하는데 위의 관계사절 안에는 모두 있다. 이 경우, in the way에서 중복되는 the way를 which로 바꿔 in which가 되었다.

A 소유격 관계대명사 whose

1 소유격에는 my, her, his, their, its 등이 있다. 이 소유격을 대신하는 관계대명사가 whose이다. 소유격은 반드시 뒤에 명사가 있어야 문장에서 어떤 역할을 할 수 있는 것과 같이 **whose 뒤에는 반드시 명사가 와서 '~의+명사'와 같은 역할을 한다.**

She married a man. **His** interests → **whose** interests are similar to hers.

→ She married a man **whose** interests are similar to hers. 그녀는 그녀의 취미와 비슷한 남자와 결혼했다.

The woman called the police. **Her** car → **whose** car was stolen.

→ The woman **whose** car was stolen called the police. 자동차를 도난당한 그 여자는 경찰을 불렀다.

※ 소유격 관계대명사 whose는 선행사가 사람이든 사물이든 관계없이 사용하고, whose는 생략할 수 없다.

2 소유격 관계대명사 whose는 주로 학술지 같은 문어체의 딱딱한 글에서 쓰일 뿐 일상 영어에서는 with를 사용하여 소유를 나타내는 간단한 문장으로 쓴다. 선행사가 사물일 경우 of which로 바꿔 쓸 수 있으나, 일상 회화에서는 거의 쓰이지 않는다.

She's married to the man. **His** nose is enormous.

→ She's married to the man **whose** nose is enormous. 그녀는 코가 매우 큰 남자와 결혼했다.

→ She's married to the man **with** the enormous nose. ▶ informal

This is the house **whose** roof is blue. 이 집은 지붕이 푸른색인 집이다. ▶ 어색한 표현

→ This is the house **of which** the roof is blue. ▶ 어색한 표현

→ This is the house the roof **of which** is blue. ▶ 어색한 표현

→ This is the house **with** the blue roof. ▶ 자연스러운 표현

→ The roof **of** this house is blue. ▶ 자연스러운 표현

전치사+관계대명사

1 전치사 뒤에는 항상 명사가 있는데 **전치사의 목적어인 명사가 사람이면 대명사 who(m)로 바꾼다.** 전치사를 관계사절 맨 뒤로 보내고 who(m)를 쓸 수 있고, 전치사와 함께 '전치사+whom'으로 쓸 수도 있다. 하지만 (전치사의) 목적격 관계대명사이므로 전치사를 뒤로 보내고 관계대명사를 생략하는 것이 가장 자연스럽다.

The governor is the person. + You were talking <u>to</u> him. ▶ him을 관계대명사 whom으로 고침

→ The governor is the person **who(m)** you were talking **to**.

→ The governor is the person **that** you were talking **to**. ▶ 전치사를 뒤로 보낼 때만 that 사용 가능

→ The governor is the person **to whom** you were talking. ▶ whom을 who로 쓰지 않음

→ The governor is the person you were talking **to**. ▶ 전치사를 뒤로 보내야 whom을 생략할 수 있음
　　네가 대화를 하던 그 사람이 주지사이다.

2 **전치사의 목적어인 (대)명사가 사람이 아닌 경우에는 which를 쓴다.** 마찬가지로 목적격 (전치사의) 관계대명사이므로 전치사를 관계사절 뒤로 보내고 which를 생략하는 것이 가장 자연스럽다.

I had a holiday. I was able to see my family <u>during</u> **the holiday**. ▶ the holiday를 which로 바꿈

→ I had a holiday **during which** I was able to see my family. ▶ during that으로 쓰지 않음

→ I had a holiday **which** I was able to see my family **during**.

→ I had a holiday **that** I was able to see my family **during**. ▶ 전치사를 뒤로 보낼 때만 that 사용 가능

→ I had a holiday I was able to see my family **during**. ▶ 전치사를 뒤로 보내야 생략할 수 있음
　　나는 가족을 볼 수 있었던 휴가를 가졌다.

※ '전치사+관계대명사(whom, which)'를 함께 쓸 경우에는 who 또는 that으로 쓸 수 없다. 또한 선행사 뒤에서 '전치사+관계대명사'를 쓸 때는 관계대명사를 생략할 수 없다. 생략하기 위해서는 전치사를 반드시 관계사절 뒤로 보내야 한다.

This is the book. We talked about it.

→ This is the book **which** we talked **about**. 이것이 우리가 얘기했던 그 책이다.

→ This is the book we talked **about**. (O)

→ This is the book **about which** we talked. (O)

→ This is the book about we talked. (×)

→ This is the book about that we talked. (×)

Challenge 1　다음 문장에서 어법상 알맞은 것을 고르시오.

01. I can't concentrate on the teacher (who / whose) voice is so husky.

02. Diffusion is a process (by which / which) one culture or society borrows from another. (2007년 수능)

03. Taking a bath in water (what / whose) temperature ranges between 35℃ and 36℃ helps calm you down when you are feeling nervous. (2002년 수능)

04. What is the name of the man (by whom / whom) the steam engine was invented?

05. They do their best to create enjoyable and protective environments (which / in which) the children feel comfortable and safe. (2007년 수능)

Challenge 2　관계대명사 whose를 사용하여 비슷한 의미의 문장을 완성하시오.

> 보
> 기
> I have a classmate. His sister studies in Singapore.
> → I have a classmate *whose sister studies in Singapore*.

01. Jessica is a top-notch English lecturer. Her classes are very popular.

→ Jessica is a top-notch English lecturer _____.

02. Jason is a baseball player. His position is shortstop.

→ Jason is a baseball player _____.

03. The school principal walked down the hallway to find the boy. His parents had been injured in an automobile accident.

→ The school principal walked down the hallway to find the boy _____

_____.

04. The company is stifling the creativity of its workforce. Their employees are in constant fear of losing their jobs.

→ The company _____

is stifling the creativity of its workforce.

Challenge 1 관계대명사를 이용하여 가능한 모든 형태의 문장으로 만드시오.

> 보기
> What is the name of the high school? + You graduated from the high school.
> → *What is the name of the high school from which you graduated?*
> → *What is the name of the high school which you graduated from?*
> → *What is the name of the high school that you graduated from?*
> → *What is the name of the high school you graduated from?*

01. In high school, the activities were basketball and band. + I was interested in the activities.

→ _____

→ _____

→ _____

→ _____

02. Do you remember the teacher? + I was talking about the teacher.

→ _____

→ _____

→ _____

→ _____

Challenge 2 〈보기〉와 같이 whose를 이용하여 문장을 다시 쓰시오.

> 보기
> James Joyce was a novelist. His novels *Ulysses and Finnegan's Wake* are noted for his experimental use of language.
> → *James Joyce was a novelist whose novels Ulysses and Finnegan's Wake are noted for his experimental use of language.*

01. Mahatma Gandhi was a lawyer in India. His policy of non-violence inspired other freedom activists throughout the world.

→ _____

02. Alexander Fleming was a biologist. His great contribution to science was the discovery that penicillin had antibacterial properties.

→ _____

출제 100%

01 관계대명사 안의 문장 성분을 철저히 점검하라!

출제자의 눈 whose 뒤에 바로 명사가 나오므로 목적격 관계대명사와 혼동을 주는 문제가 출제된다. 하지만, 소유격 관계사절 안에는 완전한 문장이 온다. 이는 관계부사와 혼동이 될 수 있지만 관계부사는 사람을 선행사로 쓰지 못한다는 차이점이 있다. 전치사의 목적어를 관계대명사로 바꿀 경우 당연히 관계사절 안에는 불완전한 문장, 즉 전치사 뒤에 명사가 없는 문장이 있게 마련이다. 하지만 '전치사＋관계대명사'를 붙여서 선행사 뒤에다 갖다 놓는 경우 '전치사＋관계대명사' 뒤에는 완전한 문장이 존재하게 된다. 단, that 앞에는 전치사를 쓰지 않는 것도 알아두자. 학생들이 혼동되는 만큼 이는 집중적으로 출제되는 항목이다.

Check Up

다음 괄호 안에서 어법에 맞는 표현을 고르시오.

1. Material culture is made up of all the physical objects to (which / that) people make and give meaning. (1999년 수능)

2. Infrasound is a low-pitched sound, (whose / which) frequency is far below the range of human ears. (2004년 수능)

 **핵심** Grammar Formula

N (선행사)＋**whose**＋ | 명사＋동사(be동사)＋전치사＋N
명사＋동사＋목적어

→ whose절 안의 문장은 완전한 문장

N (선행사)＋전치사＋관계대명사＋ | S＋V(자동사)
S＋V(타동사)＋목적어

→ '전치사＋관계사'인 경우 관계사절 안의 문장은 완전한 문장

N (선행사)＋(전치사의) 목적격 관계대명사＋ | S＋V＋전치사 | ＋N

→ 반드시 전치사의 목적어가 빠진 불완전 문장

what / that / 주격 관계대명사+be동사 생략

p●int

I can't believe how rude Cindy can be. (That / What) she said hurt my feelings.

Cindy가 어떻게 그렇게 무례할 수 있는지 믿을 수가 없어. 그녀가 말했던 것이 내 마음을 아프게 했어.
→ 앞에 선행사가 없고, said의 목적어가 없는 불완전한 문장이다. 따라서 선행사를 포함하고 있는 관계
대명사 what이 알맞다.

A 선행사를 포함한 관계대명사 what

1 선행사가 포함되어 있는 관계대명사 what은 the thing(s) which[that]로 바꿔 쓸 수 있다. 보통 '~하는 것'으로
해석한다. what 앞에 선행사를 쓰지 않으며 소유격을 쓰지 않는다. 선행사를 포함하므로 문장에서는 실제 명사
절 역할을 한다.

I know **what** you did last summer. 나는 네가 지난 여름에 한 일을 알고 있다.

=I know **the thing which[that]** you did last summer.

※ the thing(s)+which[that]일 경우 which나 that은 명사 뒤에 위치하는 관계대명사이므로 '~하는, ~했던'으로 해석
하지만, 선행사가 없는 what은 문장에서 명사절이 되어 명사 자리(주어, 목적어, 보어 자리)에서 '~하는 것, ~하는 모
든 것'으로 해석한다.

What is beautiful is not always good. 아름다운 것이 항상 좋은 것은 아니다.

=**The thing which** is beautiful is not always good.

2 관계대명사 what을 이용하여 **단어나 구를 강조하는 어감을** 나타낼 수 있다.

A big snake scared me.　　→　　**What** scared me was a big snake.
큰 뱀이 나를 무섭게 했다.　　　　　나를 무섭게 한 것은 큰 뱀이었다.

I want to dance now.　　→　　**What** I want to do now is dance.
나는 지금 춤을 추고 싶다.　　　　　내가 지금 하고 싶은 것은 춤추는 것이다.

3 what과 함께 잘 나가는 표현들

　1) what you call=what is called 「소위, 이른바」

　　She is **what you call** a bookworm. 그녀는 이른바 책벌레이다.

　2) what I used to be 「예전의 나」

　　I'm not **what I used to be**. 나는 예전의 내가 아니다.

　3) what is+형용사의 비교급 「더욱 ~ 한 것은」

　　She is kind, and **what is better**, very beautiful. 그녀는 친절하다, 그리고 더욱 좋은 것은 매우 아름답다.

　4) what's worse[better] 「더 나쁜[좋은] 것은」

　　You stayed out late; **what's worse**, you didn't call home.
　　늦도록 밖에 있었고, 더욱 나쁜 것은, 집에 전화도 안 했다는 거야.

　5) A is to B what C is to D 「A와 B의 관계는 C와 D의 관계와 같다」

　　Reading **is to** the mind **what** exercise **is to** the body. 독서와 정신의 관계는 운동과 신체의 관계와 같다.

관계대명사 that의 특징

1 관계대명사 that은 소유격을 제외한 모든 관계대명사와 관계부사를 대신해서 쓸 수 있다.

This is the handkerchief **that**[which] my friend gave to me. 이것이 내 친구가 준 손수건이다.

Michael Jordan was a player **that**[who] almost every NBA team wanted to scout.
마이클 조던은 거의 모든 NBA팀들이 스카우트하고 싶어했던 선수였다.

2 다음의 경우에는 관계대명사 that만 쓴다.

1) 선행사가 '사람＋동물(사물)'일 때

2) all, any, every, no, -thing 등이 선행사에 사용된 경우

3) 선행사가 부정대명사나 의문대명사인 경우

4) 최상급 형용사가 선행사를 수식하는 경우

5) 서수, the only, the same, the very 등이 선행사를 수식하는 경우

He made a speech on the men and customs **that** he went through in Africa.
그는 아프리카에서 경험한 사람들과 풍속들에 관해서 연설을 했다.

All **that** he wanted was recognition for his contribution to the cause.
그가 원하는 것은 그가 그러한 대의명분에 기여한 바를 인정받는 것이었다.

What is the tallest animal **that** has ever roamed the earth?
지구상에 현재까지 살았던 것 중 가장 키가 큰 동물은 무엇인가?

※ 현대 영어에서는 선행사 앞에 이러한 단어가 있더라도 선행사가 사람이면 that보다 who를 주로 쓰고, 사물이면 which 보다 that을 주로 쓴다. 이는 구식 영어에 속하나, 현재 시험에 등장하고 있으므로 설명하였다. 사람과 사물이 함께 나오는 경우에는 that을 쓰지만 그런 예문은 극히 드물고 잘 사용하지도 않는다.

'주격 관계대명사＋be동사'의 생략

1 주격 관계대명사 뒤에 be동사가 있는 경우 '관계대명사＋be동사'를 생략하는 경우가 많다. 의미 차이가 없다면 짧게 '구'로 줄여 쓰는 것이 좋다. '구'로 줄이면 현재분사, 과거분사가 선행사(명사) 바로 뒤에 온다.

The girl **who is** waiting at the bus stop is my sister. ▶ who is 생략

→ The girl **waiting** at the bus stop is my sister. 버스 정류장에서 기다리고 있는 그 소녀가 내 언니야.

The information **that was** found on that Website was incorrect. ▶ that was 생략

→ The information **found** on that Website was incorrect. 저 웹사이트에서 찾은 그 정보는 올바르지 않았다.

2 관계대명사 안에 be동사가 없고, 일반 동사가 있을 때 **주격 관계대명사를 생략하고 동사를 V-ing(현재분사)로 바꿔서 문장을 줄여 쓰기도 한다.**

English has an alphabet **that consists** of 26 letters.

→ English has an alphabet **consisting** of 26 letters. 영어는 26글자로 이루어진 알파벳을 가지고 있다.

The Inuit have about 70 words **which describe** different kinds of snow.

→ The Inuit have about 70 words **describing** different kinds of snow.
이뉴잇족은 다양한 종류의 눈을 묘사하는 약 70개의 단어를 갖고 있다.

Challenge 1 다음 문장에서 어법상 알맞은 것을 고르시오.

01. The glorious fact is (what / that) we can always have a new beginning. (1998년 수능)

02. They discovered that people who were given popularity rankings were more likely to select (that / what) the website claimed were favorite choices. (2006년 평가원)

03. The event is presented as part of a school program and shows (what / which) the students have learned. (2004년 수능)

04. For a long time, people have believed that photographs show us (what / that) really happened.

05. Yeast cells (grown / growing) on a grape skin obtain energy from nutrient molecules originally processed within the grape leaves and stored within the fruit. (2007년 평가원)

Challenge 2 빈칸에 that 또는 what을 써 넣으시오.

01. The car and the driver _____ fell into the river haven't been found.

02. The current biggest problem _____ most people are concerned about is unemployment.

03. I couldn't hear _____ you just said. Can you repeat it, please?

04. Did you see _____ Dad bought last night?

05. I refused the only job _____ I was offered because it did not pay enough.

06. You are wearing the very sweater _____ I purchased yesterday!

07. She was the first female _____ held such a high position in that firm.

116

Challenge 1 두 문장을 what을 이용하여 한 문장으로 만드시오.

> 보기
> Do you believe the thing? He said that last week.
> → *Do you believe what he said last week?*

01. My sister showed me the thing. I wanted it.

→ _____

02. Nancy didn't understand that. The teacher explained that to her.

→ _____

03. I'll do anything. I can do that for you.

→ _____

Challenge 2 〈보기〉와 같이 관계사절은 '구'로, '구'는 관계사절로 고쳐 다시 쓰시오.

> 보기
> Do you know the woman who is coming toward us?
> → *Do you know the woman coming toward us?*

01. Hans Christian Andersen was a writer who is famous for his fairy tales.

→ _____

02. The people who are waiting for the bus in the rain are getting wet.

→ _____

03. I come from a city located in the southern part of the country.

→ _____

04. The photographs published in the newspaper were extraordinary.

→ _____

05. The psychologists who study the nature of sleep have made important discoveries.

→ _____

06. The scientists researching the causes of cancer are making progress.

→ _____

 출제 100%

01 **that과 what을 정확히 구별하라!**

출제자의 눈 관계대명사 what은 선행사가 없는 경우에 쓴다. what 관계사절은 불완전한 문장으로 되어 있는 반면, that 명사절은 완전한 문장이다. what과 명사절 that을 구별하는 어법 문제가 자주 출제된다. 관계대명사로 쓰이는 that도 뒤에 불완전한 문장이 오지만 앞에 선행사(명사)가 있다. 특히 관계사 that만을 써야 하는 경우가 있는데, Unit 3-B의 관계대명사 that의 특징을 다시 한 번 살펴보기 바란다. 계속적 용법에서 쉼표 뒤 또는 전치사 뒤에 관계대명사 that을 쓰지 않는다는 것도 기억해 두자. (단, in that이 '~라는 점에서'라는 뜻으로 쓰일 때만 가능)

Check Up

다음 괄호 안에서 어법에 맞는 표현을 고르시오.

1. Admit that something has gone wrong, and immediately find out (that / what) your customer's needs are. (2007년 평가원)

밑줄 친 부분 중 어법상 틀린 것을 고르시오.

2. I think it is rather unfair to decide our ❶ <u>children's</u> career paths ❷ <u>based on</u> the results of an aptitude test taken when they are 11 or 12 years old. Areas ❸ <u>which</u> children are considered good at in sixth grade may not be the same ones in ❹ <u>that</u> they excel by the end of their senior year. (2006년 수능)

 Grammar Formula

구분	선행사 필요	문장의 완전성	해석	성질
what	X	불완전	~인 것	명사절
that(관계대명사)	O	불완전	~하는, ~한	형용사절
that(접속사)	X	완전	~인 것	명사절

····· N(선행사)+ [what+(S)+V+(O)] ····· : what절은 주어나 목적어가 없는 불완전한 문장이 온다.

····· [, that] ····· : 쉼표(,)로 분리되어 계속적 용법으로 사용될 경우에는 that을 쓰지 않는다.

[전치사 + that] : 전치사 뒤에는 that을 쓰지 않는다. 전치사를 문장 뒤로 보낼 경우에만 that을 쓸 수 있다.

※ in that이 '~라는 점에서'라는 숙어로 사용될 경우 전치사 뒤에 that을 쓸 수 있다.

ex) The Internet is like TV **in that** it provides entertainment and information.
    인터넷은 오락과 정보를 제공한다는 점에서 TV와 비슷하다.

[unit 4]

관계부사

Go to a fairly quiet place (which / where) you are not likely to be disturbed.
(2005년 수능)

당신이 방해받지 않을 것 같은 아주 조용한 장소로 가시오.
→ 관계사절 안에 문장이 완벽하게 존재하고, 장소(a place)를 나타내는 선행사가 왔으므로 관계부사 where가 알맞다.

A 관계부사(where, when)

① 관계부사는 말 그대로 부사(구)를 대신하고, 문장과 문장을 연결시켜 주는 능력이 있다. '접속사＋부사'의 역할과 '전치사＋관계대명사'의 역할도 한다. 관계부사가 있는 절도 선행사인 명사를 꾸며 주므로 형용사절에 해당된다.

선행사의 종류	관계부사	전치사＋관계대명사(＝관계부사)
장소(the place, the house..)	where	at[on, in]＋which
시간(the time, the year..)	when	at[on, in]＋which

② **where는 장소를 나타내는 부사(구)를 대신한다.** 부사구 '전치사＋명사'에서 전치사는 그대로 두고 명사만 대명사 처리하려면 당연히 which를 써야 한다. where 대신 which를 쓸 경우 which가 생략되더라도 전치사는 생략하면 안 된다.

I can remember the restaurant. ＋ I first met you there(＝in that restaurant).

→ I can remember the restaurant **where** I first met you.

→ I can remember the restaurant **in which** I first met you. ▶ 명사 that restaurant를 대명사 which로 바꿈

→ I can remember the restaurant **which** I first met you **in**.

→ I can remember the restaurant **that** I first met you **in**.

→ I can remember the restaurant Ø I first met you **in**. ▶ 관계대명사 which 생략

나는 처음으로 널 만났던 그 레스토랑을 기억할 수 있다.

③ **when은 시간을 나타내는 부사(구)를 대신한다.** 부사구 '전치사＋명사'에서 전치사는 그대로 두고 명사만 대명사 처리하려면 당연히 which를 써야 한다. which를 생략할 경우 전치사도 같이 생략된다.

I'll never forget the day. ＋ I met you then(＝on that day).

→ I'll never forget the day **when**[that] I met you.

→ I'll never forget the day **on which** I met you. ▶ 명사 that day를 대명사 which로 바꿈

→ I'll never forget the day **which**[that] I met you **on**.

→ I'll never forget the day Ø I met you. ▶ 관계대명사 which 생략

내가 너를 만났던 그 날을 절대 잊지 못할 거야.

관계부사(why, how)

1 관계부사도 관계대명사와 마찬가지로 앞에 있는 명사(선행사)를 꾸며 주는 형용사절이고, '~하는, ~했던, ~할' 로 해석한다.

선행사의 종류	관계부사	전치사+관계대명사(=관계부사)
이유(the reason)	why	for+which
방법(the way)	how	in+which

2 **why는 이유(reason)를 나타내는 부사구를 대신한다.** 부사구 'for+명사'에서 명사를 대명사 처리해서 'for+ which'로 쓴다. why 또는 which를 생략할 경우 전치사도 생략할 수 있다.

I don't have a good reason. + I dislike Bob for the reason.
→ I don't have a good reason **why[that]** I dislike Bob.
→ I don't have a good reason **for which** I dislike Bob.
→ I don't have a good reason Ø I dislike Bob. 내가 Bob을 싫어하는 합당한 이유는 없다.

3 **how는 방법(way)을 나타내는 부사구를 대신한다.** 부사구 'in+명사'에서 명사를 대명사 처리할 때 which를 써 서 'in+which'로 쓴다. **how 또는 which를 생략할 경우 전치사도 생략**할 수 있다. **how는 선행사 the way와 함께 쓰지 않고 the way 또는 how만 각각 따로 쓰거나 the way that으로 써야 한다.**

It's hard to know the way. + A magician performs his tricks in the way.
→ It's hard to know the way **in which** a magician performs his tricks.
→ It's hard to know **the way** a magician performs his tricks. ▶ the way how~로 쓰지 못함
→ It's hard to know **how** a magician performs his tricks. ▶ how 앞에 명사가 없으므로 '어떻게 ~지'로 해석
→ It's hard to know **the way that** a magician performs his tricks.
마술사가 묘기를 부리는 방법을 아는 것은 어렵다.

Challenge 1 다음 문장에서 어법상 알맞은 것을 고르시오.

01. Our self-image is the blueprint (where / which) determines how we see the world. (1999년 수능)

02. One reason (why / when) stories are so popular in all cultures is that they are generally easy to follow. (1994년 수능)

03. Modern societies are facing a major change into a new economic system (which / where) human resourcefulness counts far more than natural resources. (1996년 수능)

04. Most parents punish their children in the same way (how / that) they were punished by their parents. (1999년 수능)

05. 1988 was the year in (that / which) the Seoul Olympic Games were held.

06. That is the concert hall (where / which) Elton John first performed in.

Challenge 2 빈칸에 알맞은 관계부사를 써 넣으시오.

01. They made use of the same way _____ he had solved the problem.

02. Mr. Bell insisted that his son go to a special school for the gifted children _____ he could develop his talent for mathematics.

03. We don't know _____ North Korea acquired the nuclear technology.

04. The White House is the place _____ the President of the United States lives.

Challenge 3 ( ) 안에 주어진 표현과 알맞은 관계부사를 이용하여 빈칸을 완성하시오.

01. 내가 시애틀로 운전해 온 그 오후엔 심한 비바람이 불었다. (to, drive, Seattle, I)
    → There was a terrible rainstorm the afternoon _____.

02. 나는 네가 파티에 가기를 거절하는 이유를 모르겠다. (you, to the party, refuse, to go)
    → I don't know the reason _____.

03. 이곳은 일본인들이 우리 민족을 고문했던 건물이다. (the Japanese, our people, tortured)
    → This is the building _____.

Challenge 1 주어진 두 문장을 관계부사를 이용하여 한 문장으로 만드시오.

> 보기
> Theaters are buildings. People can enjoy plays, ballets or operas.
> → *Theaters are buildings where people can enjoy plays, ballets or operas.*

01. Cindy is absent from school today. Do you know the reason?

→ _____

02. I will always remember the day. He first said "I love you." on that day.

→ _____

03. The magician escaped from the underwater cage. Nobody could work out the way he did it.

→ _____

Challenge 2 다음 두 문장을 한 문장으로 만들되, 가능한 모든 형태의 문장을 만드시오.

01. The house was destroyed in an earthquake. I was born and grew up in that house.

→ _____

→ _____

→ _____

→ _____

→ _____

Challenge 3 〈보기〉와 같이 주어진 표현을 이용하여 여러분이 직접 영작하시오.

> 보기
> a place where you feel peaceful
> → *A place where I feel peaceful is in my kitchen. It's especially nice at times when I am cooking dinner for my family.*

01. a time when you feel happiest

→ _____

_____

출제 100%

01 **관계부사절은 완벽한 문장이다!**

출제자의 눈 관계부사는 장소, 시간, 방법, 이유의 부사(구)를 대신한다. 부사(구)는 문장의 주요소가 아니므로 생략해도 문장은 완벽하게 존재한다. 즉, 주어나 목적어, 또는 전치사의 목적어가 빠져 있을 때는 관계대명사를 선택하고, 중요한 문장 성분이 하나도 빠짐없이 존재할 때는 관계부사를 선택한다. 관계부사도 마찬가지로 주어를 수식할때 주어와 동사가 멀리 떨어져, 동사의 수 일치 또는 태를 묻는 문제가 출제될 수 있다.

Check Up

> **(A), (B), (C) 각 괄호 안에 어법/어휘에 맞는 것을 고르시오.**
>
> The shapes of Korean kites are based on scientific (A) (particles / principles) which enable them to make good use of the wind. One particular Korean kite is the rectangular "shield kite," which has a unique hole at its center. This hole helps the kite fly fast regardless of the wind speed by (B) (concentrating / contaminating) the wind on days (C) (which / when) the wind is light, and letting it pass through when the wind is blowing hard. The center hole also allows the kite to respond quickly to the flyer's commands. For these reasons, Korean kites such as the shield kite are good at "kite fighting." (2006년 수능)

 **핵심** Grammar Formula

시간(**N**) + when

장소(**N**) + where

이유(**N**) + why

방법(**N**)+ how

　　　　+

❶ S+V+O or C : 주어가 존재

❷ S+V(타)+**O** : 목적어도 존재

❸ S+V(자)+전치사+**목적어** : 전치사의 목적어도 존재

❹ S+V+to V+**목적어** : 부정사에 딸려 오는 목적어도 존재

└─▶ 선행사와 관계사절 내의 문장이 완전한지 반드시 따져본다.

관계부사의 독특한 특징

point

The instructor will teach (how / the way how) you could survive in the jungle.

그 교관이 당신에게 어떻게 정글에서 생존할 수 있는지를 가르칠 것이다.
→ 관계부사 how는 선행사 the way와 함께 쓰지 않는다. 따라서 how로 쓰거나 the way that으로 써야 한다.

A 관계부사의 독특한 특징

1 관계부사는 **관계부사 자체를 생략해서 쓰기도 한다.** 특히 관계부사 자체가 생략되면 문장은 '명사(선행사)+명사'가 연이어 나와서 생략된 목적격 관계대명사와 혼동될 수 있다. 문장의 주요소가 완전한지 불완전한지를 보면 관계대명사인지 관계부사인지 알 수 있다.

Let me know **the time** √ **she** will finish her work. 그녀가 일을 끝낼 시간을 내게 알려주시오.

FC Barcelona **is the only team** √ I like. FC 바로셀로나는 내가 유일하게 좋아하는 팀이다. ▶ like의 목적어가 빠져 있음

※ when은 일상 영어에서 빈번히 생략하지만 where와 why는 자주 생략하진 않는다.

2 관계부사는 **선행사인 명사(시간, 이유, 방법, 장소)를 생략해서 쓰기도 한다.** 명사 뒤에 위치하는 모든 관계대명사나 관계부사는 '~하는, 했던, 할'처럼 형용사로 해석하면 되지만, 관계부사의 선행사가 생략될 때에는 관계부사절을 '(언제, 어떻게, 왜, 어디에) ~지'로 해석하게 된다. 즉, 다시 말해서 **선행사가 없어지면서 관계부사절이 명사절로 바뀌게 된다.**

Do you know the time **when** the contest will begin? 대회가 시작하는 시간을 아니?
▶ when을 '언제~지'로 해석하지 않음

Do you know **when** the contest will begin? 대회가 언제 시작하는지(를) 아니?
▶ when 앞에 명사가 없으므로 '언제 ~지'로 해석

I don't know the reason **why** I failed the test. 난 내가 시험에 떨어진 이유를 모르겠다.
▶ why를 '왜~지'로 해석하지 않음

I don't know **why** I failed the test. 난 왜 내가 시험에 떨어졌는지(를) 모르겠다.
▶ why 앞에 명사가 없으므로 '왜 ~지'로 해석

3 that은 모든 관계대명사나 관계부사 대신 사용할 수 있다. 선행사가 있을 때에만 that을 쓰고, **관계부사와 같이 선행사를 생략할 경우에는 관계부사 대신 that을 쓸 수 없다.**

I remember **the day that** we visited the haunted house. 우리가 그 흉가를 갔던 그날을 나는 기억한다.

→ I remember that we visited the haunted house. (×) ▶ 선행사가 생략되었으므로 관계부사 when을 써야 함

I can't stand **the way that** Kelly never stops talking about herself.
Kelly가 자기 자신에 대해 절대 말을 멈추지 않는 방식을 나는 참을 수가 없어.

→ I can't stand that Kelly never stops talking about herself. (×)
▶ 선행사가 생략되었으므로 관계부사 how를 써야 함

Challenge 1 〈보기〉와 같이 목적격 관계대명사나 관계부사가 생략된 부분을 √표시하고 구별해서 쓰시오.

> 보기
> A cafe is a small restaurant √ people can get a light meal. → *관계부사의 생략*

01. The homework my chemistry teacher assigned was hard to complete. → _____

02. One of the most important tools scientists use to study cells is the microscope. → _____

03. Summer is the time of year the weather is the hottest. → _____

04. Shakespeare wrote plays people have enjoyed for four centuries. → _____

05. There came a time the miser had to spend his money. → _____

06. Most people can get all the calcium their bodies require from the food. → _____

Challenge 2 〈보기〉와 같이 주어진 상황을 읽고 관계부사 where를 이용하여 빈칸을 완성하시오.

> 보기
> You grew up in a small town. You went back there recently. You tell someone this.
> → I recently went back to the small town *where I grew up.*

01. You want to buy some postcards. You ask a friend where you can do this.
→ Is there a shop near here _____?

02. You work in a factory. The factory is going to close down next month. You tell a friend:
→ The factory _____ is going to close down next month.

03. Sue is staying at a hotel. You want to know the name of the hotel. You ask a friend:
→ Do you know the name of the hotel _____?

04. You play football in a park on Sundays. You show a friend the park. You say:
→ This is the park _____ on Sundays.

[unit 6]

계속적 용법

point

Outside, she would tend a small flower garden, (that / which) was the envy of the neighborhood. (2004년 수능)

그녀는 바깥에 작은 화단을 가꾸었는데, 그것은 이웃들에게 부러움의 대상이었다.
→ a small flower garden을 선행사로 하는 관계대명사 which의 계속적 용법으로, and it의 의미이다.
　that은 계속적 용법으로 쓰지 않는다.

A **한정적 용법과 계속적 용법의 비교**

한정적 용법	계속적 용법
Do you know <u>anyone</u> **who[that]** speaks French and Italian? 불어와 이태리어를 말할 수 있는 사람을 아니? ❶ 관계사 앞에 comma(,)가 없다. ❷ 형용사절의 수식을 받아 어떤 명사인지 특정한 의미로 한정한다. (아무나가 아닌 불어와 이탈리아어를 말하는 사람으로 한정) ❸ 선행사를 꾸며 주며 '~하는, ~하고 있는'으로 해석한다.	Tom, **who** speaks French and Italian, works as a tourist guide. (who=and he) Tom은, 그런데 그는 불어와 이탈리아어를 말하는데, 관광 안내원으로 일한다. ❶ 관계사 앞에 comma(,)가 있다. ❷ 관계대명사절은 선행사가 어떤 명사인지를 이미 알고 있는 상황에서 추가적인 정보를 제공한다. ❸ 앞에서 뒤로 해석하며 who는 '그런데 그 사람은', which는 '(그런데) 그것은'이라고 해석하며 뒤를 연결해 읽어 내려간다.
The woman **who** <u>lives next door</u> is a registered nurse. 옆집에 사는 그 여자는 공인 간호사이다. Charles works for a company **that** makes video games. Charles는 비디오 게임을 만드는 회사에서 일한다. We stayed at the hotel **which** <u>we booked online at a very reasonable rate.</u> 우리는 온라인에서 매우 합리적인 가격에 예약한 호텔에 머물렀다. -------- 형용사절의 수식을 받는 선행사(명사)를 아주 구체적으로 설명해 준다. '어떤 여자인지, 어떤 회사인지, 그리고 어떤 호텔인지'를 한정해 준다.	My sister Liz, **who** <u>lives in Seoul</u>, is a nurse. 나의 언니 Liz, 그런데 그녀는 서울에 사는데 간호사이다. She's finished her classes, **which** <u>makes her happy.</u> 그녀는 수업을 마쳤다, 그런데 그것이 그녀를 행복하게 한다. We stayed at the Hyatt Hotel, **which** <u>we booked online at a very reasonable rate.</u> 우리는 하얏트 호텔에서 머물렀는데, 그런데 그것은 우리가 온라인에서 매우 합리적인 가격으로 예약한 것이다. -------- '어떤 사람이나 사물인지'를 설명하지 않는다. 이미 어떤 사람[사물]인지를 알고 있어(My sister Liz, she's finished her classes, the Hyatt Hotel), 추가적이거나 부수적인 정보를 제공한다.

계속적 용법(Extra Information)

관계사 앞에 comma(,)가 있어 **선행사에 대해 부가적인 설명을 덧붙이고자 할 때 사용한다.**

1 **계속적 용법의 관계대명사는 '접속사+대명사'의 의미를 가지며,** 접속사는 문맥에 맞게 and, but, for(= because) 등을 적절히 넣어주면 된다. 계속적 용법의 관계사는 생략할 수 없고, that은 계속적 용법으로 쓰지 않는다.

I met Nancy, **who** gave this to me. 나는 Nancy를 만났는데, 그녀가 나에게 이것을 주었다.

=I met Nancy, **and she** gave this to me.

I tried to repair my car, **which** I found very difficult. 나는 내 차를 고치려 했는데 그것은 매우 어려웠다.

=I tried to repair my car, **but** I found **it** very difficult. ▶ 앞에 나온 절의 나온 일부를 받는 경우

2 계속적 용법의 관계부사는 '접속사+부사'의 의미를 가진다.

She went to Bangkok, **where** she started a business. 그녀는 방콕으로 갔는데, 거기서 그녀는 사업을 시작했다.

=She went to Bangkok, **and there** she started a business.

Please come to see me in the afternoon, **when** I will be free.

=Please come to see me in the afternoon, **for then** I will be free.
오후에 저를 보러 오세요, 그때는 제가 한가할 테니까요.

3 **선행사가 전치사의 목적어일 경우, 사람은 '전치사+whom', 사물에는 '전치사+which'를 쓸 수 있다.** 전치사를 절 뒤로 보낼 경우 whom을 쓰지 않고 who를 쓴다. 일상 영어에서는 전치사를 절 맨 뒤로 보낸다.

Mr Brown, **to whom** I spoke at the meeting, is very interested in our proposal.
Brown은, 내가 회의에서 그에게 말했는데, 우리 제안에 관심이 있다.

This is my friend from Korea, **who** I was telling you **about.** ▶ whom으로 쓰지 못함
이 사람이 한국에서 온 내 친구인데 내가 네게 얘기했던 사람이다.

Yesterday we visited the National Museum, **to which** I'd never been before.

=Yesterday we visited the National Museum, **which** I'd never been **to** before.
어제 우리는 국립박물관을 방문했는데, 내가 전에 한 번도 가 보지 못한 곳이다.

4 **앞에 있는 문장(절) 전체를 받을 때는 which를 쓴다. which 대신 what을 쓰지 않도록 조심하자.**

Cindy passed her driving test. This surprised everybody.

Cindy passed her driving test, **which** surprised everybody.

Cindy는 운전면허 시험을 통과했다, 그런데 그것이 모든 사람들을 놀라게 했다.
 ▶ which=the fact that she passed her driving test

The weather was good, **which** we hadn't expected. ▶ which=the fact that the weather was good
날씨가 좋았다, 그런데 우리는 예상하지 못했었다.

Challenge 1   주어진 표현과 알맞은 관계사를 사용하여 문장을 완성하시오.

> 보 기
>
> They manage all the firm's accounts.
> → This department has 15 employees, *who manage all the firm's accounts.*

01. He hurt his leg a few days ago.

     → One of my friends, _____, is still in the hospital.

02. My mother will be at home then.

     → You had better call again tomorrow, _____.

Challenge 2   who(m), whose, which, where를 이용하여 계속적 용법의 문장으로 완성하시오.

> 보 기
>
> Bob is very friendly. He lives next door.
> → *Bob, who lives next door, is very friendly.*

01. I went to see the doctor. He told me to rest for a few days.

     → _____

02. I didn't do well on the last test. That disappointed me.

     → _____

03. Tom married Jessica. Her brother is a prosecutor.

     → _____

04. Jason is very interested in our plan. I spoke to him on the phone last night.

     → _____

05. I visited New York. I saw the musical there.

     → _____

06. David didn't keep his date with Cathy. That made her very unhappy.

     → _____

복합 관계사

p●int

(Whoever / However) dry a desert may be, it is not necessarily worthless.

사막이 아무리 건조하더라도 반드시 쓸모없는 것은 아니다.

→ 복합 관계사는 선행사 없이 명사절이나 양보절을 이끈다. 이미 주어(a desert)가 존재하므로 주격의
whoever는 적절하지 않고 양보의 부사절을 이끄는 however가 알맞다.

A 복합 관계대명사

1 복합 관계사는 모두 what처럼 선행사가 없이 단독으로 절(wh-ever+S+V)을 구성한다. 복합 관계대명사는 문
장에서 명사 자리(주어, 목적어, 보어)에 들어가 명사절이 되거나, 부사절로 쓰일 경우에는 '~(할지)라도'처럼 양
보의 의미를 갖는다.

복합 관계대명사	명사절	양보의 부사절
whoever	anyone who[that] (~하는 사람은 누구나)	no matter who (누가 ~ 한다 할지라도)
whichever	anything which[that] (~하는 것은 어느 것이나)	no matter which (어느 것이[을] ~ 한다 할지라도)
whatever	anything that (~하는 것은 무엇이나)	no matter what (무엇이[을] ~ 한다 할지라도)

Whoever comes first will get the best seat. 누구든 먼저 오는 사람이 가장 좋은 자리를 얻을 거야. ▶ 명사절

=**Anyone who** comes first will get the best seat. ▶ 명사 anyone 수식

Whoever comes to the office, don't bother our important meeting. ▶ 부사절
누가 우리 사무실에 오든지 우리의 중요한 회의를 방해하지 마라.

=**No matter who** comes to the office, don't bother our important meeting. ▶ 부사절

You can take **whichever** you want. 원하는 것은 어느 것이든 가져가도 된다. ▶ 명사절

=You can take **anything which** you want. ▶ 명사 anything 수식

Whichever you take, I won't object to it. 네가 무엇을 택하든지 나는 그것에 반대하지 않을 것이다. ▶ 부사절

=**No matter which** you take, I won't object to it. ▶ 부사절

Whatever has a beginning has an end. 시작을 가지는 것 모두 끝을 가진다. ▶ 명사절

=**Anything that** has a beginning has an end. ▶ 명사 anything 수식

Whatever you may do, do your best. 당신이 무엇을 하든지 간에 최선을 다하도록 하라. ▶ 부사절

=**No matter what** you may do, do your best. ▶ 부사절

B 복합 관계부사

1 **복합 관계부사는** 모두 **부사절**로만 쓰이며 시간, 장소를 이끄는 부사절은 '~할 때면 언제라도, ~하는 곳은 어디
라도'의 의미이다. 양보의 부사절로 쓰일 때도 복합 관계대명사처럼 '~(할지)라도'라는 양보의 의미를 갖는다.

복합 관계부사	부사절	양보의 부사절
whenever	at any time when(~하는 때는 언제나)	no matter when(언제 ~한다 할지라도)
wherever	at[to] any place where (~하는 장소에는 어디에나)	no matter where (어디서[로] ~한다 할지라도)
however		however+형/부+ S+V(아무리 ~한다 하더라도) = no matter how(아무리 ~한다 하더라도)

※ 'however[no matter how]+형용사/부사+주어+동사'의 어순에 주의한다.

Whenever he visits me, he gives me a flower. 그가 나를 방문할 때마다 내게 꽃 한송이를 준다. ▶ 부사절

=**At any time when** he visits me, he gives me a flower. ▶ 부사절

Whenever you call me, you will be welcome. 내게 언제 전화를 할지라도 당신은 환영이다. ▶ 양보의 부사절

=**No matter when** you call me, you will be welcome. ▶ 양보의 부사절

That movie star gathers a crowd **wherever** she goes. 저 영화배우는 가는 곳마다 사람들을 몰고 다닌다. ▶ 부사절

=That movie star gathers a crowd **at any place where** she goes. ▶ 부사절

Wherever you go, I'll be there for you. 네가 어디에 가든 나는 너와 함께 있을 거야. ▶ 양보의 부사절

=**No matter where** you go, I'll be there for you. ▶ 양보의 부사절

However far you may be, I'll meet you someday. 당신이 아무리 멀리 있을지라도 나는 언젠가 당신을 만날 것이다.

▶ 양보의 부사절

=**No matter how** far you may be, I'll meet you someday. ▶ 양보의 부사절

However hard he tries, it's impossible to enter the university.

제아무리 노력해도 그가 그 대학에 들어가는 것은 불가능하다. ▶ 양보의 부사절

=**No matter how** hard he tries, it's impossible to enter the university. ▶ 양보의 부사절

※ however[=no matter how]는 양보의 부사절로만 사용된다.

Challenge 1   빈칸에 알맞은 말을 〈보기〉에서 찾아 써 넣으시오.

no matter how   whichever   no matter where   whoever   whenever

01. _____ you buy, you can't avoid taxes.

02. People say practice makes perfect. It means _____ you have time, you should practice the cello.

03. _____ you may go, you can't succeed without perseverance.

04. _____ visits this site is allowed access to all the information.

05. _____ angry you were, you shouldn't have argued with her.

Challenge 2   no matter~, anything[anyone], at any time[place] 중 적절한 것으로 바꿔 쓰시오.

<table>
<tr>
<td>보
기</td>
<td>Whoever wants the book may have it.
→ Anyone who wants the book may have it.</td>
</tr>
</table>

01. However cold it is outside, the rooms are comfortably heated.

→ _____

02. Whichever you choose, you will be pleased.

→ _____

03. She is such a good speaker; whenever she speaks, she has a profound effect on her audience.

→ _____

04. People always want more, however rich they are.

→ _____

05. He was allowed to go wherever he liked.

→ _____

06. Whatever requires a decision causes an argument between them.

→ _____

알아두어야 할 관계사 용법

point

These are the same sneakers (but / **as**) I bought in London.

이것은 내가 런던에서 산 것과 같은 운동화이다.

→ 선행사에 the same, such 등이 있을 때 유사 관계대명사로 as를 쓴다. the same~as는 상관구문으로 쓰인다.

A 유사 관계대명사

1 선행사에 such, the same, as 등이 있을 때, 기존의 who, which, that이 아닌 **as를** 관계대명사로 쓴다. 유사 관계대명사로 보며 주격과 목적격이 있다.

He gave me **such** CDs **as** were so precious to him. 그는 그에게 매우 귀중한 그런 CD를 내게 주었다. ▶ 주격

This is **the same** story **as** I heard long ago. 이것은 내가 오래 전 들었던 것과 같은 이야기이다. ▶ 목적격

As many children **as** came here were given presents. 여기에 온 아이들은 모두 선물을 받았다. ▶ 주격

※ as는 계속적 용법으로도 쓰여 주절 전체를 선행사로 하는 경우가 있다.

He was from Germany, **as** I knew from his accent. 그는 독일 사람이었는데, 그것은 그의 말씨로 알았다.

Today she was late, **as** this very seldom occurs. 오늘 그녀는 지각을 했는데 이런 일은 거의 드문 일이었다.

2 선행사 앞에 **부정어(no, not)가** 있을 때 **but을 사용**하며, 'that ~ not'의 의미를 가지면서 이중 부정을 만든다.

There is **no** one **but** has faults. 결점이 없는 사람은 없다.

=There is **no** one **that** has **not** faults.

There is **no** rule **but** has exceptions. 예외 없는 규칙은 없다.

=There is **no** rule **that** has **not** exceptions.

3 '비교급+선행사'가 있을 경우 기존의 관계대명사 who, which 등을 쓰지 않고 **than을 쓴다.** 주격과 목적격으로 쓰인다.

He withdrew **more** money **than** he needed for the day. 그는 그날 필요한 것보다 더 많은 돈을 인출했다. ▶ 목적격

He has **more** dictionaries **than** are needed. 그는 필요 이상의 사전을 가지고 있다. ▶ 주격

B 관계형용사

1 **관계대명사가 바로 뒤의 명사를 수식**하여 형용사와 접속사의 역할을 겸하는 경우, 이를 **관계형용사**라고 한다. 관계대명사 중 what, which, 복합 관계대명사 중 whatever, whichever가 관계형용사로 쓰일 수 있다.

You may read **whatever book** you like. 네가 좋아하는 책은 어느 것이나 읽어도 좋다.
　　　　　　　=any book that

Whichever road you take, you can't miss it.
=no matter which road
당신이 어느 길을 택해서 가더라도 절대 (목적지를) 그냥 지나치지는 않을 거다.

I'll give you **what money** I have with me now.
        =all the money that
지금 가지고 있는 돈을 전부 네게 주겠다.

The letter was written in French, **which language** I happened to know well.
그 편지는 불어로 쓰여져 있었는데, 나는 때마침 그 언어를 잘 알고 있었다.

C 이중 한정

1 **두 개의 관계사절이 하나의 선행사를 수식**하는 경우이다.

Will you recommend a man **that** we know **who** is able to do it?
당신은 우리가 아는 사람으로 그것을 할 수 있는 사람을 추천해 주시겠습니까?

Can you mention anyone **that** we know **who** is as diligent as he?
우리가 아는 사람으로 그만큼 근면한 사람을 들 수 있을까?

2 해석에 주의해야 할 사항

Is there anything **that** you want **that** you have not? 당신이 원하는 것으로 가지고 있지 않은 어떤 것이 있습니까?

▶ that you want와 that you have not이 이중 한정으로 둘 다 선행사 anything을 수식한다.

Is there anything **that** you want and **that** you have not?
당신이 원하는 것과 당신이 가지고 있지 않은 것이 있습니까?

▶ that you have not 앞에 선행사 anything이 있다고 생각해야 한다. anything that you want와 (anything) you have not을 각각 독립된 것으로 해석해야 한다.

[1-2] 다음 관계사의 쓰임에 맞는 뜻을 고르시오.

1. I put the vase on top of the TV set, <u>which</u> is in the living room.

   ❶ I have more than one TV set.

   ❷ I have only one TV set.

2. The students, <u>who</u> attend class six hours per day, have become quite proficient in their new language.

   ❶ Only some of the students attend for six hours per day.

   ❷ All of the students attend class for six hours per day.

오답노트

2005년 수능

3. **어법상 알맞은 것을 고르시오.**

> Possibly the most effective way to focus on your goals is to (A) (write them down / write down them). Although this may sound like an obvious first step, it is a step that many people ignore. As a result, their goals often remain unfocused, and therefore unrealized. Go to a fairly quiet place (B) (which / where) you are not likely to (C) (disturb / be disturbed). Make a list of every goal you have. Include goals about finances, relationships, and your career. Be as specific as possible.

| (A) | (B) | (C) |

❶ write them down − which − disturb

❷ write them down − where − be disturbed

❸ write down them − where − disturb

❹ write down them − which − be disturbed

❺ write them down − which − be disturbed

오답노트

4. **다음에서 생략될 수 없는 관계대명사를 고르시오.**

   ❶ The homework which my chemistry teacher assigned was hard to complete within a day.

   ❷ One of the most important tools which scientists use to study cells is the microscope.

   ❸ People who suffer from extreme shyness can sometimes overcome their problem by talking a public speaking class.

   ❹ Ji-Sung Park is an athlete that I admire. He always gives his full effort.

   ❺ Someone whom I had been attracted to told me that I looked like I was in elementary school.

오답노트

5. **아래와 같이 주어진 두 문장을 한 문장으로 고쳐 쓰시오.**

> Catherine is very friendly. (She lives next door.)
> → Catherine, who lives next door, is very friendly.

The new stadium will be opened next month. (It can hold 100,000 people.)

→ _____

_____

오답노트

[6-7] 다음 글을 읽고 물음에 답하시오.

Probably no one supposed that three hundred years later people would think of Shakespeare as they do today. The men underline{having worked with him} can hardly have foreseen that his plays would be the most valuable part of English _____.

6. 밑줄 친 부분을 관계사를 이용하여 절로 고치시오.

_____

7. 빈칸에 들어갈 말로 알맞은 것은?

❶ legend   ❷ language
❸ literature   ❹ people

오답노트

[8-9] 다음 글을 읽고 물음에 답하시오.

Columbus was the first European underline{setting foot on the new world} which he had discovered. He landed in a rich dress, and with a naked sword in his hand. His men knelt down and kissed the ground which they had so _____.

8. 밑줄 친 부분을 관계사를 이용하여 절로 고치시오.

_____

9. 빈칸에 들어갈 말로 알맞은 것을 고르시오.

❶ often dug   ❷ often travelled
❸ often landed   ❹ long desired to see

오답노트

10. 주어진 두 문장을 한 문장으로 만들 때 빈칸에 들어갈 적절한 관계부사를 쓰시오.

There are some places in Egypt. Only cacti can survive there.
→ There are some places in Egypt _____ only cacti can survive.

오답노트

11. 빈칸에 들어갈 말로 알맞은 것은?

The night, _____ brings darkness to our land, will bring no darkness to your life. I promise you. I want to build schools and towns instead of warships.

❶ who   ❷ whom
❸ which   ❹ of which
❺ what

오답노트

12. 다음 두 문장이 같은 뜻이 되도록 할 때 빈칸에 알맞은 것은?

There is no one who doesn't know the fact.
=There is no one _____ knows the fact.

❶ who   ❷ whose   ❸ what
❹ as   ❺ but

오답노트

13. 다음 글의 빈칸에 들어갈 알맞은 단어를 고르시오.

> At 17, Louis Braille became a teacher in the school _____ he had been a student. He was loved by his students, but his system was not accepted in his own time. Only after he died in 1852, at the age of 43, blind schools began to use his system.

① where   ② when   ③ how
④ who   ⑤ which

오답노트

14. 다음 중 밑줄 친 부분이 어색한 것은?

① I can't remember the name of the restaurant where I had lunch the day before yesterday.
② We stayed at the Hyatt Hotel, which Kevin recommended to us.
③ Hairy leaves and stems enable desert plants to retain whatever moisture is in the air.
④ The time will surely come when my dream will come true.
⑤ Most people can see the way how powerful such an approach would affect their opportunities for advancement.

오답노트

15. 밑줄 친 문장의 의미와 가장 가까운 것은?

> However difficult the business may be, I'll succeed in running it.

① If the business may be difficult
② Although the business may be difficult
③ When the business may be difficult
④ How the business may be difficult
⑤ As the business may be difficult

오답노트

16. 주어진 문장을 계속적 용법의 관계사를 이용하여 한 문장으로 바꾸어 쓰시오.

> (유일한 장기적인 해결책은 농촌 지역의 생활을 더 매력적으로 만드는 것인데, 그런데 그것이 사람들이 거기에 머물도록 장려할 것이기 때문이다.)
> The only long-term solution is to make life in the rural areas more attractive. That would encourage people to stay there.
>
> → _____
> _____
> _____

오답노트

[17-18] 밑줄 친 형용사 절을 형용사 구로 고쳐 쓰시오.

17. The psychologists who study the nature of sleep have made important discoveries.

→ _____
_____

18. Be sure to follow the instructions that are given at the top of the page.

→ _____
_____

오답노트

출제의도 주격 관계대명사
평가내용 관계대명사를 활용하여 문장 완성하기

A 적절한 것끼리 연결하고, 〈보기〉와 같이 관계대명사를 이용하여 한 문장으로 쓰시오. (서술형 유형 : 8점 / 난이도 : 중하)

ex) A map is something. ●   ● a. walked on the moon.

1. A firefighter is a person. ●   ● b. takes pictures.

2. Neil Armstrong was the first man. ●   ● c. won the Champions League this year.

3. A photographer is someone. ●   ● d. helps you find your way when you're lost.

4. Liverpool is the football team. ●   ● e. saves people's lives.

ex)

A map is something which[that] helps you find your way when you're lost.

1.

_____

_____

2.

_____

_____

3.

_____

_____

4.

_____

_____

출제의도 계속적 용법

평가내용 계속적 용법을 이용하여 추가적인 정보 나타내기

B 계속적 용법의 관계사를 이용하여 주어진 문장의 주어를 추가 설명하는 문장이 되도록 다시 쓰시오.

(서술형 유형 : 10점 / 난이도 : 중상)

보기	The Statue of Liberty was a present from France to the American people. The Statue of Liberty is in New York. → *The Statue of Liberty, which is in New York, was a present from France to the American people.*

1. The American writer Mark Twain wrote *The Adventures of Tom Sawyer* in 1876. Mark Twain's real name was Samuel Clemens.

→ _____

_____

2. Stratford-upon-Avon is a town in Warwickshire. William Shakespeare was born in Stratford-upon-Avon.

→ _____

_____

3. The Pyramids of Egypt are about 4,500 years old. The Pyramids of Egypt are in the desert at Giza.

→ _____

_____

4. Pablo Picasso spent most of his life in France. Pablo Picasso was a famous Spanish painter.

→ _____

_____

5. The Black Mamba lives in the jungle. The Black Mamba is Africa's most poisonous snake.

→ _____

_____

평가영역		채 점 기 준	배 점
유창성(Fluency) & 정확성(Accuracy)	A	표현이 올바르고 문법, 철자가 모두 정확한 경우	2 × 4 = 8점
	B		2 × 5 = 10점
	공통	문법, 철자가 1개씩 틀린 경우	문항당 1점씩 감점
		내용과 일치하지 않는 답을 썼거나 답을 기재하지 못한 경우	0점

A 다음 글을 읽고 물음에 답하시오.

> Most people can budget their money so that their income will cover expected expenses such as food, clothing, housing, and public services. But, there is no way to know in advance who will suffer a crisis such as a serious illness, fire, flood, or a car accident. Such crises usually result in great expense. Even if people could predict crises, it would be hard to save enough money to cover the expenses. Insurance is a system ___(A)___ a company collects money from many individuals and then pays certain expenses whenever one of those insured individuals is faced with a certain crisis. There are many different kinds of insurance, including hospital, motor-car, and fire. Insurance can be rather expensive but most people buy insurance of some kind. But people hope that in the future they never use ___(B)___ from the company.

Words & Phrases

◆ budget 예산을 세우다, 예산
◆ income 수입
◆ cover 커버[감당]하다
◆ expense 비용
◆ in advance 미리
◆ crisis 위기
◆ insurance 보험
◆ individual 개인
◆ be faced with ~에 직면하다
◆ company 회사

Critical Thinking!

(A) 문장 성분이 완전한가, 불완전한가?
(B) 선행사에 알맞은 관계사와 관계사절이 바르게 배열되어 있는가?

1. 빈칸 (A)와 (B)에 가장 적절한 것끼리 짝지은 것은? (3점)

	(A)	(B)
❶	which	that they buy
❷	by which	what they buy
❸	by which	what buys them
❹	in that	who buys them
❺	which	who they buy

2. 마지막 문장에서 사람들이 왜 '자신들이 구입한 보험'을 미래에 절대 이용하지 않기를 바라는지를 우리말 30자 이내로 쓰시오. (2점)

→ _____

_____

3. 윗글의 most people buy insurance의 구체적인 이유를 본문에서 찾아 한 문장으로 쓰시오. (3점)

→ _____

_____

실전 서술형·논술형 평가 ❷

정답
p.21

2004년 수능

A 다음 글을 읽고 물음에 답하시오.

Our parents cast long shadows over our lives, and we become aware of (a) their existence when we are infants. Parents first teach us essential ways ❶ of living by cautioning, "Don't touch" or "It's not nice to do that." We may think that we learn these lessons through (b) independent efforts, but it's not ❷ the way we obtain them at all. It is our parents ❸ who has given us our sense of right and wrong, our understanding of love, and our knowledge of ❹ who we are.

As we grow up, we see them less and less. We leave their homes, and we start new families of our own. So sometimes we think that we can walk in the sun, free of the shadows. But still the shadows have not gone. We carry (c) their being with us all our lives in the sounds of our voices, the look and feel of our skin, and the warmth of our hands and our hearts.

It is only when they are gone and we never see them that we find ❺ that they and we are indivisible. In fact, we have not been able to separate ourselves from (d) them our whole lives long. (e) The shadows are still there, but they have never really blocked the light at all.

Words & Phrases

- **cast** 던지다
- **shadow** 그림자
- **existence** 존재
- **caution** 주의[경고]를 주다
- **independent** 독립적인
- **obtain** 얻다
- **knowledge** 인식, 이해
- **being** 존재
- **indivisible** 불가분의, 나눌 수 없는
- **separate** 분리하다
- **block** 막다, 차단하다

Critical Thinking!

❶ '전치사＋동명사' 표현이 올바른가?
❷ 관계부사의 활용이 적절한가?
❸ 선행사에 따른 관계대명사와 수 일치가 제대로 되었는가?
❹ 의문사와 어순이 올바른가?
❺ that과 what의 차이점을 비교했는가?

1. 윗글의 밑줄 친 부분 중, 어법상 **틀린** 것을 찾아 바르게 고치시오. (3점)

_____

2. 아래 빈칸에 각각 주어진 철자로 시작하는 한 단어를 써서 글의 제목을 완성하시오. (3점)

S _____ That influence Our L _____

3. 윗글의 내용으로 보아, 밑줄 친 (a)~(e) 중에서 가리키는 바가 나머지 넷과 **다른** 하나는? (3점)

❶ (a)　　❷ (b)　　❸ (c)　　❹ (d)　　❺ (e)

오답노트

140

Chapter 4 · 가정법(Conditionals)

Chapter 4

가정법

🍵 반드시 야 해!

다양한 가정법 패턴을 알아두자.

가정법 생략에 주의해야 한다.

가정법 if절과 주절의 시제 일치를 반드시 알아두자.

명령 관련 가정법은 동사원형을 반드시 기억해 두자.

🍵 수능 기출

다음 괄호 안에서 어법에 맞는 표현을 고르시오.

1. If this journey (would have taken / had taken) place a week earlier, all this would have pleased my eyes. (2003년 수능)

2. If I were a genius, I (will / would) not mind being treated like one. (2000년 수능)

[**해석**] **1.** 이 여행을 일주일만 일찍 했더라면 이 모든 것들이 내 눈을 즐겁게 했을 것이다.

2. 만약 내가 천재라면, 내가 천재처럼 대접받는 것을 꺼리지 않을 것이다.

[**해설**] **1.** 주절에 'would have+V-ed'가 있으므로 if절에는 가정법 과거완료인 'had+V-ed'를 쓴다.

2. if절의 시제(were)를 보고 가정법 과거임을 알 수 있다. 주절에는 과거시제와 일치하는 조동사 과거를 써서 가정법 과거로 나타낸다.

정답 **1.** had taken **2.** would

현재와 미래를 나타내는 1차 가정문

p●int

What are we going to have for dinner if mom (won't / isn't) home by six o'clock?

엄마가 6시까지 안 오시면 우리 저녁은 무엇을 해 먹지?

→ 미래를 나타내는 조건절인 경우 if절 안에 현재시제를 써서 미래를 나타낸다. 따라서 isn't를 써야 한다.

A 현재의 사실을 나타내는 조건문(가정문)

if가 있다고 무조건 가정법은 아니다. 가정문과 조건절 가운데 어느 것인지는, 전적으로 말하는 사람의 태도나 확신의 정도, 가능성에 달려 있다. 1차 가정문은 현재와 미래의 일을 가정한다.

1 **특정한 상황에서 항상 발생하는 일**이거나 **언제나 사실**인 경우, 또는 **일반적인 사실**을 말할 때 if절과 주절 모두 현재시제를 쓴다.

If it snows, the airport closes. 눈이 오면, 공항은 폐쇄된다.

→ If it will snow (x)

If the temperature **falls** below zero, water **freezes** and **becomes** ice.
온도가 0℃ 이하로 떨어지면 물이 얼어 얼음이 된다.

If I **don't** eat breakfast, I always **get** hungry during class. 아침을 안 먹으면 나는 항상 수업 중에 배가 고프다.

2 **습관**이나 **되풀이되어 발생하는 일**에도 현재를 쓴다.

If I'm traveling far, I always **fly**. 나는 멀리 여행할 때면 항상 비행기를 탄다.

If people **travel** a long distance, they often **feel** jet lag.
사람들이 장거리 여행을 할 때, 종종 시차로 인한 피로를 느낀다.

B 미래의 사실을 나타내는 조건문(가정문)

1 미래에 일어날 가능성이 있는 일을 추측하거나 가정할 때, **if절에는 현재시제를 쓰고 주절에는 미래시제를 쓴다. 미래를 나타내는 조건의 부사절과 같다.**

If it **snows** heavily today, how **will** you **get** home from school?
오늘 눈이 많이 온다면 학교에서 집으로 어떻게 갈 거니?

If you **put** a boiled egg in cold water, it **will be** easier to peel.
삶은 달걀을 차가운 물에 넣으면 그것은 쉽게 벗겨질 것이다.

※ if절의 내용이 미래를 나타내더라도 현재시제를 사용해야 한다.

2 미래를 나타낼 때 주절에는 미래시제 will뿐만 아니라 **미래를 나타내는 어떤 형태의 (조)동사도 쓸 수 있다.**

If you practice your Korean everyday, you **can improve** quickly.
한국어를 매일 연습하면 너는 빠르게 향상될 수 있다.

If you want to vote, you **must register**. 당신이 투표하길 원한다면 (선거인 명부에) 등록해야 한다.

If I want to learn Japanese, what **should I do**? 내가 일본어를 배우고 싶다면 무엇을 해야 하니?

If it's cold tomorrow, what **are** you **going to** wear to class? 내일 날씨가 추우면 너는 수업에 무엇을 입고 갈 거니?

※ 비교

If I don't eat breakfast tomorrow morning, I **will get** hungry during class.

▶ a particular activity or situation in the future

If I don't eat breakfast, I always **get** hungry during class.

▶ a habitual activity or situation

③ **가능성이 다소 떨어지는 조건문**의 if절에는 should를 쓸 수 있다.

If I **see** Tony, I'll tell him to wait. 내가 Tony를 보면 기다리라고 할게. ▶ Perhaps I will see Tony.

If I **should see** Tony, I'll tell him to wait. 만약에 Tony를 보면 기다리라고 할게. ▶ I am less sure I will see Tony.

④ 주절에 명령문을 사용하여 미래를 나타내는 조건문을 만들 수 있다.

If anyone call, please **take** a message. 누군가 전화하면 메시지를 남겨주세요.

If you should see Tony, **tell** him to wait. Tony를 보면 기다리라고 말해.

⑤ if와 unless는 둘 다 조건을 나타내는 부사절을 만든다. 하지만 **unless는 부정의 의미(~하지 않으면)를 내포하고 있어 if와는 의미가 다르다.** unless 자체가 부정의 의미를 담고 있으므로 부정 표현과 함께 쓰지 못한다. 부정 표현을 쓰려면 'if ~ not'으로 써야 한다.

Unless you **have** a better idea, let's just stay home tonight.

=**If** you **don't have** a better idea, let's just stay home tonight.

네가 더 나은 아이디어가 없다면, 오늘밤엔 그냥 집에 있자.

Unless you **keep** your promises, no one will trust you.

=**If** you **don't keep** your promises, no one will trust you.

약속을 지키지 않으면, 누구도 너를 신뢰하지 않을 거야.

지금까지 우리나라 영문법에서는 가정법 현재라는 말로 현재나 미래에 대한 의심, 불확실 등을 나타내고, 조건절의 직설법 현재동사를 사용할 수 있다고 설명해왔기 때문에 가정법과 조건의 부사절을 이해하는 데 굉장한 어려움이 있었다. 현대 영어에서는 기본적으로 모두 다 조건의 부사절이고, 시제나 상황에 따라 가능성을 나타내는 것으로, 말하는 사람의 태도나 확신의 정도, 가능성에 전적으로 달려 있다.

기존의 영문법에서 가정법 현재의 if절에 will을 쓰지 않고 동사원형이나 현재형을 쓴다고 하는데, 현대 영어에서는 if절에 will이 생략되었다 하더라도 동사원형이 아닌 현재형을 쓴다.

If you **are** tired, you can go home.

→ If you **be** tired (×)

Challenge 1　홍콩에 관한 대화를 읽고 1차 가정문을 이용하여 〈보기〉와 같이 요약문을 만드시오.

보기

A : I hate hot weather.

B : The best time to go to Hong Kong is November or December.

→ *If you hate hot weather, the best time to go to Hong Kong is November or December.*

01. A : I'm traveling with my children.

B : Take them to Lai Chi Kok Amusement Park in Kowloon.

→ _____

02. A : We need a moderately priced hotel.

B : I suggest the Harbour View International House.

→ _____

03. A : We like seafood.

B : There are wonderful seafood restaurants on Lamma Island.

→ _____

Challenge 2　〈보기〉와 같이 주어 we를 이용하여 1차 가정문을 만들어 보시오.(주절은 미래시제로 쓸 것)

보기

New York / the Statue of Liberty

→ *If we go to New York, we will[can] see the Statue of Liberty.*

01. Paris / the Eiffel Tower

→ _____

02. Egypt / the pyramids

→ _____

03. Mexico city / the Archaeological Museum

→ _____

[unit 2]

가능성이 거의 없는 2차 가정문

point

If she (knows / knew) how to use Microsoft Office Excel well, she could be hired.

만약 그녀가 MS 오피스 엑셀 프로그램을 잘 사용할 줄 안다면, 그녀는 고용될 수 있을 텐데.

→ 현재 시점에서 가능성이 전혀 없지는 않지만 거의 없다는 뉘앙스로 말할 때, If절에는 과거시제, 주절에는 '조동사 과거+동사원형'으로 쓴다. 따라서 과거시제인 knew가 정답이다.

A 2차 가정문(가정법 과거) : unreal conditionals (present)

그동안 우리나라 영문법에서는 가정법 과거를 현재 사실과 반대, 의심, 불확실이라고 설명해 왔는데, 이는 일본 문법을 그대로 받아들인 구식 영어이다. **실제 가정법 과거는 현재 사실에 대한 가능성(20% 미만)이 현저히 떨어지는 상황을 설명**하는 말이다. 가능성은 희박하지만 일단 한번 말해 보는 것이다.

If절(If-clause)	주절(main clause)	
If+과거시제(Past Simple)	would(의도, 소망) could(능력) might(가능성)	+동사원형

※ 현실에서 일어날 가능성이 희박하기 때문에 현재의 시점에서 한 발짝 물러나서 말하는 과거시제와 과거 조동사를 쓰기로 약속했다. If절 안에 쓰이는 과거와 주절의 조동사를 단순 과거시제로 보면 안 된다.

1 가정법 과거는 현재 시점에서 전혀 가능성이 없진 않지만, **10%~20% 정도의 가능성을 염두에 두고 말하는 분위기(mood)**이다. 따라서 **주절에도 조동사 과거형을 써서 현재 또는 미래의 결과(result)를 가정하는 것이다.**

If I **had** more time, I **would** travel. 내가 시간이 좀 더 많으면, 여행을 할 텐데.

If I **had** a car, I **could** drive you to the airport. 내가 차가 있다면 너를 공항까지 데려다 줄 수 있을 텐데.

If people **watched** less TV, they **would** have more time for reading.
사람들이 TV를 덜 본다면, 그들은 독서를 위한 시간을 좀 더 가질 텐데.

2 **If 조건절에 주어의 인칭과 수에 관계없이 be동사는 과거형인 were를 쓴다.** 주로 사람의 견해나 충고에 사용하는데, **문법을 틀려가면서까지 견해나 충고를 강조하기 위해 사용한다.** 일상 영어에서는 was를 쓰기도 하지만 If I were you(내가 만약 너라면)가 더 자연스런 표현으로 굳어졌다. 마찬가지로 현재 또는 미래에 가능성이 매우 낮기 때문에 과거시제를 쓴다.

If my dad **were**[was] here, I **could** get some advice on this matter.
아빠가 여기 계셨다면 이 문제에 대한 충고를 얻을 수 있을 텐데.

If I **were** you, I **wouldn't** trust her. 내가 너라면 그녀를 믿지 않을 거다.

If he **were** here, he **would** be very pleased by your words.
그가 지금 이 자리에 있다면, 당신의 말을 듣고 매우 좋아했을 거예요.

1 가정법 과거에 쓰인 **과거동사와 조동사 과거 형태를 단순 과거시제로 보면 안 된다. 과거동사는 가능성이 거의 없는 현재를 나타내고, 조동사는 현재나 미래에 대한 결과를 나타낸다.** 이를 직설법으로 고치면 과거가 아닌 현재와 미래를 나타낸다는 것이 극명히 밝혀진다.

<직설법 현재로의 문장 전환>
시제 : 과거 → 현재　　　　동사 : 긍정 → 부정, 부정 → 긍정

If I **were** not sick, I **could** come to the party. 내가 아프지 않다면, 그 파티에 갈 텐데.

→ As I **am** sick, I **can't** come to the party. 나는 아프기 때문에 그 파티에 갈 수 없다.

If you **tried** harder, you **could** be an excellent singer. 네가 더 열심히 노력한다면 넌 대단한 가수가 될 수 있을 텐데.

→ Because you **don't try** harder, you **can't** be an excellent singer.
네가 더 열심히 노력하지 않기 때문에 대단한 가수가 될 수 없다.

They **would** buy the new car if they **had** more money. 그들이 돈을 더 가지고 있다면 새 차를 살 텐데.

→ They **don't have** more money, so they **can't** buy the new car.
그들은 돈을 더 가지고 있지 않아서, 새 차를 살 수 없다.

C 가정법 미래를 나타내는 should와 were to

1 should : **미래에 실현 가능성은 있지만 일어날 것 같지 않다고 생각되는 경우에 쓴다.** 주절에는 조동사의 현재형 또는 과거형을 사용할 수 있다.

If he **should** die, what **would** become of his family? 만에 하나 그가 죽는다면, 그의 가족은 어떻게 될까?

If I **should** win the lotto, I **will** travel around the world. 만에 하나 내가 로또 복권에 당첨된다면, 세계 일주를 할 텐데.

2 were to : **should보다 가능성이 더 적어서 미래에 실현 불가능하다고 생각되는 경우에 쓴다.** 주절에는 조동사의 과거형만 쓸 수 있다.

If the earth **were to** stop spinning, time **might** stand still. 지구가 자전을 멈춘다면 시간이 정지해 있을지도 모르겠다.

If I **were to** be born again, I **would** be a great pianist.
만에 하나 내가 다시 태어나면, 나는 위대한 피아니스트가 될 거야.

If the sun **were to** rise in the west, I **would** change my mind.
만에 하나 해가 서쪽에서 뜬다면, 나는 마음을 바꿀 것이다.

※ 실제 가정법 미래는 잘 사용하지 않는다. 현대 영어에 접어들면서 내용에 따라 과거형 또는 현재형으로 그 뜻을 명확히 전달할 수 있기 때문이다. 그러나 아직 시험에 등장하므로 소개해 본다.

If it **should** rain tomorrow, we will stay at home.

→ If it **rains** tomorrow, we will stay at home.

Challenge 1 다음 문장에서 어법상 알맞은 것을 고르시오.

01. If you (walk / walked) into this place, you might easily think you are in a private house. (2005년 수능)

02. Our lives would be better if we (act / acted) based on our deepest values. (2000년 수능)

03. (If / Although) you missed this astronomical show, you're really out of luck. (2004년 수능)

04. If our friends (don't / didn't) accept our values, we may become annoyed and angry.

05. If I (was / were) seventeen again, I would want to grow up and live where there are trees, meadows and streams.

Challenge 2 ( ) 안의 단어를 이용하여 빈칸을 완성하시오.

보기	Although Eric wants to go to New York next month and visit his sister, he can't take time off from work. If Eric *went* (go) to New York next month, he *would[could] visit* (visit) his sister.

01. People watch too much TV, so they don't have much time for reading. If people _____ (watch) less TV, they _____ (have) more time for reading.

02. Maria wants to invite Carline and Yenima to her party next Saturday. She'll probably see them in class tonight. She _____ (invite) Carline and Yenima if she _____ (see) them in class tonight.

03. I am not an astronaut. If I _____ (be) an astronaut, I _____ (take) my camera with me on the rocket ship next month.

04. The teacher was absent today, so class was canceled. If she _____ (be) absent again tomorrow, class _____ (be cancelled) tomorrow, too.

05. Cats have good eyes, so they can move about in the dark. If cats _____ (not, have) good eyes, they _____ (not, move) about in the dark.

Challenge 1 〈보기〉와 같이 주어진 표현을 이용하여 문장을 완성하시오.

ex)

have a car /
give you a ride home

01.

are on sale /
get them right away

02.

raise her voice a little /
understand her better

> **보기** I don't feel very well. I want to go home and lie down for a while.
> → If I *have a car*, I *would give you a ride home*.

01. The shoes you're looking at cost over $300.

→ If they _____, I _____.

02. Cindy is very shy and soft-spoken.

→ If she _____, I _____.

Challenge 2 다음 문장을 직설법은 가정법으로, 가정법은 직설법으로 고쳐 쓰시오.

> **보기** If he were not lazy, he could get a job.
> → *As he is lazy, he can't get a job.*

01. As I'm not tall, I can't join the basketball team.

→ _____

02. If I knew her well, I could invite her to the party.

→ _____

03. Because Betty doesn't have a college degree, they won't accept her resume.

→ _____

04. Because Kelly never eats breakfast, she always overeats at lunch.

→ _____

Challenge 3 주어진 우리말에 맞도록 빈칸에 알맞은 말을 넣어 문장을 완성하시오.

> 보기
>
> 만약 내가 다시 태어난다면, 나는 위대한 바이올리니스트가 될 거야.
> → If I _were to_ be born again, I _would be_ a great violinist.

01. 내가 만약 너라면, 그녀가 하는 말을 믿지 않을 텐데.

→ If I _____ you, I _____ what she says.

02. 만에 하나 이란이 핵무기를 보유하게 된다면 그들은 전 세계를 위협할 수 있을 것이다.

→ If the Iranians _____ have a nuclear weapon, they _____ blackmail

the world.

03. 태양이 사라진다면 모든 생물은 죽을 것이다.

→ If the sun _____ vanish, all life _____ .

Challenge 4 〈보기〉와 같이 ( ) 안의 표현을 이용하여 가정법 문장을 완성하시오.

> 보기
>
> A : Is Nancy going to take the driver's license test?
> B : No. _If she took the driver's license test, she would fail._ (fail)

01. A : Should we take the 10:00 train?

B : No. _____ (arrive / too early)

02. A : Why don't we stay at that hotel?

B : No. _____ (cost too much money)

03. A : Why don't we invite Steve to the party?

B : No. _____ (have to invite his friends, too)

04. A : Is Susan going to apply for the job?

B : No. _____ (not / get it)

01 **가정법 문제는 시제를 반드시 물어본다!**

출제자의 눈 1차 가정문(조건의 부사절)은 뜻이 미래일지라도 if절 안에는 현재시제를 써야 한다. 2차 가정문(가정법 과거)는 if절에 '과거동사', 주절에는 '조동사 과거+동사원형'으로 써야 하는데, 이 둘 중 하나의 시제를 틀리게 해놓은 문제가 가장 많이 출제된다. 특히 2차 가정문에서 be동사는 인칭과 수에 관계없이 were를 쓴다는 것도 명심하자.

Check Up

밑줄 친 부분 중 어법상 <u>틀린</u> 것을 고르시오.

1. Peter Thompson, ❶ <u>with whom</u> I have a close working relationship, mentioned your name to me and strongly suggested I ❷ <u>contact</u> you. From what Peter tells me, you are very active in the toy industry and know ❸ <u>a number of</u> sales managers. Peter felt that you might be able to help me make contacts. ❹ <u>Because of</u> new competition, we are anxious to get our products into the market as soon as possible. ❺ <u>Will it be convenient</u> if I called you next Monday and we arranged a time to talk over lunch? (2000년 수능)

다음 괄호 안에서 어법에 맞는 표현을 고르시오.

2. If you only (will ride / ride) occasionally, you don't have to spend a lot of money because bikes can be rented. (2007년 평가원)

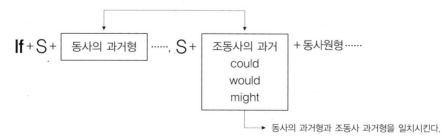

핵심 Grammar Formula

If + S + 동사의 과거형 ……, S + 조동사의 과거 could would might + 동사원형 ……

└─▶ 동사의 과거형과 조동사 과거형을 일치시킨다.

 출제 100%

02 **가정법 미래도 시제를 일치시킨다!**

출제자의 눈 if절 안에 should와 were to가 있다면 가정법 미래로 판단하면 된다. 미래에 실현 가능성이 없는 일을 나타내는 것으로, should와 were to의 형태가 과거형이므로 주절에도 무조건 과거 조동사를 써주어야 한다. should는 주절에 현재형도 쓸 수 있으나 시험에서는 과거 조동사를 쓴다고 기억하는 것이 좋다. 전체 문맥을 통해 if절에 should 또는 were to를 쓸 줄 아는지를 묻는 문제도 출제 가능하다.

Check Up

다음 괄호 안에서 어법에 맞는 표현을 고르시오.

1. If we were to make this list longer, we (would / will) end up with an entire society.

(2000년 수능)

2. If any signer of the Constitution (was / were) to return to life for a day, his opinion of our amendments would be interesting. (TOEFL)

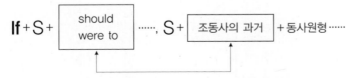 핵심 Grammar Formula

If +S+ | should / were to | ......, S+ | 조동사의 과거 | +동사원형 ......

──→ should와 were to도 과거형이므로 주절에도 조동사 과거형을 일치시킨다.

※ should는 주절에 조동사 현재형(will)이나 명령문이 나올 수 있다.
하지만 were to는 반드시 조동사 과거형만 쓴다.

가능성이 0%인 3차 가정문 / 혼합 가정문

[unit 3]

point

The view was wonderful. If I'd had a digital camera, I would (have taken / take) some pictures.

경치가 정말 멋졌다. 내가 디지털 카메라가 있었다면 사진을 찍었을 텐데.

→ if절의 시제와 일치시켜야 한다. if절의 시제가 'had+V-ed'이므로 주절에는 반드시 '조동사 과거+ have V-ed'를 써서 가정법 과거완료를 표현한다.

A 3차 가정문(가정법 과거완료) : unreal conditionals (past)

1 우리나라 영문법에서는 흔히 가정법 과거완료라는 말로 과거 사실에 대한 정반대, 가정, 소망을 나타낸다고 하는데 이는 일본 문법을 그대로 받아들인 잘못된 표현이다. **실제 가정법 과거완료는 현재 가능성이 전혀 없는(가능성 0%) 상황을 나타낸다. 과거의 이미 지난 상황을 말하므로 현재와는 아무런 관련이 없다.**

If절(If-clause)	주절(main clause)
If+had+과거분사	would(의도, 소망) could(능력)　　　　+have+과거분사 might(가능성)

※ 현재와 아무런 관련이 없다는 것을 나타내기 위해 과거완료형으로 쓰고, 과거보다 더 떨어짐으로써 현실과 완전히 동떨어져 있다는 것을 보여주려는 의도로 볼 수 있다.

If Cindy **had come**, Jeff **might have turned** down the invitation. Cindy가 왔다면, Jeff는 초대를 거절했을 텐데.

→ Cindy didn't come.

If I **had won** the lottery, I **would have sent** many poor teenagers to college.

→ I didn't win the lottery.

　내가 복권에 당첨되었다면, 많은 가난한 십대들을 대학에 보냈을 텐데.

If you **had told** me about the problem, I **would have helped** you.

→ You didn't tell me about the problem.

　네가 그 문제에 관해 내게 말했다면, 나는 너를 도와주었을 텐데.

2 과거에 이미 끝나 현재와 아무런 관련이 없기 때문에 현재나 미래에 단 1%의 가능성도 없다. 이를 **직설법으로 고치면 과거시제를 써서 과거의 일임을 나타낸다는 것이 극명히 밝혀진다.**

〈직설법 과거로의 문장 전환〉

시제 : 과거완료 → 과거　　　동사 : 긍정 → 부정, 부정 → 긍정

If Scott **had finished** the project successfully, he **could have been** promoted.

만약 Scott이 그 프로젝트를 성공적으로 끝냈더라면, 그는 승진할 수 있었을 텐데.

→ As Scott **didn't finish** the project successfully, he **couldn't be** promoted.

　Scott이 그 프로젝트를 성공적으로 끝내지 못했기 때문에 그는 승진할 수 없었다.

If the weather **had been** cold, we **couldn't have gone** to the mountain.
날씨가 추웠더라면, 우리는 산에 갈 수 없었을 텐데.

→ The weather **wasn't** cold, so we **went** to the mountain. 날씨가 춥지 않아서 우리는 산에 갔다.

B 혼합 가정문

① 우리나라 영문법에서 혼합 가정법을 주절과 종속절의 시제가 서로 각각 다른 경우라고 하면서 복잡한 설명을 하는데 이는 잘못된 설명이다. 혼합 가정문은 if절 안에 **가능성 0%**인 'had+V-ed'를 쓰고, **주절에는 현재의 사실에 대해 가능성이 낮은(20% 미만)** '과거 조동사+동사원형'을 쓰는 것뿐이다.

If절(If-clause)	주절(main clause)
If+had+과거분사	would(의도, 소망) could(능력)　　　+동사원형 might(가능성)
→ 가능성 0%	→ 가능성 20% 이하(now나 today의 단서가 나옴)

If I **had asked** for time off last month, I **would be** on vacation now.
지난달 휴가를 요청했더라면(가능성 0%), 지금쯤 휴가를 보내고 있을 텐데(현재 가능성 20% 이하).

→ I **didn't asked** for time off last month, so I'**m** not on vacation now.

If you **hadn't left** the door open, the room **wouldn't be** full of flies.
네가 문을 열어두지 않았다면(가능성 0%), 방이 파리로 가득 차 있지는 않을 텐데(현재 가능성 20% 이하).

→ The room **is** full of flies because you **left** the door open.

If you **had seen** the movie, you **would know** what I'm talking about.
그 영화를 봤다면(가능성 0%), 너는 내가 무슨 얘기를 하는지 알 텐데(현재 가능성 20% 이하).

→ As you **didn't see** the movie, you **don't know** what I'm talking about.

Challenge 1 다음 문장에서 어법상 알맞은 것을 고르시오.

01. If this journey (took / had taken) place a week earlier, all this would have pleased my eyes.

(2003년 수능)

02. Oh, if only I had stopped to think about it, I would never (have reacted / reacted) that way!

(1999년 수능)

03. If I'd told you that, you might have panicked and none of us would (make / have made) it.

(2007년 수능)

04. If the teacher had been more competent, the students (would be / have been) smarter now.

05. The weather isn't warm enough today, but if it (had been / were), I would take him for a walk.

06. I wouldn't be wearing this sweater if I (watched / had watched) the weather forecast.

Challenge 2 ( ) 안의 단어를 이용하여 우리말과 같은 뜻이 되도록 빈칸을 완성하시오.

01. 난 과거에 대해 공부하는 게 재미있어. 내가 은행원이 안 됐더라면 역사교수가 되었을 텐데. (not become / be)

= I enjoy studying the past. If I _____ a banker, I _____ a

history professor.

02. 난 네가 병원에 있는 줄 몰랐어. 내가 알았더라면 너를 보러 갔을 텐데. (know, go)

= I didn't know you were in the hospital. If I _____, I _____ to

see you.

03. 그가 학교에서 축구를 했더라면 그는 지금쯤 훌륭한 대학 선수가 되었을 텐데. (play, be)

= If he _____ soccer at school, he _____ a great university player now.

04. 내가 네 상황을 알았더라면 좀 다른 계획을 세웠을 텐데. (be, make)

= If I _____ aware of your circumstances, I _____ different plans.

Challenge 1 주어진 문장을 가정법 과거완료나 혼합 가정법을 이용하여 다시 쓰시오.

> 보기
> I wasn't hungry, so I didn't eat anything.
> → *If I had been hungry, I would have eaten something.*

01. She didn't have the opportunity, so she never learned Korean.

→ _____

02. William wasn't injured in the accident because he was wearing a seat belt.

→ _____

03. I skipped breakfast in the morning, so I am hungry now.

→ _____

04. She didn't come with us, so she didn't see the haunted house.

→ _____

Challenge 2 주어진 문장을 〈보기〉와 같이 직설법으로 고쳐 쓰시오.

> 보기
> If you had told me about the problem, I could have helped you.
> → Because you *didn't tell me about the problem*, I *couldn't help you*.

01. If I had eaten a healthier diet in my twenties, I would be in better shape now.

→ I _____, so _____.

02. If Olivia hadn't opened the spam mail, she wouldn't have a computer virus now.

→ Olivia _____ because _____.

03. If you had not missed the information session, you would not be confused now.

→ You _____, so _____ now.

04. If I hadn't read his biography in high school, I wouldn't be a priest like him now.

→ As _____, _____.

01 짝꿍을 찾아라! / 혼합 가정법은 너무 쉬운 개념!

출제자의 눈 가정법 과거완료(3차 가정문)도 마찬가지로 if절 안에는 had+V-ed, 주절에는 '조동사 과거+have V-ed'를 일치시켜주기만 하면 된다. 현재와는 아무런 관련이 없어, 현재와 동떨어져 있는 일을 말할 때 가정법 과거완료를 쓴다. 내신에서는 직설법으로 고치는 문제가 자주 등장한다. if절에 had+V-ed가 있으면 무조건 '조동사+have+V-ed'를 짝으로 선택하면 되지만, 상황에 따라 혼합 가정문을 써야 할 때가 있다. if절에 현재와 아무런 관련 없는, 이미 지난 일을 말하고 '만약 그랬다면 지금쯤(현재) 어떻겠나'라는 약간의 가능성을 말할 때 쓴다. 즉, 주절에는 '조동사 과거+동사원형'을 쓴다. if절에는 과거 표시어구, 주절에는 '지금쯤 어떠하다'라는 약간의 가능성을 염두에 둔, 현재 표시어구가 힌트로 등장한다.

Check Up

다음 괄호 안에서 어법에 맞는 표현을 고르시오.

1. If you had turned a light toward Mars that day, it (would reach / would have reached) Mars in 186 seconds. Mars was so bright that even lights of the city didn't get in the way. (2004년 수능)

2. Can you imagine what the world today would (have been / be) like if Leonardo da Vinci had become a farmer or Wolfgang Amadeus Mozart a banker? (2007년 교평)

핵심 Grammar Formula

3차 가정문(가정법 과거완료)

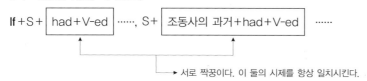

→ 서로 짝꿍이다. 이 둘의 시제를 항상 일치시킨다.

혼합 가정문

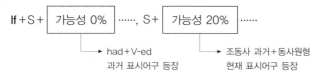

→ had+V-ed
과거 표시어구 등장

→ 조동사 과거+동사원형
현재 표시어구 등장

[unit 4]

현재와 과거의 소망을 나타내는 wish 가정문

point

This bread doesn't taste as good as it looks.
I wish I (didn't buy / hadn't bought) it.

이 빵은 보이는 것만큼 맛있진 않다. 내가 그것을 사지 않았더라면 좋았을 텐데.
→ 이미 빵을 구입했고 빵을 구입한 과거를 후회하고 있다. 현재와 아무런 관련이 없는 과거의 후회나
　소망을 푸념하듯이 말하므로 hadn't bought를 쓴다.

A **현재나 미래의 소망을 나타내는 'wish+과거시제'**

1 현재나 미래에 대한 소망을 표현할 때 'wish+과거시제'를 쓴다. 2차 가정문과 마찬가지로 단순 과거시제로 보면
안 된다. 현재의 상황에서 가능성이 현저히 떨어지기 때문에 현실에서 한 발짝 물러선 과거동사로 현재에 대한
소망을 나타낸다. 'wish that+S+과거시제'에서 that은 주로 생략한다.

I **wish** I **had** a car. 자동차가 있으면 좋을 텐데.
→ I don't have a car.

Sophia **wishes** she **had** a good job. Sophia는 좋은 직장을 갖길 원한다.
→ She doesn't have a job.

2 2차 가정문과 똑같이 주어의 **인칭에 관계없이 be동사는 were**를 쓰고, 조동사도 과거형을 쓴다. 일상 영어에서
는 was를 자주 쓰기도 한다.

I **wish** she **were**[was] here with me. 그녀가 나와 함께 있으면 좋겠다.
→ I'm sorry that she is not here with me.

I **wish** that I **could** swim well. 수영을 잘 할 수 있으면 좋을 텐데.
→ I can't swim well.

3 미래에 일어날 일에 대한 소망은 wish 뒤 that절에 **will 대신 would**를 쓰고, **be going to 대신 were**[was]
going to를 쓴다.

I **wish** it **would** stop snowing. 눈이 멎었으면 좋겠다.
→ It's snowing. I want it to stop snowing.

I **wish** she **were**[was] **not going to** travel alone. 그녀가 혼자 여행을 가지 않았으면 좋겠다.
→ She is going to travel alone.

4 다른 사람이 미래에 해주길 바라는 소망을 I wish you would[wouldn't]~로 공손하게 부탁할 수 있다. I wish
I could~는 '내가 ~할 수 있으면 좋겠는데'의 뜻으로 자주 쓴다.

I **wish you would** send me a copy of the document. 그 문서의 사본을 한 통 보내주세요.
I **wish I could** speak English as well as she. 그녀만큼 영어를 할 수 있으면 좋겠다.

B **과거에 대한 소망을 나타내는 'wish+과거분사'**

1 과거 상황에 대한 유감이나 과거 **사실과 다른 소망**은 wish 뒤의 that절에 **과거완료(had+V-ed)를 쓴다.** that은 주로 생략하고, 부정은 'had+not+V-ed'를 쓴다.

I told the secret to her. I **wish** I **hadn't told** it to her.
나는 그녀에게 비밀을 말했다. 그녀에게 비밀을 말하지 않았더라면 좋았을 걸.

→ I'm sorry that I told the secret to her.

I **wish** (that) I **had listened** to my mother. 엄마 말을 들었으면 좋았을 걸.

→ I regret that I didn't listen to my mother.

2 3차 가정문에서도 과거완료를 이용하여 가능성이 전혀 없는(0%) 상황을 표현하듯이, wish 뒤 that절 안에 **과거 완료(had+V-ed)를 쓰는 이유도 과거에 이미 끝나 현재와는 아무런 관련이 없어, 단지 과거에 대해 후회하거나 소망한 일을 푸념하듯이 말해보는 것이다.**

They **wish** they **had moved** to the city. 그들은 도시로 이사갔더라면 좋았을 텐데 하고 바란다.

→ They didn't move to the city, and now they think that was a mistake.

3 I wish와 비슷한 의미로 If only를 쓸 수 있다.

I wish I had more free time. 여가 시간이 더 많으면 좋겠는데.

= If only I had more free time.

I wish you had told us the truth. 네가 우리에게 그 진실을 말했으면 좋았을 텐데.

= If only you had told us the truth.

Challenge 1 다음 문장에서 어법상 알맞은 것을 고르시오.

01. I wish my friend (came / had come) with us when we came last year.

02. I wish you (hadn't had / didn't have) such a bad cold, because I'm sure you would have enjoyed the concert.

03. I wish I (could go / had gone) to the concert now.

04. I wish I (hadn't eaten / didn't eat) some earlier, I am so full that I can't eat the delicious cookies now.

05. I wish I (hadn't accepted / didn't accept) it because now we have too much to do. (1995년 모의)

Challenge 2 주어진 상황을 읽고 빈칸에 들어갈 알맞은 말을 쓰시오.

보기	My room doesn't have any windows. I wish my room _had_ window.

01. Olivia isn't rich. She wishes she _____ rich.

02. I didn't go shopping. I wish I _____ shopping.

03. You didn't tell them about it. I wish you _____ them about it.

04. Ava didn't come to the meeting. I wish she _____ to the meeting.

05. I don't know how to use this duplicator. I wish I _____ how to use this duplicator.

06. I can't go to the party. I wish I _____ to the party.

07. I have to work tomorrow, but I'd like to stay in bed. I wish I _____ work tomorrow.

아하! 이렇게 서술형 기초다지기

정답 p.24

Challenge 1 〈보기〉와 같이 I wish와 If only를 한 번씩만 사용하여 문장을 완성하시오.

> **보기**
> I woke up late and forgot to pick up Kelly on my way to work. Now she is very angry with me.
> → *I wish I hadn't woke up late.*
> → *If only I hadn't forgotten to pick up Kelly* on my way to work.

01. My mother told me to put a sweater on last night because it was chilly. I didn't listen to her and now I've got a bad cold.

→ _____

→ _____

02. I spend the entire weekend playing Nintendo games. I didn't study much for the history test I had on Monday, so I didn't do well.

→ _____ at the weekend.

→ _____ the entire weekend.

Challenge 2 〈보기〉와 같이 주어진 문장을 wish 가정법을 이용하여 다시 쓰시오.

> **보기**
> Andrew's life isn't exciting. → *He wishes his life were[was] exciting.*

01. He spent all the money on his credit card.

→ _____

02. He ate all the food in his fridge.

→ _____

03. He doesn't have any friends.

→ _____

04. He didn't pay his phone bill last month.

→ _____

05. He can't play the guitar.

→ _____

as if[as though] / It's time+가정법

point

What's the matter? You look as if you (saw / had seen) a ghost.
무슨 일이야? 꼭 귀신이라도 본 것 같구나.
→ 귀신을 본 시점이 현재가 아닌 지난 과거의 일이므로 과거완료를 쓴다.

A as if[as though] 가정법

1 as if[as though]는 '마치 ~인 것처럼'의 뜻으로, 마치 ~인 것처럼 보이지만 실제로는 그렇지 않은 상황을 나타낼 때 쓴다. **말하는 시점과 같을 때는 as if[as though]절 뒤에 '과거시제'를 쓰고, 말하는 시점보다 그 이전의 일을 가정하면 'had+V-ed'를 쓴다.**

He **talks** as if he **knew** everything. 그는 모든 것을 아는 것처럼 말한다.
→ In fact, he does not know anything.

She **acted** as if she **were** a princess. 그녀는 마치 (당시에) 공주였던 것처럼 행동했다.
→ In fact, she was not a princess.

They **talk** as if they **had visited** London. 그들은 자신들이 런던에 다녀왔던 것처럼 말한다.
→ In fact, they didn't visit London.

She **looked** as if she **had seen** a ghost. 그녀는 마치 귀신이라도 본 것 같았다.
→ In fact, she had not seen a ghost.

2 She says as if she is[were] a pianist.에서 were를 쓰면 '피아노를 못 치면서 치는 척하는 느낌'을 주지만 is와 같이 현재시제를 쓰면 글자 그대로 현실에 가까운 느낌을 주어서 '정말 피아노 연주자일 가능성이 있다'는 의미를 내포한다. 따라서 **확실하진 않지만 어느 정도 사실일 가능성이 있는 경우 as if 뒤에 현재시제 또는 will[be going to]를 쓸 수 있다.**

It looks as though it**'s going to** rain. 비가 올 것 같아.
→ The weather looks like it might rain, but I don't know if it really will rain.

He acts as if he **is** a celebrity. 그는 유명 인사인 것처럼 행동한다.
→ He looks like a celebrity, but I don't know if he is really a celebrity.

B It's time+가정법 과거

1 It's time 뒤에 (가정법) 과거시제가 오면 **'이제 ~해야 할 시간이다'** 또는 **'진작 그렇게 했어야 했는데 지금 하고 있지 않다'는 의미를 내포하고 있다.** 주로 나무라거나 불평할 때 쓰는데 좀 더 강조해서 It's about[high] time ~을 쓰기도 한다.

It's time you **went** to bed. 너는 잤어야 할 시간이야. (→ 왜 아직까지 안 자고 있어.)

We've been waiting half an hour. **It's about time** they **served** us.
우리는 지금 30분을 기다리고 있다. 이제는 정말 음식이 나와야 할 때이다. (→ 왜 아직 안 나오는 거야.)

Maybe **it's time** we **did** the same. 우리도 같은 것을 해야 할 때가 된 것 같다.

2 It's time 뒤에 가정법 과거가 아닌 to부정사가 오는 경우를 〈A권-chapter 3〉에서 배웠는데, 이때는 현재 사실과 반대인 유감을 나타내는 어감은 없고, 단순히 '~할 때이다'라는 의미만 있다.

I can't believe **it's time to go** home already. 벌써 집에 가야 할 시간이라는 게 믿기지 않는다.

It's time to renew my license. 면허증을 갱신할 시기가 되었다.

It's time to upgrade our database software. 아무래도 데이터베이스 소프트웨어를 업그레이드 해야겠어요.

Challenge 1 〈보기〉와 같이 as if[as though]를 이용한 가정법 문장을 만드시오.

> 보기
> In fact, she is not a famous actress.
> → She talks *as if[as though] she were a famous actress.*

01. He definitely is not my father.

→ He is acting _____.

02. In fact, Korean is not her native tongue.

→ She speaks Korean _____.

Challenge 2 〈보기〉와 같이 It's time+가정법 과거를 이용하여 문장을 다시 쓰시오.

> 보기
> The children should start putting their toys away. (about)
> → *It's about time the children started putting their toys away.*

01. You should talk to him about his behavior. (high)

→ _____

02. You should clean your room. It's so messy. (about)

→ _____

Challenge 3 주어진 상황에 맞게 ( ) 안의 단어를 이용하여 as if 문장을 완성하시오.

> 보기
> There are big black clouds in the sky. (rain, be going to)
> → It looks *as if it's going to rain.*

01. My friend has just finished his exam and he is smiling confidently. (in it, do well)

→ He looks _____.

02. The tables are covered with paper plates and pieces of leftover sandwiches. (in here, a party, there be)

→ It looks _____.

03. My neighbors are shouting and I can hear dishes breaking. (be having a fight)

→ It sounds _____.

🔔 출제 100%

01 | I wish와 as if의 시제를 조심하라!

출제자의 눈 I wish 가정법은 현재의 소망을 나타낼 때는 '과거시제'로, 과거의 소망을 나타낼 때는 'had+V-ed'로 쓴다. 과거나 과거완료 대신 현재시제를 써서 틀리게 해 놓거나, 문맥을 이해한 후 '과거시제'와 'had+V-ed'를 구별해 내는 문제가 가장 많이 출제된다. as if 뒤에 과거 또는 과거완료가 오느냐는, 말하는 사람이 주절의 시제를 기준으로 언제의 일을 가정하고 있느냐에 달려 있다. 즉, 주절의 시제가 현재이건 과거이건 관계없이 주절의 시제와 일치하는 시점의 일을 가정하면 '과거시제'를, 그 이전의 일을 가정하고 있으면 '과거완료'를 쓴다.

Check Up

다음 괄호 안에서 어법에 맞는 표현을 고르시오.

1. I wished the night would (have been / be) longer so that I could stay here longer.

(1996년 교평)

2. That show-off acted as if he (had met / met) Mr. Obama before at the party last week.

 Grammar Formula

I wish(ed)+S+ $\dfrac{A}{\text{A}}$

| 과거
B | B 시제 : A와 같다
→ A가 현재면 B는 현재, A가 과거면 B도 과거 |
| had V-ed
C | C 시제 : A보다 한 시제 전 (더 과거)
→ A가 현재면 C는 과거, A가 과거면 C는 과거 이전인 더 과거 |

She act(ed) as if[as though] +과거시제 → 주절과 같은 시제

과거완료 → 주절보다 이전인 더 과거

현재시제/will/be going to → 확실하진 않지만 어느 정도 사실일 가능성이 있는 경우

[unit 6]

주의해야 할 가정법

point

She would (have gotten / get) the job had she been better prepared.

준비가 더 잘 되었더라면 그녀는 그 직장을 얻었을 텐데.

→ if가 생략되어 주어와 동사의 위치가 바뀌었다 하더라도 과거완료(had been)와 짝을 이루는 주절의 시제는 '조동사 과거+have+V-ed'이다. 따라서 would have gotten을 써야 한다.

A If가 생략된 가정법

1 if절의 (조)동사가 were, had, should인 경우 격식체에서는 **if를 생략**해서 쓰기도 한다. 이때 **주어와 (조)동사의 위치가 바뀌어 도치**된다.

Were I you, I'd start looking for another job. 내가 너라면 다른 직장을 알아보겠다.

=If I were you, I'd start looking for another job.

Had I known my teacher was going to cancel the test, I wouldn't have stayed up all night.

=If I had known my teacher was going to cancel the test, I wouldn't have stayed up all night.
선생님께서 시험을 취소할 것을 알았더라면, 밤을 꼬박 새지는 않았을 텐데.

Should such an unlikely event occur, what shall we do?

=If such an unlikely event should occur, what shall we do?
만약에 그런 불가능해 보이는 일이 실제로 일어난다면, 우리는 어떻게 해야 하는가?

2 '~이 없다면'의 뜻으로 쓰이는 가정법 표현들

If절(If-clause)	주절(Main Clause)
If it were not for	would
=Were it not for	could +동사원형
=But for / Without	might
If it had not been for	would
=Had it not been for	could +have +과거분사
=But for / Without	might

※ If절이 과거면 주절도 조동사 과거, If절이 had+V-ed이면 주절도 '조동사+have+V-ed'로 일치시킨다.

If it were not for attending the class, I would have got F. 내가 그 수업을 참석하지 않았더라면 F를 받았을 텐데.

=**But for** attending the class, I would have got F.

=**Without** attending the class, I would have got F.

=**Were it not for** attending the class, I would have got F.

If it had not been for your help, I couldn't have done this. 네 도움이 없었더라면, 나는 이것을 하지 못 했을거야.

=**But for** your help, I couldn't have done this.

=**Without** your help, I couldn't have done this.

=**Had it not been for** your help, I couldn't have done this.

If 이외의 조건을 나타내는 접속사(구)

<u>**Suppose (that)**</u> you were stranded on a deserted island with your friends.
   =If
친구들과 함께 무인도에 갇히게 되었다고 상상해봐.

You'll miss the bus **unless** you walk more quickly. 더 빨리 걷지 않으면 버스를 놓칠거야.
        =if ~ not

I'll be home at 10:00 **provided that**[**on condition that/as long as**] I can get a taxi.
택시만 잡을 수 있다면[그런 상황이라면/잡을 수 있는 한] 집에 10시까지 올 거예요.

In case you want to move out, give me a month's notice. 이사를 가려거든 한 달 전에 미리 알려 주세요.

Granted (that) it is true, that is no answer to the charge. 가령 그것이 사실이라 하더라도 변명이 되지 않는다.
  =Even if

He came in time, **otherwise**, he wouldn't have saved her life.
그는 제시간에 도착했다, 그렇지 않았더라면 그녀의 목숨을 구하지 못 했었을 것이다.

조건절이 없는 가정법

1 if절이나 그에 상응하는 조건절이 없는 가정법도 있다. 이 경우에는 조건절과 같은 역할을 하는 어구가 쓰이는데, 부사(구), 부정사, 분사, 주어, 관계사절 등이 이에 해당한다.

A true teacher wouldn't mind sacrificing himself for his students.

→ If he were a true teacher, he wouldn't mind sacrificing himself for his student.
    진정한 교사라면 학생들을 위해서 자신을 희생하기를 마다하지 않을 텐데.

Born in another country, he **could have been** a famous actor.

→ If he were born in another country, he could have been a famous actor.
    다른 나라에서 태어났더라면, 그는 유명한 배우가 되었을 텐데.

To hear him speak English, you **would** take him for a foreigner.

→ If you heard him speak English, you would take him for a foreigner.
    그가 영어를 말하는 걸 들어보면 그를 외국인으로 여길 것이다.

Turning to the right, you **will** find the post office. 오른쪽으로 돌면, 우체국을 찾을 수 있을 거야.

→ If you turn to the right, you will find the post office.

I **would** go abroad **but that** I am poor. 가난하지만 않다면 외국으로 나갈 텐데.

→ I would go abroad if I were not poor.

I **could not have believed** it **but** I saw it. 그것을 보지 않았더라면 도저히 믿지 못했을 것이다.

→ I could not have believed it if I had not seen it.

A man **who** had common sense **would** not do that. 상식이 있는 사람이라면 그런 짓은 안할 것이다.

→ A man, if he had common sense, would not do that.

Challenge 1 주어진 문장에서 if를 생략하여 같은 뜻이 되도록 고쳐 쓰시오.

01. If I had known that the mixer was broken, I would never have bought it.

→ _____

02. If you had taken your studies more seriously, you'd have gotten better grades.

→ _____

03. If you should change your mind, please let me know immediately.

→ _____

04. If I were your teacher, I would insist you do better work.

→ _____

05. If you should need to reach me, I'll be at the Hyatt Hotel in Seoul.

→ _____

Challenge 2 다음 두 문장이 같은 뜻이 되도록 빈칸을 채우시오.

보기
Without this horrible weather, we could go swimming in the ocean.
→ *If it weren't for this horrible weather*, we could go swimming in the ocean.

01. But for water and air, we could not survive.

→ _____, we could not survive.

02. To hear her speak English, you would think her a native speaker.

→ _____, you would think her a native speaker.

03. Living in a rich country, he would be a great scientist.

→ _____, he would be a great scientist.

04. Having finished the project in time, she could have been promoted.

→ _____, she could have been promoted.

05. Without your wise advice, I might never have gone to university.

→ _____, I might never have gone to university.

168

출제 100%

`01` **생략되는 if는 어순을 조심하라!**

출제자의 눈 if절의 (조)동사가 were, had, should인 경우 격식체에서 if를 생략한다. 이때 주어와 (조)동사가 바뀌는 도치 현상이 생기는데, 도치된 어순을 틀리게 하거나 바르게 고치는 어법 문제가 출제될 수 있다. 생략된 if문장의 시제 일치를 물어보기도 하는데 2차, 3차 가정문과 마찬가지로 if절이 과거면 주절에도 조동사 과거, if절이 'had+V-ed'이면 주절에도 '조동사 과거+have+V-ed'로 일치시켜야 한다. '~가 없다면'의 뜻인 If it were not[had not been] for도 if가 생략되면 도치되어 Were it not for~, Had it not been for~의 어순이 되므로 반드시 기억해 두자. 같은 뜻인 but for와 without은 가정법 과거와 과거완료에 모두 쓸 수 있다.

Check Up

다음 괄호 안에서 어법에 맞는 표현을 고르시오.

1. (Were it not / Had it not been) for this nurturing, we would only live for a few hours or for a few days at the most. (1997년 수능)

2. Had I known that the movie would be so lousy, I would (suggest / have suggested) seeing another one.

 Grammar Formula

Were / Had / Should	S……, S+조동사 과거+V……
	S+V-ed……, S+조동사 과거+have+V-ed……
	S+V……, S+명령문/현재/미래시제……

If it were not for N	……, S+조동사 과거+V(…이 없다면 ~할 텐데)

=Without[But for]+N

└▶ if를 생략하면 : Were it not for+N……

If it had not been for N	……, S+조동사 과거+have+V-ed(…이 없다면 ~할 텐데)

=Without[But for]+N

└▶ if를 생략하면 : Had it not been for+N……

[1-2] 같은 뜻이 되도록 빈칸에 알맞은 단어를 넣으시오.

1. If you saw her smile in person, you could not help loving her.

   = _____ her smile in person, you could not help loving her.

2. If it had not been for football, Orenthal would not have attended school.

   = _____ football, Orenthal would not have attended school.

2003년 수능

[3-4] 다음 글을 읽고 물음에 답하시오.

Through the train window, I ❶ could see crops ripening in the fields and trees turning red and yellow. If this journey had ❷ taken place a week earlier, all this ❸ would please my eyes. But now I could not enjoy it. Too many thoughts were running through my head. What ❹ had I done to Uncle Joe, the man who had raised me for twenty years? I felt ashamed for not having visited him for the last five years. I ❺ disappointed him, the man who loved me like a father. I wasn't happy with myself, knowing that last week he spent his sixtieth birthday alone.

3. 윗글에서 어법상 어색한 것을 찾아 고치시오.

   _____

4. 윗글에 나타난 필자의 심경으로 가장 적절한 것은?

   ❶ pleased ❷ lonely ❸ bored
   ❹ regretful ❺ terrified

   오답노트

5. 주어진 문장에서 의미가 다른 하나를 고르시오.

   ❶ Without your help, I couldn't have done this.
   ❷ But for your help, I couldn't have done this.
   ❸ If it had not been for your help, I couldn't have done this.
   ❹ Had it not been for your help, I couldn't have done this.
   ❺ With your help, I couldn't have done this.

   오답노트

6. 밑줄 친 가정법 구문을 직설법으로 고치시오.

   If Ji-sung Park did well again this season, he could get a better annual salary next year.

   → As Ji-sung Park doesn't do well again this season, _____
   _____.

   오답노트

7. 다음 빈칸에 공통으로 들어갈 단어로 알맞은 것은?

   · We could have eaten in the park _____ we had brought some food with us.
   · I danced my first piece and felt as _____ I were free from everything.
   · It looks as _____ it's going to snow.

   ❶ so ❷ though ❸ if
   ❹ or ❺ if only

   오답노트

170

1999년 수능

8. 다음 밑줄 친 부분 중 어법상 자연스럽지 못한 것을 2개 고르시오.

> It is often believed that the function of school is ❶ to produce knowledgeable people. If schools only provide knowledge, however, they ❷ may destroy creativity, producing ordinary people. We often ❸ hear stories of ordinary people who, if education ❹ focused on creativity, could have become great artists or scientists. Those victims of education ❺ should receive training to develop creative talents while in school. It really is a pity that they did not.

오답노트

9. 다음 빈칸에 들어갈 알맞은 말을 고르시오.

> She talks as if she _____ in London when she was a child.

❶ is ❷ was ❸ were
❹ had been ❺ has been

오답노트

10. 다음 문장을 가정법으로 바르게 고친 것은?

> I was sick yesterday, so I didn't go to class.

❶ If I hadn't been sick yesterday, I would have gone to class.
❷ If I were sick yesterday, I would have gone to class.
❸ If I hadn't been sick yesterday, I wouldn't have gone to class.
❹ If I weren't sick yesterday, I would go to class.
❺ If I had been sick yesterday, I wouldn't have gone to class.

오답노트

[11-13] 주어진 직설법 문장을 가정법 구문으로 바꾸어 다시 쓰시오.

11. Because Olivia never eats breakfast, she always overeats at lunch.

→ _____

_____

오답노트

12. I don't ride the bus to work every morning because it's always crowded.

→ _____

_____

오답노트

13. Jacob left his wallet at home this morning, and now he doesn't have any money for lunch.

→ _____

_____

오답노트

14. 다음 주어진 문장과 의미가 같은 것은?

> Lisa wouldn't be exhausted today if she had gotten some sleep last night.

❶ Lisa was exhausted today because she didn't get any sleep last night.

❷ Lisa had been exhausted today because she doesn't get any sleep last night.

❸ Lisa is exhausted today because she doesn't get any sleep last night.

❹ Lisa is exhausted today because she didn't get any sleep last night.

❺ Lisa wouldn't be exhausted today because she had gotten some sleep last night.

오답노트

2001년 수능
[15-16] 다음 글을 읽고 물음에 답하시오.

> When I was nine, Kathy was in my class. She was always clean, smart, and popular. I went to school mostly to see her. Every morning I ❶ brushed my hair. Every night I washed the only clothes I had. In winter I often got sick because in the morning I ❷ had to wear them, wet or dry. Everybody has a Kathy, a symbol of everything you want. ❸ When I played the drums in high school and when I broke race records in college, it was for Kathy. Now ❹ when I hear a cheer from the audience after I sing, I wish Kathy ❺ could have heard it, too.

15. 밑줄 친 부분 중 어법상 틀린 것을 찾아 고치시오.

_____

16. 윗글에서 Kathy에 대한 필자의 감정을 가장 잘 나타낸 것은?

❶ 회의   ❷ 질투   ❸ 동정
❹ 사랑   ❺ 미움

오답노트

17. 밑줄 친 문장을 바르게 고쳐 쓰시오.

> If Shakespeare were suddenly to appear in London today, he will be able to understand only half of the words that we use. At least 100,000 words of his days have dropped out and been replaced since his days.

→ _____

_____

_____

오답노트

2007년 수능
18. 주어진 문장과 같은 뜻이 되도록 빈칸을 완성하시오.

> Walking down the street, you may not even notice the trees, but, according to a new study, they do a lot more than give shade.

= _____, you may not even notice the trees, but, according to a new study, they do a lot more than give shade.

오답노트

172

출제의도 wish+가정법

평가내용 자신의 소망을 가정법으로 표현하기

A 아래의 표현을 참고하여 가장 하고 싶은 것을 "I wish ~" 표현을 이용하여 쓰시오. (반드시 주어진 표현으로 영작할 필요는 없음)

(논술형 유형 : 8점 / 난이도 : 중상)

1.

in Hawaii, in bed, on the beach

2.

strong, rich, beautiful

3.

good friend(s), an iPad, lots of money

4.

speak a language, sing, fly

1. Most of all, _____

_____

2. Secondly, _____

_____

3. Thirdly, _____

_____

4. Lastly, _____

_____

평가영역	채 점 기 준	배 점
유창성(Fluency) & 정확성(Accuracy)	표현이 올바르고 문법, 철자가 모두 정확한 경우	2 × 4 = 8점
	문법, 철자가 1개씩 틀린 경우	문항당 1점씩 감점
	내용과 일치하지 않는 답을 썼거나 답을 기재하지 못한 경우	0점

출제의도 if 가정법
평가내용 가정법으로 서술하기

B 주어진 상황을 읽고 〈보기〉와 같이 여러분이 할 일과 하지 말아야 할 일을 적은 후 이유를 쓰시오.

(논술형 유형 : 15점 / 난이도 : 상)

보기	If you saw someone stealing something in the supermarket, what would you do? Why? → *If I saw someone stealing something in the supermarket, I wouldn't report him or her to the manager because maybe he or she is poor and can't afford to buy them.*

1. If a car hit a pedestrian, the driver didn't stop and the pedestrian was left lying injured in the road, what would you do? Why?

→ _____

_____

_____

2. If a thief broke into your house at night and you were alone, what would you do? Why?

→ _____

_____

_____

3. If you found a smartphone in a taxi, what would you do? Why?

→ _____

_____

_____

평가영역	채 점 기 준	배 점
유창성(Fluency) & 정확성(Accuracy)	표현이 올바르고 문법, 철자가 모두 정확한 경우	5 × 3 = 15점
	문법, 철자가 1개씩 틀린 경우	문항당 1점씩 감점
	내용과 일치하지 않는 답을 썼거나 답을 기재하지 못한 경우	0점

2010년 수능

A 다음 글을 읽고 물음에 답하시오.

How can you create closeness when the two of you are hundreds of miles apart? How can you make the person you are talking to on the phone _____(A)_____ when you cannot pat their back or give them a little hug? The answer is simple. Just use your caller's name far more often than you would in person. In fact, shower your conversations with his or her name. Saying a person's name too often in face-to-face conversation sounds manipulative. However, on the phone the effect is dramatically different. If you heard someone say your name, even if you were being pushed around in a big noisy crowd, you _____(B)_____ and listen.

Words & Phrases

- ◆ closeness 친밀
- ◆ pat 가볍게 치다, 토닥거리다
- ◆ in person 직접 만나서
- ◆ shower 퍼붓다
- ◆ face-to-face 대면하여
- ◆ manipulative 교묘하게 다루는, 속임수의
- ◆ dramatically 극적으로
- ◆ push around 괴롭히다

Critical Thinking!

(A) 본동사인가? 준동사인가?
(B) 가정법의 시제를 바르게 일치시켰는가?

1. 빈칸 (A)와 (B)에 가장 적절한 것끼리 짝지은 것은? (3점)

	(A)	(B)
❶	feel special	would have paid attention
❷	to feel special	would pay attention
❸	to feel special	would have paid attention
❹	feel special	would pay attention
❺	felt special	would pay attention

2. "How can you create closeness when the two of you are hundreds of miles apart?"에 대한 구체적인 대답을 본문에서 찾아 우리말 30자 내외로 쓰시오.

(3점)

→ _____

_____

_____

오답노트

2009년 수능

A 다음 글을 읽고 물음에 답하시오.

Words & Phrases

◆ principle 원리
◆ angle 각도
◆ incorrect 부정확한
◆ perspective 원근법
◆ right angle 직각
◆ accurate 정확한
◆ criticism 비판
◆ critic 비평가

One of the main principles I follow when I ❶ draw outside is ⬚ ⬚. I try to stay away from houses or barns that have unusual angles of the roof, or objects that look incorrect in size, perspective, or design. If the subject ❷ is confusing when you look at it, it will be more confusing when you ❸ attempt to draw it. I know a beautiful barn where the corners are not at right angles. No matter how many times I have drawn it, the perspective does not look right. If I were to make an accurate drawing of this barn and put it in a show, I'm sure I ❹ would have gotten all kinds of criticism for my poor perspective. I would not be there to tell my critics that the barn ❺ is actually constructed this way. So, I stay away from subjects that do not look right to me.

Critical Thinking!

❶ 시제가 일치하는가?
❷ 조건절의 시제가 올바른가?
❸ 시제와 표현이 올바른가?
❹ 가정법 시제가 올바른가?
❺ 시제와 태가 바르게 사용되었는가?

1. 윗글의 밑줄 친 부분 중 어법상 틀린 것을 찾아 바르게 고치시오. (3점)

_____

2. 윗글의 빈칸에 들어갈 말로 가장 적절한 것은? (2점)

❶ not to select a subject that is too difficult or odd
❷ not to draw any objects that others have drawn
❸ to draw an object with imagination
❹ to get information from abstract subjects
❺ to convert inaccurate drawings into accurate ones

오답노트

Chapter 5. 일치 (Agreement)

Chapter 5

일치

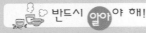

☕ 반드시 **알아**야 해!

명사가 단수냐 복수냐에 따라 동사, 형용사, 대명사의 일치가 결정된다.

주어와 동사의 일치에 관한 문제는 100% 출제된다.

상관접속사로 연결될 때 동사의 일치에 주의한다.

분수나 percent가 올 때 뒤에 있는 명사가 단서이다.

수능 기출

다음 괄호 안에서 어법에 맞는 표현을 고르시오.

1. The first true piece of sports equipment that man invented (were / was) the ball.

(2008년 수능)

2. The average life of a street tree surrounded by concrete and asphalt (is / are) seven to fifteen years. (2009년 모의)

[해석] 　1. 인간이 발명한 최초의 진정한 운동 기구는 공이었다.

　　　　2. 콘크리트와 아스팔트로 둘러싸인 가로수의 평균 수명은 7년에서 15년 정도 된다.

[해설] 　1. 주어를 수식하는 표현들을 제거하면, 주어 the first true piece는 단수임을 알 수 있다. 따라서 단수 동사 was를 써야 한다.

　　　　2. 해석상 핵심 주어는 the average life이므로 단수 동사 is를 써주어야 하고 단순한 사실을 나타내므로 현재형으로 쓴다.

정답　1. was　2. is

주어와 동사의 수 일치 (1)

point

Half of Korean people (likes / like) the soap opera.
한국인의 절반은 드라마를 좋아한다.
→ 부분을 나타내는 'half of'는 뒤에 오는 명사에 따라 수(number)가 달라지는데, Korean people 이 복수이므로 like를 써야 한다.

A 주어와 동사의 수 일치를 방해하는 장애물

① 주어의 수에 따라 동사가 일정한 형태를 취하는 것을 수의 일치라고 한다. 수의 일치에 있어서는 단수 주어는 단수형 동사, 복수 주어는 복수형 동사를 받는 것이 원칙이나, 경우에 따라서는 예외가 존재하므로 이에 주의해야 한다.

② 관계사, to부정사, 분사(V-ing, V-ed), 관계사 생략 그리고 동격어구가 주어 뒤에 있는 경우에는 주어와 동사가 멀리 떨어져 수 일치를 방해한다. 이런 표현들은 주어를 수식해 주는 역할만 할 뿐 직접적인 영향을 끼치지 않기 때문에 전체를 없는 것으로 간주하면 주어와 동사를 쉽게 구별할 수 있다.

The percentage of women who tend to choose a job based on 'past experience' **is** higher than that of men.
'과거 경력'에 근거해 직업을 선택하려는 경향이 있는 여성의 비율은 남성의 비율보다 높다.

At the beginning of the ice age, **the areas** human beings lived in **were** milder and more pleasant to live, since they were generally located near the equator.
빙하기가 시작될 때, 인간이 살았던 지역들은 일반적으로 적도 근처에 위치하고 있어서 생활하기에 쾌적하고 온화했다.

Yeast cells growing on a grape skin **obtain** energy from nutrient molecules originally processed within the grape leaves and stored within the fruit.
포도의 껍질에서 성장하는 효모 세포들은, 포도의 잎에서 생성되어 열매에 저장되는 영양 분자들로부터 에너지를 얻는다.

At close range, **the rapid opening** of the leaf fish's large jaws **enables** it to suck in the unfortunate individual very easily.
근거리에서 leaf fish는 큰 턱을 빠르게 벌려 그 불행한 먹이를 매우 쉽게 빨아들일 수 있다.

The fact that someone is interested enough to give help to poor villagers often **works** wonders.
누군가가 가난한 마을 사람들을 도울 정도로 충분히 관심을 갖고 있다는 사실이 기적을 일으킨다.

B 주의해야 할 수의 일치 장애물

① 주격 관계대명사 즉, 형용사절 안의 동사는 **선행사에 수를 일치시킨다.**

The company needs some **people** who **have** a vision of their future.
회사는 미래에 대한 안목을 가진 사람이 필요하다.

Someone who **reads** only newspapers and books by contemporary authors looks to me like a near-sighted person.
단지 신문과 현대의 저자들이 쓴 책을 읽는 사람은, 나에게는 근시안적인 사람처럼 보인다.

2 부정사, 동명사, 명사절이 주어로 쓰인 경우 이들 주어는 단수 취급하여 단수 동사를 쓴다.

To try to define and classify the things we find in the world **is** a human trait.
우리가 세상에서 발견하는 사물들을 정의하고 분류하려고 노력하는 것은 인간의 특성이다.

In ancient Egypt, **pitching** stones **was** children's favorite game, but a badly thrown rock could hurt a child.
고대 이집트에서는 돌을 던지는 것이 아이들이 좋아하는 놀이였지만, 잘못 던진 돌이 아이를 다치게 할 수 있었다.

That human beings can think **is** another matter. 인간이 생각할 수 있다는 것은 또 다른 문제이다.

Whether information coming and going is correct **is** one of the biggest challenges in the Internet world.
오고 가는 정보가 정확한지 아닌지는 인터넷 세상에서 가장 중요한 문제들 중의 하나이다.

3 'The number of+복수 명사'는 '그 수'라는 뜻으로, the number가 주어가 되어 단수 취급한다. 'A number of+복수 명사'에서 **a number of**는 **many**의 뜻으로 뒤에 오는 복수 명사를 수식해주는 형용사 역할을 한다. 따라서 주어가 복수 명사이므로 동사도 복수 동사를 쓴다.

The number of deaths by traffic accidents **is** increasing every year.
교통사고로 인한 사망자 수가 해마다 늘고 있다.

A number of citizens **are** gathering in front of City Hall.
많은 시민들이 시청 앞에 모여들고 있다.

4 부분을 나타내는 most of / some of / the rest of / half of / 분수 of / percent of / all of는 **of 뒤에 오는 명사에 따라 동사의 수를 일치시킨다.**

Most of the world **uses** the metric system of measurement.
대부분의 세계 지역에서는 측정 단위로 미터법을 사용한다.

Most of my friends **are** married and I'm flying solo. 제 친구들 대부분은 결혼했는데 전 아직 혼자입니다.

About 70% of the earth's surface **is** covered with water. 지구 표면의 약 70%가 물로 덮여 있다.

More than one-thirds of the Earth's land surface **is** covered with deserts.
지표면의 1/3 이상이 사막으로 덮여 있다.

Half of the teenagers in the U.S. **have** their own bedrooms. 미국의 10대들 중 절반이 자신의 방을 가지고 있다.

Challenge 1 다음 문장에서 어법상 알맞은 것을 고르시오.

01. Learning how to use your instincts as a guide in decision making (requires / require) efforts.

(2006년 수능)

02. People may disturb or anger us, but the fact that not everyone objects to their behavior (indicate / indicates) that the problem is probably ours. (2006년 수능)

03. Young writers visiting the National Library (are / is) brought to a special section where the rough drafts of famous authors are kept. (2006년 교평)

04. The information from both check-ups and tests (provide / provides) important insight into the patient's overall physical condition. (2005년 수능)

05. The world's oceans have risen, by the average of 6 inches over the past 100 years, which (have / has) been considered as evidence that global warming has had an effect.

06. Two-thirds of the surface of the planet (is / are) covered with water.

Challenge 2 주어진 우리말을 참고하여 빈칸에 알맞은 말을 쓰시오.

01. 새 사무실은 여기에서 멀리 사는 직원들에게는 매우 좋을 것이다.

→ The new office will be great for employees who _____ far from this one.

02. Andrew가 어린 시절부터 알아온 그의 친구가 시애틀로 이사한다.

→ Andrew's friend he has known since early childhood _____ moving to Seattle.

03. 바구니에 있는 사과 대부분이 빨간색이다.

→ Most of the apples in the basket _____ red.

04. 붉은 여우가 매우 지능적이냐 그렇지 않느냐는 해결되지 않은 문제이다.

→ Whether or not the red fox is especially intelligent _____ an open question.

Challenge 1   주어진 문장을 읽고 ( ) 안의 단어를 알맞은 형태로 쓰시오.

01. The tools for analyzing information _____ (was not) even available until the early 1990s.

02. A tiny dry-cleaning shop run by two old ladies _____ (be) near my house.

03. Taking a bath in water whose temperature ranges between 35℃ and 36℃ _____ (help) calm you down when you are feeling nervous.

04. The number of people who have visited these temples _____ (be) increasing.

05. One orange is enough for me. The rest of them _____ (be) yours.

06. The owner of the company, who has three cars, _____ (love) car racing.

Challenge 2   다음 ( ) 안의 단어를 이용하여 우리말과 같도록 빈칸을 채우시오.

01. 수많은 사고들이 휴대폰을 사용하던 운전자들에 의해 발생했다. (have occurred, accidents, a number of)
→ _____ by the drivers using the phones.

02. 교통사고로 인한 사망자 수가 해마다 증가하고 있다. (by traffic accidents, be, deaths, the number of)
→ _____ increasing every year.

03. 성격이 외향적인 사람들은 회사를 일하기 즐거운 곳으로 만든다. (the office, to work, a fun place, make)
→ Those people whose personality is outgoing _____ .

04. 브라운 고등학교 졸업생의 80% 정도가 좋은 대학으로 진학한다. (a good university, go, to)
→ About eighty percent of Brown High School graduates _____ .

05. 국유림에 속한 우리 산림 지역의 20%는 보호되어 있지만, 이것이 가치 있는 삼림지를 포함하지는 않는다. (in national forests, be reserved)
→ About 20% of our forested territory _____ , but this does not include the most valuable timberlands.

출제 100%

01 주어와 동사가 멀리 떨어질 때를 조심하라!

출제자의 눈 주어 뒤에 수식하는 말이 있으면 주어와 동사가 멀리 떨어지게 된다. 이를 노리고 주어를 찾아 동사의 수를 일치시키는 어법 문제가 출제된다. 주어를 수식하는 표현은 관계사, to부정사, 분사, 전치사구 그리고 동격의 절이나 구이다. 형용사처럼 앞의 주어(명사)를 수식하는 표현들은 수의 일치에 아무런 영향을 끼치지 않으므로 없는 것으로 보고 주어와 동사의 수 일치를 점검하면 된다. 수 일치를 점검할 때 능동태와 수동태도 함께 점검하는 습관을 들여야 한다.

Check Up

밑줄 친 부분 중 어법상 틀린 것을 고르시오.

Over the years various systems of grading coins ❶ <u>have been developed</u> by antique coin specialists. In America a numerical system based on a scale of 1 to 70 ❷ <u>have been introduced</u>, in which 1 is the lowest grade possible and 70 is perfect. The European grades, verbal descriptions, correspond roughly to every ten of the American grades. Thus, the European grade 'good' ❸ <u>corresponds</u> to 20 of the American system, 'fine' to 30, 'very fine' to 40, 'extremely fine' to 50, ❹ <u>and</u> 'almost perfect' to 60. Until recently, numerical grading ❺ <u>has been applied</u> only to American coins, but the intention is that eventually these numbers will be used for all types of coins from all over the world. (2008년 수능)

 핵심 Grammar Formula

| S(주어) | 관계사절
분사(V-ing, V-ed)
to V……
전치사+N
동격의 that절, 동격 어구 | V(동사) |

→ 수일치

출제 100%

02 **주격 관계사절 내의 동사는 선행사에 수를 일치시킨다!**

출제자의 눈 주격 관계대명사(who, which, that)는 말 그대로 주어 자격이 있다. 따라서 관계사절 내 동사의 주어는 관계대명사 앞에 있는 선행사(명사)와 같음을 알 수 있다. 'a number of'는 many와 같은 형용사로, 뒤에 나오는 복수 명사를 수식하므로 동사도 복수형을 쓴다. 'The number of'는 '~의 그 수'란 의미로, 주어로 쓰인다. '그 수(the number)'는 단수의 개념이므로 본동사의 수를 단수 동사로 일치시킨다.

Check Up

다음 괄호 안에서 어법에 맞는 표현을 고르시오.

1. Some people see a gift of money as a sign of a gift-giver who (are / is) lazy to go out and find a proper gift.

2. A large number of goods and animals (were / was) stored in temple warehouses, for the religious establishment was a large landowner.

핵심 Grammar Formula

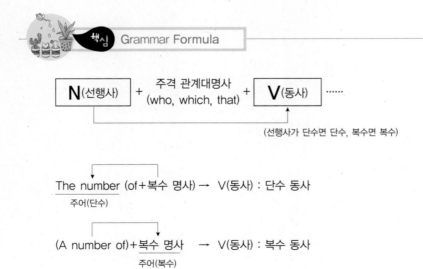

출제 100%

03 부분을 나타내는 말은 of 뒤에 오는 명사에 수를 일치시킨다!

출제자의 눈 부분을 나타내는 표현(some of, most of, all of, the rest of, half of, 분수 of, percent of 등)은 뒤에 쓰인 명사에 수를 일치시킨다. 즉, of 뒤에 오는 명사가 단수면 단수 동사, 복수면 복수 동사로 일치시켜 주어야 하는데, 이를 틀리게 해놓은 어법 문제가 출제된다.

Check Up

다음 괄호 안에서 어법에 맞는 표현을 고르시오.

1. 30 percent of the onion (was / were) used for appetizer.

2. One forth of the students (is / are) going to Seoul National University.

 핵심 Grammar Formula

some of 「약간의」
most of 「대부분의」
the rest of 「나머지의」
half of 「반의」   **N**(복수) → 복수 동사
percent of 「~%의」   +
all of   **N**(단수) → 단수 동사
분수 of

※ 분수는 기수-서수(S) 형태로 쓴다.

주어와 동사의 수 일치 (ㄹ)

point

Not only eating right but also exercising regularly (is / are) important to good health.

올바르게 먹는 것뿐만 아니라 규칙적으로 운동하는 것이 건강에 중요하다.
→ 주어가 상관접속사로 연결된 경우 but also 뒤에 있는 명사에 수를 일치시킨다. 따라서 주어는 단수 (exercising)이므로 동사도 단수 동사인 is를 쓴다.

A 주어가 접속사로 연결된 경우

1 명사가 and로 연결되거나 both A and B로 연결되어 주어 역할을 할 때는 복수 취급하여 **복수 동사를 쓴다.**
단, or로 연결되면 마지막 주어에 수를 일치시킨다.

My boyfriend **and** I **are** going to the concert. 내 남자 친구와 나는 콘서트에 갈 것이다.

I doubt that we **or** our teacher **is** going to solve the problem.
나는 우리 또는 우리 선생님이 그 문제를 해결할지 의심스럽다.

Both coffee **and** tea **have** long and historic pasts. 커피와 차 모두 길고 역사적인 과거를 가지고 있다.

※ and로 연결되더라도 하나의 사람 또는 사물을 나타낼 때는 단수 동사를 쓴다.

The poet and novelist **is** present. 시인이자 소설가인 그 사람이 참석하고 있다. ▶ 한 명

The poet and the novelist **are** present. 그 시인과 그 소설가가 참석하고 있다. ▶ 두 명

Bread and butter **is** nutritious. 버터 바른 빵은 영양이 풍부하다.

2 주어진 표현은 **동사와 가까운 것에 동사의 수를 일치시킨다.** 즉 모두 B에 일치시킨다.

A or B	not only A but (also) **B** = **B** as well as A	
either A or **B**	neither A nor **B**	not A but **B**

Not only you but he **is** responsible for the delay of the project.
= He as well as you **is** responsible for the delay of the project.
너뿐만 아니라 그 역시 프로젝트 지연에 책임이 있다.

Either you or she **has** to go there. 당신 아니면 그녀 둘 중 한 사람이 거기에 가야 한다.

Remember, however, that neither 'legal authority' nor 'magical power' **is** stated in either sentence.
그러나 어느 문장에서도 '법적인 권한' 또는 '마술적인 힘'이 언급되지 않았음을 기억하라.

Not Ashley but I **am** going to Singapore to study. Ashley가 아니라 내가 공부하러 싱가포르에 간다.

기타 알아두어야 할 수의 일치

1 all+주어는 복수 동사로, each, every, -thing, -one, -body 등은 단수 동사로 일치시킨다.

All the Americans that I know **like** hamburgers. 내가 아는 모든 미국인들은 햄버거를 좋아한다.

Each of the new students **is** studying for the test. 새로 온 그 학생들은 각각 시험 준비를 위하여 공부하고 있는 중이다.

Everybody **wants** to meet the movie star. 모든 사람들이 그 영화배우를 만나고 싶어 한다.

Every child **is** wearing a school uniform. 모든 아이들이 교복을 입고 있다.

2 economics(경제학), mathematics(수학), physics(물리학), linguistics(언어학), ethics(윤리학), fine arts(미술) 등의 **학문 분야는 -ics와 같이 복수 명사처럼 보이지만 단수 취급하여 단수 동사**를 쓴다.

Mathematics **is** her weak point. 수학은 그녀의 취약점이다.

Linguistics **has** developed as a science since 1940. 언어학은 1940년 이후로 하나의 학문으로 발전했다.

3 시간, 돈, 거리, 무게 그리고 양을 나타내는 명사는 복수형이라 하더라도 하나의 단위로 생각하기 때문에 **단수 취급**한다.

Ten miles **is** a very long distance to walk. 10마일은 걷기에는 매우 긴 거리이다.

Twenty dollars **is** not enough for me to spend on a date with my girlfriend.
20달러는 내 여자 친구와 데이트 하는 데 쓰기에는 충분하지 않다.

4 the+형용사/분사는 '~한 사람들'의 의미로 복수 취급한다.

The rich **are** getting richer and the poor **are** getting poorer.
부자들은 더 부유해지고 가난한 사람들은 더 가난해지고 있다.

The injured **were taken** to the hospital for treatment. 부상자들은 치료를 위해 병원으로 옮겨졌다.

Challenge 1   다음 문장에서 어법상 알맞은 것을 고르시오.

01. Not only does the 'leaf fish' look like a leaf, but it also (imitates / imitate) the movement of a drifting leaf underwater. (2007년 수능)

02. In this new world, both differences and similarities in culture (determines / determine) partners and enemies.

03. Neither Russia nor the United States (have / has) been able to discover a mutually satisfactory plan for gradual disarmament.

04. Every product we buy (has / have) an effect on the environment. (2000년 수능)

05. Each role of yours (make / makes) demands on you, and you may be asked to play two or more roles at the same time. (2001년 수능)

Challenge 2   다음 문장에서 어법상 알맞은 것을 고르시오.

01. Neither the teacher nor the student (is / are) here.

02. Neither the students nor the teacher (know / knows) the answer.

03. Neither the teacher nor the students (know / knows) the answer.

04. Both John and Bob (like / likes) to go cross-country skiing.

05. Either Jack or Kathy (have / has) the information you need.

06. The homeless (need / needs) more help from the government.

07. Twenty thousand dollars (were / was) stolen in the robbery.

08. Gymnastics (are / is) my favorite sport.

Challenge 1 ( ) 안의 단어를 알맞은 형태로 고쳐 빈칸을 채우시오.

01. Physics _____ (be) my best subject in school.

02. Three days _____ (not be) long enough for a good vacation.

03. Neither my parents nor my brother _____ (agree) with my decision.

04. I don't like very hot weather. Ninety degrees _____ (be) too hot for me.

05. Each of the students _____ (be) ready for the exam.

06. The students as well as the teacher _____ (know) the secret.

Challenge 2 주어진 형용사를 문맥에 맞게 고쳐 쓰시오.

01. Olivia has been a nurse all her life. She has spent her life caring for _____ . (sick)

02. In Korea there is an old story about a man called Hong Kil-Dong. It is said that he took money from _____ (rich) and gave it to _____ . (poor)

03. Ambulances arrived at the scene of the accident and took _____ (injured) to the hospital for treatment.

04. Life is all right if you have a job, but things are not so easy for _____ . (unemployed)

01 주어가 접속사로 연결되는 경우에는 수 일치에 조심하자.

출제자의 눈 주어가 「A and B」 또는 「both A and B」로 연결될 경우 복수임을 알 수 있다. 따라서 동사도 복수 형태를 가진다. 하지만 or, either, neither, not, not only로 연결될 경우 동사와 가까이에 있는 명사(주어)에 수를 일치시킨다. 특히 시간, 돈, 거리와 학문 분야는 명사 끝이 -s로 끝나더라도 반드시 단수 명사로 보고 단수 동사를 써야 한다. each와 every 뒤의 명사도 단수, 동사도 단수를 써야 한다.

Check Up

밑줄 친 부분 중 어법상 틀린 것을 고르시오.

1. Every ❶ change in business applications ❷ has global impact and a high cost. In Colonial America, ❸ families were usually large, and every boy and ❹ girl ❺ were put to work at an early age.

다음 괄호 안에서 어법에 맞는 표현을 고르시오.

2. Twenty dollars (is / are) an unreasonable price for the necklace.

3. Either Mr. Anderson or Ms. Wiggins (is / are) going to teach our class today.

핵심 Grammar Formula

A or B 「A 또는 B」
not A but B 「A가 아니라 B」
either A or B 「A나 B 둘 중 하나」
neither A nor B 「A, B 둘 다 아닌」
not only A but also B 「A뿐만 아니라 B도」
＝B as well as A

+ **V**(모두 B에 일치)

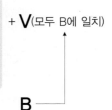

B

대명사 일치

point

It is now the capital of Korea and the center of (its / it's) government, economy and culture.

그곳은 현재 한국의 수도이자 행정, 경제, 문화의 중심지이다.

→ '그 나라(한국)의 행정, 경제, 문화의 중심지'를 의미하므로 소유격 its를 써야 한다.

A 대명사의 일치

1 대명사가 지칭하는 말이 **단수면 단수 대명사(it/its/that)를 쓰고, 복수면 복수 대명사(they/them/those)를** 쓴다.

Within 15 minutes of drinking a glass of water, most of **it** has already left the stomach.
물 한 잔을 마시면 15분이 채 지나지 않아, 대부분의 물은 위장을 이미 떠난다.

Many people make decisions based on **their** emotions. 많은 사람들이 그들의 감정을 토대로 의사결정을 한다.

2 **주어가 행동을 자신에게 할 경우** 즉, 목적어가 주어와 동일한 대상인 경우 이를 재귀목적어라 하고 타동사 뒤에 -self 형태로 표현한다.

We saw **ourselves** in the mirror. 우리는 거울 속의 우리 자신을 보았다.

I'm sure he knows about the problem. He **himself** spoke to me about it.
나는 그가 그 문제에 대해 안다고 확신한다. 그 자신이 직접 그것에 대해 내게 말했다.

You seem sick and tired. You should take care of **yourself**. 너는 아프고 피곤해 보여. 건강 조심해야 해.

3 앞에서 언급된 명사와 **같은 종류임을 나타낼 때** one(s)를 쓰고, it이나 they는 동일한 개체나 사람을 대신할 때 쓴다. that과 those 뒤에 수식어가 있는 경우에는 앞서 나온 단수 명사는 that, 복수 명사는 those를 이용하여 명사의 반복을 피한다.

I like this job more than the old **one**. 나는 예전의 일보다 이 일이 더 좋다.
        =the old job

I like this job because **it** is challenging. 나는 이 일이 도전적이어서 마음에 든다.
       =this job

These pants are nicer than the other **ones**. 이 바지는 다른 바지보다 더 멋지다.
       =the other pants

She lost her watch and must buy **one**. 그녀는 시계를 잃어버려서 하나를 사야 한다.
       =her watch

These new items are much better than **those** we expected. 이 새 물품들은 우리가 기대했던 것보다 훨씬 좋다.
       =items

The climate in Singapore was similar to **that** of his native country.
       =the climate

싱가포르의 날씨는 그의 모국의 날씨와 비슷했다.

④ 주의해야 할 대명사의 격에는 its와 it'가 있다. **its**는 '**그것의**'라는 소유격이고, **it's**는 **it is**의 줄임말이다. 전치사 뒤의 대명사는 전치사의 목적어 역할을 하므로 목적격을 쓰고, 비교 문장에서는 비교의 대상을 같게 하기 위해 소유대명사를 자주 사용한다.

The government decided to change **its** tax system. 정부는 세금 제도를 바꾸기로 결정했다.
　　　　　　　　　　　　　　=the government's

I lost touch with **her** about five years ago. 나는 대략 5년 전에 그녀와 연락이 끊겼다.

Her character is similar to **mine** in many ways. 그녀의 성격은 여러 면에서 나와 비슷하다.
　　　　　　　　　=my character

⑤ most vs. almost

1) 대명사 : **most of the** books, **most of my** books, **most of** them　▶ of 뒤에 정관사 또는 소유격을 써야 함.

2) 형용사 : **most tourists** (○) / **most all the** tourists (×) / **most his** tourists (×)

　　▶ a, the, 소유격, all, every와 함께 쓰지 못함.

3) 부사 : the **most** beautiful　▶ '가장'이라는 의미

　　a **most** beautiful　▶ '매우'라는 의미

4) **almost**는 **부사**여서 명사 앞에 바로 쓰지 못하고 형용사나 부사 앞에만 쓰인다.

　　almost all the magazines (○) / almost magazines (×)

She spent **most of the** time playing the computer game. 그녀는 대부분의 시간을 컴퓨터 게임을 하는 데 보냈다.

Almost all of the people didn't enjoy the party. 거의 모든 사람들이 그 파티를 즐기지 못했다.

⑥ **another**는 단수 명사를 수식하는 형용사나 대명사로 쓰이고, **other**는 복수 명사를 수식하는 형용사나 대명사로 쓰인다. other의 복수형은 others이다.

You look like you're in **another** world. 딴 세상에 있는 사람 같아요.

These biscuits are really nice. Can I have **another**? 이 비스킷은 정말 맛있다. 하나 더 먹어도 되니?

She tried to dominate **other** people. 그녀는 다른 사람들을 지배하려고 했다.

There are a lot of flowers. Some are white and **others** are yellow.
꽃들이 많이 있다. 몇몇은 하얀색이고, 다른 것들은 노란색이다.

⑦ 두 개가 있을 경우에는 one, the other를 쓰고 세 개가 있을 경우에는 one, another, the other[the third]를 쓴다. 세 개 이상이 있을 경우에는 one, the others(나머지들)로 쓴다.

I have two pencils. **One** is for you, Bob. **The other** is for you, Jason.
나는 두 개의 연필이 있어. 하나는 Bob 네 것이야. 다른 하나는 Jason 네 것이야.

I have three brothers. **One** lives in Busan and **the others** live in Seoul.
나는 세 명의 형이 있다. 한 명은 부산에 살고 나머지 두 명은 서울에 산다.

Challenge 1 다음 문장에서 어법상 알맞은 것을 고르시오.

01. There are two countries I want to visit. One is France, and (the other / others) is Italy.

02. My computer broke down, so I bought a new (it / one) this week.

03. For example, your language use affects your teachers' attitudes toward you. (It / They) also affects your friends' understanding of you and their feelings toward you. (2001년 수능)

04. I promised (me / myself) that someday when I grew up and made my own money, I would do the same thing for other people. (2003년 수능)

05. Right after his brother took his hands off the bike, he could not balance (him / himself) and fell.
(2002년 수능)

06. Paying his tuition and renting a locker took (most / almost) all the money he had saved from his summer job.

07. Persons over age 75 are significantly higher users of hospital services than (those / that) of under 75.

08. There are many people : some are Korean and (the others / others) are American.

Challenge 2 빈칸에 it, one(s) 또는 알맞은 재귀대명사를 쓰시오.

01. We'd never met before, so we introduced _____ to each other.

02. I wasn't expecting them to come. _____ was a complete surprise.

03. I don't like these oranges. I prefer the _____ we bought yesterday.

04. "Do you have a cell phone?" "Yes, I have _____."

Challenge 1 빈칸에 another, others, the other 중 알맞은 것을 쓰시오.

01. I have a blue pen, but I seem to have lost it. I guess I'd better buy _____ one.

02. Some people are lazy. _____ are energetic. Most people are a mixture of both.

03. I got three letters. One was from my sister. _____ one was from my mother.
_____ letter was from my boyfriend.

04. Look at your legs. One is your right leg. _____ is your left leg.

05. I invited five people to my party. Of those five people, only Olivia and Steve can come.
_____ people can't come.

Challenge 2 밑줄 친 it이 가리키는 것을 본문에서 찾아 쓰시오.

As the knowledge of people advanced, it was made clear that what plants need is not soil itself but the moisture in it. The roots of plants absorb the moisture together with minerals that are contained in it.

→ _____

Challenge 3 빈칸에 that, those, most, almost 중 알맞은 것을 쓰시오.

01. The legs of a giraffe are longer than _____ of an elephant.

02. _____ materials contract when they freeze, but water expands.

03. _____ instruments that produce music can be grouped into three major classes : stringed, wind, and percussion.

04. It is _____ an anachronism to use a typewriter these days.

05. Plastic packaging waste has an energy content that approaches _____ of diesel fuel.

01 대명사가 지칭하는 말이 단수인지 복수인지를 구별하라!

출제자의 눈 대명사가 지칭하는 말이 단수냐 복수냐에 따라 알맞은 대명사, 또는 재귀대명사를 고르는 문제가 출제되는데 특히 대명사의 격은 반드시 따져 보아야 한다. 또한 소유격이나 소유대명사를 주로 혼동시키는 문제도 출제된다. 뒤에 수식어구가 붙는 경우 앞에 나온 명사의 반복을 피하기 위해 단수는 that, 복수는 those를 쓰는데 앞에 나온 명사의 단, 복수를 구별하여 선택하여야 한다.

Check Up

밑줄 친 부분 중 어법상 틀린 것을 고르시오.

Poetry moves us to sympathize with the emotions of the poet ❶ <u>himself</u> or with ❷ <u>that</u> of the persons ❸ <u>whom</u> his imagination has created. We witness their struggles, triumphs and failures. We feel their loves and losses, ❹ <u>their</u> joys and sorrows, hopes and fears, somewhat as if they were our own. Though we sometimes suffer along with their anxieties and sorrows, we receive a pleasure from the experience. Poetry provides us with what is missing in our own lives — the experience of imaginative pleasure. That is ❺ <u>why we appreciate poetry in everyday life</u>. (2002년 수능)

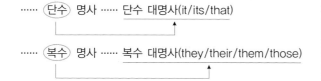 Grammar Formula

····· 단수 명사 ····· 단수 대명사(it/its/that)

····· 복수 명사 ····· 복수 대명사(they/their/them/those)

– one(s) : 막연한 것
– it : 특정한 것
– that(단수) / those(복수) ※출제빈도 높음
– one / ones만 수식어가 앞에 붙을 수 있음

1. 주어가 행위를 S(주어) 자신에게 할 경우

   S+V+S-self : 행위가 주어 스스로에게 돌아가는 경우 목적어 자리에 재귀대명사를 쓴다.

2. 주어나 목적어 강조

   강조하고자 하는 말 바로 뒤나, 문장 맨 뒤에 재귀대명사를 쓸 수 있다. 이 경우 재귀대명사는 생략 가능하다.

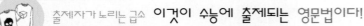

02 most와 almost, another와 other를 구별하라!

출제자의 눈 most가 대명사로 쓰일 때는 뒤에 of the, of my, of them 등이 수식하고, 형용사로 쓰일 때는 'most+명사' 형태로 쓴다. 이때는 a, the, 소유격, all, every 등과 같이 쓰지 못한다. almost는 부사여서 명사 앞에 바로 쓰지 못하고 형용사나 부사 앞에만 쓴다. one, another, the other, 또는 some과 others가 함께 쓰일 때 others를 정답으로 고르는 문제가 자주 출제된다. 정해진 명사를 나타낼 때는 앞에 정관사 the를 붙인다.

Check Up

다음 괄호 안에서 어법에 맞는 표현을 고르시오.

1. One of the most important invention in the history of the world was the printing press. Another was the electric light. (The others / Others) were the telephone, the television, and the computer.

2. Arctic terns fly through all types of weather, using the sun and stars to help them. They spend (almost / most) of their life in the air. (2004년 교평)

핵심 Grammar Formula

'대부분의 사람들'(무조건 암기해 두자!)

most of the people (O)　　most of people (×)

most people (O)　　most the people (×)

almost all the people (O)　　almost people (×)

another+단수 명사

other+복수 명사

두 개가 있을 경우 one / the other

세 개가 있을 경우 one / another / the other[the third]

셋 이상 있을 경우 one / others

정해진 셋 이상이 있을 경우 one / the others

정해지지 않은 많은 수가 있을 경우 some / others

시제 일치

p●int

We learned that light (traveled / travels) faster than sound in the air.

우리는 공기 중에서 빛이 소리보다 더 빠르다는 것을 배웠다.

→ 불변의 진리를 나타낼 때는 주절이 과거라 하더라도 종속절에는 현재시제를 쓴다. 따라서 답은 현재 시제인 travels이다.

A 시제 일치

시제의 일치란 주절의 동사와 종속절의 동사의 시제를 서로 일치시키는 것을 말한다.

주절의 시제		종속절의 시제
현재, 현재완료, 미래	→	모든 시제 가능
과거, 과거완료	→	과거, 과거완료

1 주절의 동사가 현재면, **종속절의 동사에는 모든 시제가 올 수 있다.**

Olivia **says** that she **is** proud of her father. Olivia는 그녀의 아버지가 자랑스럽다고 한다.

Olivia **says** that she **was** proud of her father. Olivia는 그녀의 아버지가 자랑스러웠다고 한다.

Olivia **says** that she **will** be proud of her father. Olivia는 그녀의 아버지가 자랑스러울 것이라고 한다.

2 주절의 시제가 과거면 **종속절의 동사에는 과거 또는 과거완료시제**를 쓰고, 조동사를 쓸 경우에는 조동사의 과거 형을 써야 한다.

I **thought** that she **had been** busy. 나는 그녀가 (그 전까지) 바빴었다고 생각했다.

=I **thought** that she **was** busy. 나는 그녀가 바빴다고 생각했다.

▶ 주절의 시제보다 앞서 있다는 것이 명백할 경우 그냥 과거시제를 쓰기도 한다.

I **thought** that she **would** be busy. 나는 그녀가 바쁠 거라고 생각했다.

He **had explained** to us that it **was** important. 그는 그것이 중요했다고 설명했다.

Lucy **studied** all night so that she **might** get the highest grade in her class.
Lucy는 반에서 최고 점수를 받을 수 있도록 밤새 공부했다.

They **were told** that she **had gone** to jail. 그들은 그녀가 감옥에 갔었다고 들었다.

B 시제 일치의 예외

1 불변의 진리, (현재의) 습관, 과학(일반)적 사실 및 성질은 항상 현재시제를 사용한다.

The teacher **taught** that water **boils** at 100 degrees Celsius. 선생님은 물이 100℃에서 끓는다고 가르쳤다.

We **knew** that he **is** young and **works** very hard. 우리는 그가 젊고 매우 열심히 일하는 사람이라는 사실을 알았다.

In those days most people **didn't realize** that natural resources **are** limited.
그 당시 대부분의 사람들은 천연자원이 한정되어 있다는 것을 깨닫지 못했다.

The teacher **said** to me that the earth **rotates** in one direction on its axis.
선생님께서 내게 지구가 축을 중심으로 한 방향으로 회전한다고 말씀하셨다.

2 **역사적인 사실은 항상 과거시제를 쓴다.**

My teacher **told** us that Gustave Eiffel **designed** the Eiffel Tower.
선생님께서 우리에게 Gustave Eiffel이 에펠탑을 디자인했다고 말씀하셨다.

She **knew** that the second World War **ended** in 1945. 그녀는 2차 세계대전이 1945년에 끝난 것을 알고 있었다.

3 **시간상의 내용이 비교될 때 비교 구문은 시제를 일치시킬 수 없다.**

It was obvious that the team **did** not play as well today as they usually **do**.
오늘 그 팀은 평소에 하던 것처럼 그렇게 잘하지 못한 것이 분명했다.

It **is** colder this winter than it **was** last year. 이번 겨울이 작년보다 더 춥다.

Korea **was** a much poorer country 100 years ago than it **is** now.
한국은 지금보다 100년 전에 훨씬 더 가난한 나라였다.

4 미래를 나타내는 **시간이나 조건의 부사절 안의 동사는 현재시제로 미래를 나타내고, 가정법에서 현재의 가능성이 현저히 떨어질 경우 과거, 과거완료형을 쓴다.**

If it **snows** heavily today, there will be no school. 만약 오늘 폭설이 오면 학교가 휴교할 것이다.

I'll send you an e-mail **if** I **have** some free time tomorrow. 만약 내일 자유 시간이 생기면 네게 이메일을 보낼 거야.

We don't know the value of health **until** we **lose** it. 우리는 건강을 잃을 때까지 그것의 가치를 알지 못한다.

She **looks** as if she **had** just **come** out of a fashion show. 그녀는 마치 방금 패션쇼에서 나온 것처럼 보인다.

Nancy **says** that if she **were** single, she **would** marry Hyun Bin.
Nancy는 만약 자기가 미혼이라면 현빈과 결혼할 것이라고 말한다.

Challenge 1　주절의 시제를 과거로 바꿀 때 빈칸에 알맞은 시제를 써 넣으시오.

01. I think that she studies hard.

→ I thought that she _____ hard.

02. I think that she is studying hard.

→ I thought that she _____ hard.

03. I think that she has studied hard.

→ I thought that she _____ hard.

04. I think that she will study hard.

→ I thought that she _____ hard.

Challenge 2　( ) 안의 주어진 동사를 알맞은 시제로 고쳐 쓰시오.

01. Our ancestor didn't know that the earth _____ (revolve) around the sun.

02. The teacher said World War II _____ (break out) in 1939.

03. My father always told me that honesty _____ (be) the best policy.

04. I will give him a hug when he _____ (come) back home.

05. We learned that Caesar _____ (be) the first Roman emperor.

Challenge 3　주어진 ( ) 안의 단어를 이용하여 빈칸을 영작하시오.

01. 매일 아침 5시에 운동하기 위하여 일어난다고 그녀는 어제 말했다. (she / get up at 5 / every morning / to exercise)

→ She said yesterday that she _____.

02. 1991년에 걸프 전쟁이 일어난 사실을 우리는 몰랐다. (the Gulf War / break out / in 1991)

→ We didn't know that _____.

03. 과학자들은 바닷물이 달의 움직임에 따라 높아지거나 낮아진다는 사실을 발견했다. (of the moon / rise and fall / with movement)

→ Scientists found that the ocean tides _____.

point

She has improved her English by reading a lot and (watched / watching) CNN news every day.

그녀는 많이 읽고 CNN 뉴스를 매일 시청함으로써 영어를 향상시켰다.

→ 병렬 구조로 by의 목적어로 쓰인 동명사가 와야 한다. 따라서 watching을 쓴다.

A 동일 성분의 병렬 구조

병렬 구조란 문장에서 대등한 요소들이 나열되는 것을 말하는데 품사를 통일하여 배열해야 한다.

1 등위접속사가 두 개의 단어나 구를 연결하는 경우에는 명사는 명사, 동사는 동사, 형용사는 형용사, 부사는 부사 그리고 준동사는 준동사로 통일하여 쓴다.

Ashley and **his friend** are coming to dinner. Ashley와 그의 친구가 저녁 식사에 오고 있다.

She **arrives** at seven and **leaves** at nine. 그녀는 7시에 도착해서 9시에 떠난다.

These shoes are **old** but **comfortable**. 이 신발은 오래됐지만 편하다.

He walked **quickly** and **confidently** to the platform. 그는 플랫폼으로 재빨리 자신있게 걸었다.

To love and **to be loved** is the important thing for human beings.
사랑하는 것과 사랑받는 것은 인간에게 가장 중요한 것이다.

Figure out **where to go** and **whom to ask** to get the information.
정보를 얻기 위해 어디로 가서, 누구에게 물어봐야 할지를 생각해 봐.

We enjoyed **swimming** and **diving** at the summer resort. 우리는 여름 휴양지에서 수영과 다이빙을 즐겼다.

2 상관접속사로 나열되는 경우에도, 문법적 구조나 형식이 동일한 구조를 이루어야 한다.

She succeeded both **as a novelist** and **as a playwright**. 그녀는 소설가로도 그리고 극작가로도 성공했다.

Olivia is not only **pretty** but also **smart**. Olivia는 예쁠 뿐만 아니라 총명하기도 하다.

Either **you** or **I** will have to do the cooking. 당신이나 내가 요리를 해야 할 것이다.

Nancy neither **drinks** nor **smokes**. Nancy는 술도 마시지 않고 담배도 피우지 않는다.

Mr. Burns is not so much **a teacher** as **a scholar**. Burns 씨는 교사라기보다는 학자이다.

This policy is not **to help** the employers but **to provide** work for the newly employed.
이 정책은 고용주들을 돕기 위한 것이 아니라 새로 고용된 사람들에게 일을 제공하기 위한 것이다.

3 셋 이상의 단어나 구, 준동사가 연결될 때에도 문법적 구조나 형식이 동일한 구조를 이루어야 한다. 단, 부정사는 병렬 구조에서 반복되는 to를 생략하는 것이 일반적이다.

He was **a good student**, **a championship athlete**, and **a loyal friend**.
그는 훌륭한 학생이자 선수권 대회의 우승 선수이며, 믿을 만한 친구이다.

My parents made me **go** back to college, **study** hard, and **attain** my master's degree.
부모님은 내가 대학에 다시 가서 열심히 공부하고 석사학위를 취득하도록 했다.

I like **to walk**, **(to) surf** the Internet, and **(to) sightsee** in my free time.
나는 여가 시간에 걷기와 인터넷 서핑, 관광하기를 좋아한다.

His chores are **washing the dishes, cleaning the bathroom** and **watering the flowers.**
그의 가사일은 설거지하기, 목욕탕 청소하기 그리고 꽃에 물 주기이다.

We did the work **perfectly, accurately** and **wonderfully.** 우리는 그 일을 완벽하고, 정교하며 멋지게 했다.

4 절 병렬 구조

She got married to him not because **she loved him** but because **he was rich.**
그녀는 그를 사랑했기 때문에 결혼한 것이 아니라 그가 부자였기 때문에 결혼했다.

He explained **how the computer worked** and **how much it cost.**
그는 컴퓨터 작동법과 가격을 설명했다.

5 비교구문에서 두 개 이상의 단어, 구, 절이 비교될 때, 나열되는 내용은 문법 범주가 서로 같아야 한다.

I can't run as fast as **he can** (run fast). 나는 그만큼 빨리 달리지 못한다.

Riding a bicycle is similar to **driving a car.** 자전거를 타는 것은 운전하는 것과 유사하다.

He prefers **watching TV** to **reading books.** 그는 책 읽는 것보다 TV 보는 것을 더 좋아한다.

Using a mobile phone while driving can be more dangerous than **being drunk** behind the wheel.
운전 중에 휴대폰을 사용하는 것은 음주 운전보다 더 위험할 수 있다.

Challenge 1 다음 문장에서 어법상 알맞은 것을 고르시오.

01. Now the tools of the digital age give us a way to easily get, share, and (act / acting) on information in new ways. (2003년 수능)

02. One can no more meaningfully speak of an "American economy" than (of a "California economy" / "California economy"). (1997년 수능)

03. All we really need to know about how to live and (what to do / what we should do), we learned in kindergarten. (1994년 수능)

04. It is a primary source of involvement, offering a way for the young child to approach a book, to visualize, and (revisiting / to revisit) the story. (2005년 모의)

05. The secret lies not in finding smart ways to do more, but (how we manage / in how we manage) the relationship between the things we have to do and the time available to do them in. (1994년 수능)

Challenge 2 주어진 문장을 읽고 병렬 구조로 쓰인 단어를 쓰시오.

| 보기 | These apples are fresh and sweet. | → _____fresh_____ / _____sweet_____ |

01. I washed and dried the apples.　　　　　　　　→ _____ / _____

02. I enjoyed biting into a fresh apple and tasting the juicy sweetness. → _____ / _____

03. The colors you choose for your clothes and for your home, office and car can have an effect on you.

→ _____ / _____ / _____ / _____

04. Colors have been known to ease stress, to fill you with energy and even to reduce pain and other physical problems.　　　　　　　　　→ _____ / _____ / _____

Challenge 1 〈보기〉와 같이 병렬 구조를 이용하여 한 문장으로 고쳐 쓰시오.

| 보기 | Olivia opened the door. Olivia greeted her guests.
 → *Olivia opened the door and greeted her guests.* |

01. Ava is opening the door. Ava is greeting her guests.

→ _____

02. Those imported apples are delicious. Those imported apples are expensive.

→ _____

03. She decided to quit school. She decided to go to Seattle. She decided to find a job.

→ _____

04. I am looking forward to going to Korea. I am looking forward to eating wonderful Gimchi every day.

→ _____

Challenge 2 〈보기〉와 같이 주어진 표현과 병렬 구조를 이용하여 문장을 다시 쓰시오.

| 보기 | Many people don't drink coffee. Many people don't drink alcohol. (neither ～ nor)
 → *Many people drink neither coffee nor alcohol.* |

01. I know she goes to school. She has a full-time job. (not only ～ but also)

→ _____

02. You may begin working tomorrow or you may begin next week. (either ～ or)

→ _____

03. She doesn't enjoy hunting. She doesn't enjoy fishing.

→ _____

04. William is fluent in Korean. He is also fluent in Chinese. (not only ～ but also)

→ _____

05. The city suffers from air pollution. The city suffers from water pollution. (both ～ and)

→ _____

[1-2] 괄호 안에서 어법에 맞는 것을 고르시오.

1. The owner of the company, who has three cars,
(love / loves) car racing.

2. Elephants have an essential and unique trunk
that (serves / serve) many purposes.

오답노트

2004년 수능

3. 다음 괄호 안에서 어법에 맞는 표현을 골라 바르게
짝지은 것은?

> Recently, a severe disease hit Asian nations
> hard, (A) (caused / causing) several hundred
> deaths. Many people who live in this part of
> the world (B) (is / are) likely to be worried
> again with the beginning of the cold weather.
> In spite of its close location to these countries,
> however, Korea (C) (has remained / have
> remained) free of the deadly disease. Many
> people think the secret is kimchi, a traditional
> Korean dish served with almost every meal.

	(A)	(B)	(C)
❶	caused	are	have remained
❷	causing	are	has remained
❸	causing	is	have remained
❹	caused	is	has remained
❺	causing	are	have remained

오답노트

[4-5] 다음 밑줄 친 부분 중 어법상 틀린 것을 고르시오.

4.
> The ❶ office manager, ❷ as well as the
> secretaries, ❸ haven't returned the ❹ supplier's
> phone call.

5.
> ❶ Most 119 ambulances can arrive at the
> scene of an accident within ❷ minutes of
> ❸ their occurrence, depending on the
> precision of the address description ❹ given
> to them by phone.

오답노트

6. 다음 밑줄 친 부분 중 어법상 틀린 것은?

> The first woman to ❶ be awarded a Ph.D. in
> psychology was Margaret Washburn, in 1894.
> Over the next 15 years many more women
> followed Washburn's pioneering lead. Today,
> the number of males and females ❷ receiving
> doctor's degrees in psychology ❸ is roughly
> equal. And in recent years, the number of
> females psychology graduates at the bachelor's
> level has far exceeded ❹ those of male
> psychology graduates. Clearly, psychology has
> become a profession that ❺ is fully open to
> both men and women.

오답노트

2001년 수능

[7-8] 다음 글을 읽고 물음에 답하시오.

How many times our feelings of despair and anger ❶ can be eased if we act instead of just ❷ thinking over problems ❸ are surprising. Play and work are healthy actions, relieving the tensions ❹ produced by our emotional upsets. Play is physically restful and ❺ relieves tensions as we share our emotions with others. Work, too, is an effective means of working off anger and using overflowing energy. Sometimes, ideas come as we begin to act. Action relieves tensions and sets us free.

7. 밑줄 친 ❶~❺ 중 어색한 것을 골라 바르게 고치시오.

_____

8. 윗글의 제목으로 가장 적절한 것은?

❶ Results of Emotional Upsets
❷ Differences Between Anger and Upsets
❸ Sources of Despair and Anger
❹ Positive Effects of Actions
❺ Need for Positive Thinking

오답노트

9. 다음 빈칸에 알맞은 동사 형태를 고르면?

In case you _____ to get in touch with me, I'll be in my office until late this evening.

❶ need   ❷ needs   ❸ needed
❹ will need   ❺ had needed

오답노트

[10-11] 다음 중 어법상 틀린 문장을 고르시오.

10. ❶ I think these samples are much better than those we tested yesterday.
❷ I'm sorry to say that Bob has neither patience nor sensitivity to others.
❸ Most of the world uses the metric system of measurement.
❹ In spite of their close location to these countries, however, Korea has remained free of the deadly disease.
❺ Although some critics viewed Ernest Hemingway as an overrated writer, others thought him a truly gifted novelist.

11. ❶ Isabella ate supper, brushed her teeth, and went to bed.
❷ Alexander came to work happy; he was rested, energized and refreshed.
❸ Many visitors to Los Angeles enjoy visiting Disneyland and to tour movie studios.
❹ I admire him for his intelligence, cheerful disposition, and honesty.
❺ Physics explains why water freezes and how the sun produces heat.

오답노트

12. 다음 문장에서 틀린 부분을 찾아 고치시오.

The number of Asian students in American educational institutions are increasing.

_____

오답노트

2006년 수능

13. 다음 밑줄 친 부분 중 어법상 틀린 것을 2개 고르시오.

I wonder how many people give up just when success is almost within reach. They endure day after day, and just when they're ❶ about to make it, decide they can't take any more. The difference between success ❷ and failure ❸ are not that great. Successful people have simply learned the value of staying in the game until it ❹ is won. Those who never make it are the ones who quit too soon. When things are darkest, successful people refuse to give up because they know they're almost there. Things often seem at ❺ its worst just before they get better. The mountain is steepest at the summit, but that is no reason to trun back.

오답노트

14. 다음 문장에서 틀린 부분을 찾아 고치시오.

Comedians are entertainers who make people laugh. They use a variety of techniques to amuse their audiences, including telling jokes, singing humorous songs, and wear funny costumes.

오답노트

[15-16] 다음 문장에서 틀린 곳을 고르시오.

15. ❶ Whether or not her understanding of social conflicts ❷ are in ❸ any way "scientific" ❹ remains ❺ a vexing question.

오답노트

16. The museum ❶ uses volunteers from the community who ❷ acts as a guide ❸ to show visitors the displays ❹ of local ❺ artists' work.

오답노트

17. 다음 중 어법에 맞는 것을 고르시오.

❶ He got up early so that he may be in time for the meeting.
❷ He said that he has witnessed the accident the night before.
❸ She said that Newton had discovered the law of gravitation in the 17th century.
❹ The teacher told us that World War Ⅱ broke out in 1939.
❺ He said that he usually got up at six.

오답노트

출제의도 수의 일치와 병렬 구조의 이해

평가내용 상관접속사를 이용하여 문장 서술하기

A 〈보기〉와 같이 상관접속사를 이용한 문장으로 다시 쓰시오. (단, 수 일치에 유의할 것)

(서술형 유형 : 12점 / 난이도 : 중하)

보기	Jean is French. Catherine is French, too. → *Both Jean and Catherine are French.*

1. My mother doesn't like pop music. My father doesn't like pop music.

→ _____

2. I will ask Sarah to lend me her laptop at the weekend. If she needs it, I will ask Anna to lend me hers.

→ _____

3. Physics is an interesting subject. Chemistry is an interesting subject, too.

→ _____

4. The library doesn't have the book I need. The bookstore doesn't have the book I need.

→ _____

5. The president's assistant will not confirm the story. The president's assistant will not deny the story.

→ _____

6. My mother drives me to school. If she can't, my father drives me to school.

→ _____

평가영역	채 점 기 준	배 점
유창성(Fluency) & 정확성(Accuracy)	표현이 올바르고 문법, 철자가 모두 정확한 경우	2 × 6 = 12점
	문법, 철자가 1개씩 틀린 경우	문항당 1점씩 감점
	내용과 일치하지 않는 답을 썼거나 답을 기재하지 못한 경우	0점

창의성과 표현력을 길러주는 **서술형 문항**

출제의도 병렬 구조의 이해
평가내용 병렬 구조를 이용하여 자신의 생각 표현하기

B 주어진 질문에 대한 대답을 병렬 구조를 이용하여 자유롭게 쓰시오. (서술형 유형 : 20점 / 난이도 : 상)

> **보기**
> What are (or were) your three favorite subjects in school?
> → *My favorite subjects in school are Science, History, and Chemistry.*

1. What are two things that you don't want to do in the future?

→ _____

2. What are two things that you do every morning?

→ _____

3. What are three things that you want to do in the future?

→ _____

4. In your opinion, what three activities are the most useful for relieving stress?

→ _____

5. What three adjectives best describe you?

→ _____

평가영역	채 점 기 준	배 점
유창성(Fluency) & 정확성(Accuracy)	표현이 올바르고 문법, 철자가 모두 정확한 경우	4 × 5 = 20점
	문법, 철자가 1개씩 틀린 경우	문항당 1점씩 감점
	내용과 일치하지 않는 답을 썼거나 답을 기재하지 못한 경우	0점

A 다음 글을 읽고 물음에 답하시오.

Over the past few days, a completely ❶ <u>unexpected</u> feeling ❷ <u>has come</u> over me. I found that extra food ❸ <u>made</u> me feel slow and ❹ <u>heavily</u>. We live in a culture where we eat to feel "comfortable and good." Food and emotion ❺ <u>are</u> deeply related. Think about all the food we eat on happy occasions. We eat cake and ice cream at a party, wine at a wedding, popcorn at a movie, etc. My point is that we often live to eat rather than eat to live .

Words & Phrases

◆ **completely** 완전히
◆ **unexpected** 예상치 못한
◆ **extra** 필요 이상의, 여분의
◆ **comfortable** 편안한
◆ **deeply** 깊이
◆ **occasion** 경우, 때
◆ **point** 요점, 주안점

1. 윗글 네모에 나타난 글쓴이의 주장과 가장 비슷한 예를 고르고, 그 근거를 설명하시오. (2점)

❶ When I eat out, I always ask myself, "Should I have cheese on my sandwich?" or "Should I have cheese pizza or pepperoni?"

❷ I only ate one meal today; a sandwich and a bowl of ramen. It was OK, but I think I will be bored with that meal soon.

❸ Today I made my trip to the grocery store to purchase food for the upcoming week. I feel lucky that I don't have to starve myself.

❹ We spent roughly 80 cents a day on food and fuel. We have two meals a day, mainly rice and beans.

❺ When I am really hungry, I drink some diet hot chocolate. I often feel dizzy but it's okay if I can live.

근거 (4점) : _____

_____

_____

_____

_____

Critical Thinking!

❶ 분사의 형태가 올바른가?
❷ 시제와 수의 일치가 되었는가?
❸ 시제가 올바른가?
❹ 병렬 구조로 동일한 문법 성분이 왔는가?
❺ 수 일치가 되었는가?

2. 윗글의 밑줄 친 ❶~❺ 중 어법상 어색한 것을 찾아 바르게 고치시오. (2점)

_____

오답노트

2004년 수능

A 다음 글을 읽고 물음에 답하시오.

Reading comprehension ❶ involves one's knowledge of the world. For instance, let's think about ❷ what stopped the car in the following two sentences : "The policeman raised his hand and ❸ stopped the car." and "Superman raised his hand and stopped the car." Your probable answer to this question ❹ is 'legal authority' in the first sentence and 'magical power' in the second one. Remember, however, that neither 'legal authority' nor 'magical power' ❺ are stated in either sentence. Then how do you know the answer?

※ legal : 법률(상)의, 합법적인

1. 윗글의 밑줄 친 부분 중, 어법상 틀린 것을 골라 바르게 고치시오. (3점)

_____

2. 윗글의 질문에 대한 답을 본문을 참고하여 우리말 30자 이내로 쓰시오. (3점)

_____

오답노트

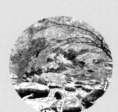

Chapter 6. 도치 (Inversion)

Chapter 6

도치

수능 기출

다음 괄호 안에서 어법에 맞는 표현을 고르시오.

1. Near my house (a tiny dry-cleaning shop is / is a tiny dry-cleaning shop) run by two chatty old ladies. (2004년)

2. As astronomy builds on the discoveries of the past, (neither / so) does mathematics. (2005년 모의)

[해석] 1. 우리집 근처에는 수다스런 할머니 두 분이 운영하는 자그마한 세탁소가 있다.
2. 천문학이 과거의 발견 위에 기반을 두는 것처럼 수학도 그렇다.

[해설] 1. 전치사구(near my house)가 문두에 나왔으므로 '동사+주어'로 어순이 도치된다.
2. so가 문장 앞에 쓰여 주어(mathematics)와 동사(does)가 도치된다. 긍정문이므로 so do/does/did+주어로 쓴다.

정답   1. is a tiny dry-cleaning   2. so

212

도치 (1)

point

Hardly (had he fallen / he had fallen) asleep when the alarm went off.

그가 잠들자마자 자명종이 울렸다.

→ 부정어가 문장 앞으로 나오면 도치가 일어난다. '부정어+조동사+주어+동사'의 어순이 되며, had fallen에서 had가 조동사 역할을 하여 주어 앞으로 도치되어야 한다. 따라서 had he fallen이 정답이다.

A 도치를 통한 강조

문장은 보통 「주어+동사」의 어순이지만, 문장의 특정한 부분을 강조하기 위해서 또는 관용적으로 어순이 바뀌는 경우가 있는데, 이를 도치라고 한다.

1 장소나 방향의 부사(구)를 문장 앞으로 도치시켜 강조할 경우 **'장소[방향] 부사(구)+동사+주어'의 어순으로 도치된다.**

On the platform **stood an old woman.** 플랫폼에 나이 든 여성이 서있었다.

On the top of the hill **stood an old castle.** 낡은 성이 언덕 위에 서있었다.

2 보어를 강조할 때 보어를 문장 맨 앞으로 보낸다. 이때 **어순은 '보어+동사(V)+주어(S)'로 도치된다.**

Happy **is the man** who lives contented with his own lot in life.
그가 가진 것만으로 만족하는 이가 행복한 사람이다.

So great **was her shock** that she could hardly speak. 그녀는 충격이 너무나 커서 거의 말을 할 수가 없었다.

※ 주어와 보어가 대명사인 경우에는 도치되지 않는다.

Down the hill **he walked** with the puppy. 그는 강아지와 언덕을 걸어 내려갔다.

=He walked down the hill with the puppy.

Happy **I was** when I was a child. 어린 시절 난 행복했다.

3 목적어를 강조할 때 목적어를 문장 맨 앞으로 보낸다. 하지만 대개의 경우 주어와 동사는 도치가 되지 않으므로 **'목적어+S+V'의 어순으로 쓴다.**

Really good cocktail **they made** at the hotel. 그들은 그 호텔에서 정말 좋은 칵테일을 만들었다.

His spare time **he spends** watching TV. 그는 여가 시간을 TV를 보면서 지낸다.

4 부정어 never, little, hardly, seldom, only, scarcely, nowhere, not until, not only 등이 의미가 강조되어 문장 맨 앞에 오면 **'부정어+조동사+S+V'의 어순으로 도치된다.**

Never **had he seen** such an efficiently run business. 그는 그토록 효율적으로 운영되는 사업을 결코 본 적이 없었다.

Only in the mornings **does Charlotte take** a walk. 아침에만 Charlotte은 산책을 한다.

Seldom **did Olivia use** the elevator, even when she was going to the tenth floor.
10층에 올라갈 때조차도 Olivia는 거의 엘리베이터를 이용하지 않았다.

주요 도치구문

[1] No sooner[Hardly, Scarcely] A than[when] B : 'A하자마자 B하다'의 뜻으로, 주어와 동사가 도치된다. **A의 동사는 과거완료, B의 동사는 과거형**을 쓰고 이 두 구문은 as soon as 구문으로 바꾸어 쓸 수 있다.

No sooner **had she heard** the test results than she burst into tears.

=As soon as she heard the test results, she burst into tears.
그녀는 시험 결과를 듣는 순간 울음을 터뜨렸다.

Hardly[Scarcely] **had she seen** me when she ran away. 그녀는 나를 보자마자 도망쳤다.

=No sooner had she seen me than she ran away.

[2] 양보의 부사절은 '**형용사[명사/동사/부사]+as+S+V**'로 도치된다. 복합관계사는 '**However+형용사+S+V**'로 도치되고 No matter how+형용사+S+V로 바꾸어 쓸 수 있다.

Though she is a woman, she is strong. 그녀는 여자지만 강하다.

=**Woman as she is**, she is strong. ▶ 관사 a 쓰지 않음.

Though I am old, I can still fight. 비록 나는 늙었지만 지금도 싸울 수 있다.

= **Old as I am**, I can still fight.

However **young the children are**, that's insulting. 아무리 어린아이라지만 그건 모욕적인 행위예요.

=No matter how **young the children are**, that's insulting.

[3] 가정법 문장에서 if가 생략되면 **주어와 (조)동사의 위치가 바뀌는 도치** 현상이 일어난다.

Were it not for my wife, I would be completely disorganized.

=If it were not for my wife, I would be completely disorganized.
내 아내가 없다면, 나는 완전히 엉망이 될 것이다.

Had he started cooking earlier, we would have eaten our meal on time.

=If he had started cooking earlier, we would have eaten our meal on time.
그가 요리를 좀더 일찍 시작했더라면, 우리는 제시간에 식사를 할 수 있었을 텐데.

Should such an unlikely event occur, what shall we do?

=If such an unlikely event should occur, what shall we do?
만약에 그런 불가능해 보이는 일이 실제로 일어난다면, 우리는 어떻게 해야 하는가?

Challenge 1   다음 문장에서 어법상 알맞은 것을 고르시오.

01. Little (did he know / he knew) that he was fueling his son with a passion that would last for a lifetime.

(2007년 수능)

02. Nor (was their English / their English was) precisely like that of Queen Elizabeth's time. (2005년 교육청)

03. No sooner had I gone out (than / when) it began to rain.

04. (If / Had) I met him before, I could have recognized him at once.

05. Not only (they saw / could they see) nothing in front of them, but they were tired and ill and could not walk any more. (2007년 수능)

06. In the center of the room, sitting at a table, (was the strangest lady / the strangest lady was) I had ever seen. (2008년 수능)

Challenge 2   밑줄 친 부분이 강조되도록 도치구문으로 다시 쓰시오.

01. I <u>never</u> do things I don't like to do.

→ _____

02. He did <u>not</u> realize the fact until yesterday.

→ _____

03. I <u>little</u> dreamed that I would ever be where I am today.

→ _____

04. A pristine palace stood <u>on the edge of the mountain</u>.

→ _____

05. They serve <u>excellent food</u> here.

→ _____

Challenge 1 주어진 문장을 도치구문을 이용하여 완성하시오.

01. As soon as she finished it, she went out.

→ No sooner _____ .

02. I have never stayed at such an expensive hotel.

→ Never _____ .

03. I little dreamed that I would meet her again.

→ Little _____ .

04. I've walked on such exquisite marble floors only once in my life.

→ Only once _____ .

05. If I had known you were coming for lunch, I would have prepared more food.

→ Had _____ .

Challenge 2 주어진 문장을 도치구문을 이용하여 다시 쓰시오.

보기	A helpful clerk was behind the ticket counter. → *Behind the ticket counter was a helpful clerk.*

01. He did not know about the new schedule until late at night.

→ _____

02. An old woman sat on the chair.

→ _____

03. They had hardly started watching the movie when the power went out.

→ _____

04. She had no sooner seen the police than she ran away.

→ _____

05. Though he is an old man, he has a strong passion for life.

→ _____

216

01 **강조를 목적으로 도치한 문장에서는 어순을 조심하라!**

출제자의 눈 도치는 기본적으로 강조하려는 말을 앞으로 끌어내기 위한 것이다. 이때 문두로 나간 표현에 부정어가 있으면 '부정어＋조동사＋주어＋동사' 어순으로 쓰고, 보어 또는 전치사구[부사]가 문두로 나간 경우에는 '보어/전치사구/부사＋동사＋주어'의 어순으로 쓴다. if절의 (조)동사가 were, had, should인 경우에는 격식체에서 if를 생략한다. 이때 주어와 (조)동사가 바뀌는 도치 현상이 일어나는데, 도치된 어순을 틀리게 하거나 틀린 어순을 바르게 고치는 어법 문제가 출제 가능하다.

Check Up

다음 괄호 안에서 어법에 맞는 표현을 고르시오.

1. Nowhere, indeed, (was any sign / any sign was) or suggestion of life except the barking of a distant dog, which served to accentuate the solitary scene. (2006년 수능)

2. Only when two or more people share an enormous amount can the much more economical negative communication (takes / take) place. (2007년 교평)

 Grammar Formula

부정어

| not, never, seldom, hardly, barely, scarcely, little, few, only | + | 조동사 (do/may/can) be동사 | + | 주어＋동사 |

※ have＋V-ed 경우 have가 조동사 역할을 하여 앞으로 나가게 된다.

| 장소 · 방향을 나타내는 부사구/보어/목적어 | + | **V**(동사)＋**S**(주어) |

└▶ 단, 목적어를 강조하기 위해 목적어를 문두에 보낸 경우에는 주어-동사가 도치되지 않는다.

[unit 2]

도치 (ㄹ)

point

I am a student and so (is Olivia / Olivia is).

나는 학생이고 Olivia도 학생이다.

→ 긍정문에 대해서 '~도 그렇다'라는 표현은 'So+V+S'로 쓴다. 따라서 is Olivia의 어순이 알맞다.

A 기타 도치 용법

1 앞서 말한 상대방의 의견에 동의할 때는 **'~도 또한 그렇다'라는 의미로**, 주어와 동사가 도치된 **'so+동사+주어'**의 형태로 쓴다. be동사와 조동사는 그대로 쓰고 일반동사일 경우 do[does/did]를 쓴다.

긍정문	Agreement with too		Agreement with so		
	주어+동사	too	so	be/조동사	주어
I like Jacob.	I do, I like him,			do	I.
I am a student.	I am, I am a student,			am	I.
We are studying.	They are, They are studying,	**too.**	**So**	are	they.
William went to Seoul last year.	Ava did, Ava went there,			did	Ava.
Olivia can drive.	Steve can, Steve can drive,			can	Steve.

1) 앞 문장에 be동사가 있을 때 : So+be동사+주어

   A : I was really scared to see the movie. 그 영화를 보고 정말 무서웠어.

   B : **So was I.** 나도 그랬어.

2) 앞 문장에 조동사가 있을 때 : So+조동사+주어

   A : I will try out for the soccer team. 나는 축구부 시험을 볼 거야.

   B : **So will I.** 나도 볼 거야.

3) 앞 문장에 일반동사가 있을 때 : So+do[does/did]+S

   Bob's grandfather served in the military and **so did his father.**

   Bob의 할아버지는 군대에서 복역을 하셨고, 그의 아버지도 그러했다.

② 상대방의 부정적 의견에 동의할 때는 '**~도 또한 아니다**'라는 **의미로**, 주어와 동사가 도치된 '**Neither＋동사＋주어**'의 형태로 쓴다. be동사와 조동사는 그대로 쓰고 일반동사는 do[does/did]를 쓴다.

부정문	Agreement with either		Agreement with either		
	주어＋동사＋not	either	neither	be / 조동사	주어
I'm not hungry.	I'm not, I'm not hungry,	either.	Neither	am	I.
I don't like baseball.	Kevin doesn't, Kevin doesn't like it,			does	Kevin.
I didn't enjoy the movie.	They didn't, They didn't enjoy it,			did	they.
They won't go.	We won't, We won't go,			will	we.
I can't do that.	I can't, I can't do it,			can	I.

1) 앞 문장에 be동사가 있을 때 : Neither＋be동사＋주어

Anthony isn't wearing a hat, and **neither is James**.

Anthony는 모자를 쓰고 있지 않고, James도 쓰고 있지 않다.

If you're not getting your hair cut, **neither am I**. 네가 머리를 자르지 않겠다면 나 역시 자르지 않겠다.

2) 앞 문장에 조동사가 있을 때 : Neither＋조동사＋주어

A : I can't stay longer. 난 더 오래 머물 수가 없어.

B : **Neither can I**. 나도 그래.

3) 앞 문장에 일반동사가 있을 때 : Neither＋do[does/did]＋주어

I don't like salty food, and **neither does my wife**. 나는 짠 음식을 좋아하지 않고 내 아내도 그렇다.

Andy didn't know the answer to the question, and **neither did Nancy**.

Andy는 그 질문에 대한 답을 몰랐고 Nancy도 몰랐다.

다음 문장에서 어법상 알맞은 것을 고르시오.

01. Eric goes to college, and his brother does, (too / either).

02. Sophia doesn't go to college, and her sister doesn't, (too / either).

03. Mark likes hunting, fishing, and Chinese food. (So / Neither) does Gerald.

04. William bought a jeep, and so (does / did) Mark.

05. Jennifer has traveled to over fifty countries around the world and so (have / did) my elder sisters and brothers.

06. Emma wasn't at the meeting and neither (was her assistant / her assistant was).

Challenge 2   ( ) 안의 단어를 주어로 하여 빈칸을 완성하시오.

01. William has a digital camera, and so _____. (Bob)
William has a digital camera, and _____, too. (Bob)

02. Alex doesn't have a smartphone, and neither _____. (Scott)
Alex doesn't have a smartphone, and _____, either. (Scott)

03. I went to a movie last night, and so _____. (Karen)
I went to a movie last night, and _____, too. (Karen)

04. Brian can't speak Japanese, and neither _____. (Richard)
Brian can't speak Japanese, and _____, either. (Richard)

05. Kathy hasn't seen that movie yet, and neither _____. (I)
Kathy hasn't seen that movie yet, and _____, either. (I)

Challenge 1 so와 neither를 이용하여 상대방의 의견에 동의하는 문장을 완성하시오.

| 보기 | A : I haven't been here before. | B : *Neither have I.* |

01. A : I didn't enjoy the movie last night.   B : _____

02. A : I would like to make new friends.   B : _____

03. A : I came to this city a few years ago.   B : _____

04. A : I don't feel like going to class today.   B : _____

05. A : I didn't eat breakfast this morning.   B : _____

06. A : I should study tonight.   B : _____

Challenge 2 밑줄 친 부분을 so와 neither를 이용한 문장으로 다시 써 보시오.

01. Olivia doesn't have much homework, and Judy doesn't have much homework.

→ _____

02. Sandra eats lunch in the cafeteria, and her friends eat lunch in the cafeteria.

→ _____

03. Eric didn't have any clothes with him, and Laura didn't have any clothes with her.

→ _____

04. Ava and Maria won't be at the party, and Fred won't be at the party.

→ _____

05. I saw the new show last night, and my mother saw the new show last night.

→ _____

06. William hasn't finished his homework, and Alex hasn't finished his homework.

→ _____

출제 100%

01 도치된 so와 neither의 어순을 기억하자!

출제자의 눈 앞서 말한 것에 대해 '~도 또한 그렇다(아니다)'는 의미로 동의할 때 긍정문에는 'So+V+S', 부정문에는 'Neither+V+S'가 쓰인다. so와 neither를 구별하는 문제가 출제되거나 'V+S'의 도치된 어순을 묻는 문제가 출제될 수 있다.

Check Up

다음 괄호 안에서 어법에 맞는 표현을 고르시오.

1. Carol and Susan don't want to go to the gym and (neither / so) does their brother.

2. We listen to classical music and (so / neither) do our neighbors.

3. The joys of parents are secret, and so (are their griefs and fears / their griefs and fears are).

 핵심 Grammar Formula

S+be동사 ⟶	so+be동사+S
S+be+not ⟶	neither+be동사+S
S+조동사 ⟶	so+조동사+S
S+조동사+not ⟶	neither+조동사+S
S+일반동사 ⟶	so+do[does, did]+S
S+일반동사+not ⟶	neither+do[does, did]+S

1. 〈보기〉를 참고하여 다음 문장을 완성하시오.

> She little expected that her daughter would pass the exam.
> → Little did she expect that her daughter would pass the exam.

I will never forget the wonderful people I have met here.

→ _____

_____

오답노트

2. 다음 중 어법에 맞지 않는 것을 고르시오.

❶ I can't cook, and my roommate can't, either.
❷ Pasta is a famous Italian dish, and so is pizza.
❸ Anteaters don't have teeth, and so do most birds.
❹ I am exhausted from the long trip, and my father is, too.
❺ I'm not a native speaker of English, and neither is Mr. Kim.

오답노트

3. 빈칸에 들어갈 말이 나머지 넷과 다른 것은?

❶ Hardly had she seen me _____ she ran away.
❷ No sooner had he crossed the border _____ he was arrested.
❸ Hardly had I gotten on the train _____ it started.

❹ Scarcely had I gone out _____ it began to rain.
❺ Scarcely had I started _____ the trouble arose.

오답노트

4. 다음 강조의 도치구문 중 어순이 틀린 문장은?

❶ In the basket were crabs among the nuts.
❷ Nowhere could they find the things.
❸ The promise they broke.
❹ Down fell the old woman.
❺ Never did watch I a horror movie like that.

오답노트

[5-8] 두 문장이 같은 뜻이 되도록 빈칸을 채우시오.

5. Though he is young, he supports his family.
→ _____ he is, he supports his family.

6. However humble it may be, there is no place like home.
→ No matter how _____,
there is no place like home.

7. If it were not for water, nothing could live.
→ Were _____, nothing could live.

8. If it had not been for you, she might have married me.
→ _____ for you, she might have married me.

오답노트

9. 다음 밑줄 친 부분을 바르게 도치시킨 것은?

> A : Where is Olivia?
> B : She went to school. She'll be back home soon.
> A : Oh, she comes here now.

① here comes she   ② comes she here

③ comes here she   ④ she here comes

⑤ here she comes

오답노트

10. 밑줄 친 문장을 간단히 줄여 쓸 때 바르게 고친 것은?

> In high school, I was in Mr. Jacobs's history class. My brother was in Mr. Jacobs's history class, too.

① So does my brother.

② So my brother had.

③ So has my brother.

④ So was my brother.

⑤ So my brother was.

오답노트

11. 다음 도치구문을 원래의 문장으로 바르게 바꾼 것은?

> Seldom did Ava use the elevator, even when she was going to the tenth floor.

① Use seldom Ava the elevator, even when she was going to the tenth floor.

② Ava uses seldom the elevator, even when she was going to the tenth floor.

③ Ava did seldom use the elevator, even when she was going to the tenth floor.

④ Seldom Ava used the elevator, even when she was going to the tenth floor.

⑤ Ava seldom used the elevator, even when she was going to tenth floor.

오답노트

12. 도치구문으로 바꿀 때 잘못 고친 문장은?

① Those are happy who are always in good health.
   → Happy are those who are always in good health.

② His surprise was so great that he could not speak for a while.
   → So great was his surprise that he could not speak for a while.

③ She did not know the fact until this morning.
   → Not until this morning did know she the fact.

④ She doesn't only do well in class but she is nice to classmates.
   → Not only does she do well in class but she is nice to classmates.

⑤ I well remember her name.
   → Well do I remember her name.

오답노트

2005년 수능

[13-14] 다음 글을 읽고 물음에 답하시오.

Shadows crept across the room, ❶ <u>cast</u> from old furniture as the bright fire made them jump from side to side. The winter storm blew against the windows ❷ <u>throwing</u> snow high against the sides of the small log cabin. In the center of the room ❸ <u>was</u> a table with two old silver candlesticks and two ❹ <u>glasses</u> of red wine. Soft music played in the background. Between the two wine glasses ❺ <u>were</u> a small empty box. It had contained a gold ring with a small diamond that his grandmother had given to him. Tonight, the girl across from him was wearing it, beaming.

13. 윗글에서 어법상 어색한 것을 골라 바르게 고치시오.

_____

14. 윗글의 분위기로 가장 적절한 것은?

❶ funny   ❷ scary   ❸ busy
❹ sad   ❺ romantic

15. 다음 밑줄 친 ❶~❺ 중 어법상 어색한 것은?

Tom : Let's see ❶ <u>what's</u> on TV.
Greg: Well, there are two films... ❷ <u>both</u> very old. They're black and white! And there's also *The House and 25 Hours*.
Tom : But ❸ <u>neither</u> of them is good. Oh, I hate reality shows!
Greg: Yeah, ❹ <u>Neither do I</u>. What about *Talent Show*?
Tom : No way! All of the contestants ❺ <u>are</u> horrible.

오답노트

[16-17] 다음 글을 읽고 물음에 답하시오.

Look up at the night sky. Nearly all of the bright dots you see are stars that belong to just one giant group of stars. The group is called a galaxy. It is our own galaxy, the Milky Way. You can't see them all, but there are about 800 billion stars in our galaxy. Our sun is one of them. Three of the dots in the sky are not stars in our galaxy, but are galaxies themselves.

They're so far away, their billions of stars look like one star. With powerful telescopes, astronomers can see many more galaxies, and they estimate there are about 200 billions in the part of the universe we can see from Earth. <u>A giant black hole is at the center of each galaxy.</u> Its gravitational pull is what keeps the billions of stars grouped around it. Many galaxies, including ours, are spinning, each star going around the black hole at the center. Gradually the black holes pull stars into them, but you don't have to worry about our sun falling into our own black hole any time soon. We are near the outer edge of the Milky Way and it will be many billions of years before we fall in.

16. 윗글의 내용과 일치하지 <u>않는</u> 것은?

❶ One of the black holes is gradually pulling our sun into it.
❷ Most of the stars we see belong to our own galaxy.
❸ A distant other galaxy looks like a star.
❹ Each star has its own black hole at the center.
❺ It's the gravitation that pulls every star into the black hole.

17. 밑줄 친 문장을 강조의 도치구문으로 다시 쓰시오.

_____

 창의성과 표현력을 길러주는 **서술형 문항**

출제의도 도치를 통한 강조
평가내용 도치를 이용하여 강조구문 만들기

A **다음 밑줄 친 부분을 강조하는 문장으로 다시 쓰시오.** (서술형 유형 : 14점 / 난이도 : 중)

1. I have <u>never</u> stayed at such an expensive hotel.

→ _____

2. They can get several weeks of vacation <u>only when they finish their assignments.</u>

→ _____

3. I had <u>no sooner</u> walked through the door than the manager welcomed me.

→ _____

4. I've walked on such exquisite marble floors <u>only once in my life.</u>

→ _____

5. I <u>little</u> imagined that he would make such a mistake.

→ _____

6. If I <u>had</u> known you were coming for dinner, I would have prepared more food.

→ _____

7. I will give your message to Richard if I <u>should</u> see him.

→ _____

평가영역	채 점 기 준	배 점
유창성(Fluency) & 정확성(Accuracy)	표현이 올바르고 문법, 철자가 모두 정확한 경우	2 x 7 = 14점
	문법, 철자가 1개씩 틀린 경우	문항당 1점씩 감점
	내용과 일치하지 않는 답을 썼거나 답을 기재하지 못한 경우	0점

226

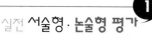

2003년 수능

A 다음 글을 읽고 물음에 답하시오.

Once a week, write a heartfelt letter. Taking a few minutes each week to do so ❶ does many things for you. (A) Picking up a pen slows you down long enough to remember the beautiful people in your life. The act of sitting down to write helps to fill your life with appreciation. Once you decide to try (B) this , you'll probably ❷ be amazed at how many people appear on your list.

The purpose of our letter is very simple : to express love and gratitude. Don't worry if you're not good at (C) writing letters . If you can't think of much to say, start with short little notes like, "Dear Jasmine, ❸ How lucky I am to have friends like you in my life! I am truly blessed, and I wish you all the happiness and joy that life can bring. Love, Richard."

❹ Not only do the act of writing a note like this focus (D) your attention on what's right in your life, but the person receiving ❺ it will be touched and grateful. Often (E) this simple action starts a chain of loving actions whereby the person receiving your letter may decide to do the same thing to someone else, or perhaps will act and feel more loving toward others.

Words & Phrases

◆ heartfelt 진심에서 우러난
◆ appreciation 감사, 감상
◆ list 명단, 목록
◆ purpose 목적, 취지
◆ blessed 축복 받은, 행복한
◆ touched 감동된
◆ grateful 고맙게 여기는, 감사하는

Critical Thinking!

❶ 수 일치가 올바른가?
❷ 감정 표현의 능동형과 수동형이 올바른가?
❸ 어순이 올바른가?
❹ 도치의 어순과 조동사의 쓰임이 올바른가?
❺ 어순과 태가 올바른가?

1. ❶~❺ 중 어법상 <u>어색한</u> 것을 골라 바르게 고치시오. (3점)

_____

2. 윗글의 제목으로 가장 적절한 것은? (2점)

① Love Letters and Dating
② How to Write Business Letters
③ How Letters Improve Life
④ Reasons for Writing to Yourself
⑤ Types and Purposes of Letters

3. 윗글의 내용으로 보아, (A)~(E) 중 나머지 넷과 가리키는 바가 <u>다른</u> 것을 찾아 쓰시오. (2점)

_____

2007년 수능

A 다음 글을 읽고 물음에 답하시오.

Not only did the 'leaf fish' look like a leaf, but ❶ it also imitates the movement of a drifting leaf underwater. Its hunting technique is not to swiftly pursue its victim, but to wait for ❷ it. Hanging at an angle in the water, the leaf fish is carried along by the currents until ❸ it comes near a smaller fish. Then, ❹ it seizes the unsuspecting prey with a lightning-fast snap of the jaws, and swallows the prey down head first. At close range the rapid opening of the leaf fish's large jaws enables ❺ it to suck in the unfortunate individual very easily.

1. 밑줄 친 it이 가리키는 대상이 나머지 넷과 다른 것은? (1점)

_____

2. 글의 흐름으로 보아 어법상 어색한 부분 찾아 밑줄을 긋고 바르게 고쳐 쓰시오.
(어색한 부분을 찾아 밑줄을 그으면 1점, 바르게 고쳐 쓰면 3점)

_____

Words & Phrases

◆ imitate 흉내내다
◆ drifting 떠다니는
◆ swiftly 재빠르게
◆ pursue 뒤쫓다
◆ at an angle 비스듬하게
◆ current 물살
◆ unsuspecting 의심하지 않는
◆ snap 덥석 물기
◆ at close range 근거리에서
◆ suck in 빨아들이다

Critical Thinking!

오답노트

100점 100승 Final Test

연도별 수능 어법 기출문제

1994년 1차

01 다음 글을 읽고, 밑줄 친 부분 중 어색한 부분이 있는지 확인하고, 만약 있다면 그 부분은?

> (A) A check was once returned to a millionaire from a bank. (B) It bore a stamped imprint : "Insufficient Funds." (C) Beneath the stamped imprint was a notation from the bank in ink. (D) It was appeared to read, "Not you – us!"

① (A)   ② (B)   ③ (C)   ④ (D)   ⑤ 없음

출제자가노리는 문법사항은?

오답노트

 1994년 1차

02 글의 흐름으로 보아, 밑줄 친 부분을 고칠 필요가 있는지를 결정하고, 필요가 있다면 가장 잘 고쳐진 것은?

> My brother became ill yesterday. I paid little attention to him and did not send him to hospital, because his illness did not seem to be serious. Now his condition is changing for the worse. I regret having paid little attention to him. In other words, I should be paid more attention to him.

① had better pay little attention   ② should have paid more attention
③ had rather pay little attention   ④ should like to pay little attention
⑤ 고칠 필요 없음

출제자가노리는 문법사항은?

오답노트

03 다음 글을 읽고, 밑줄 친 부분 중 어색한 부분이 있는지를 결정하고, 만약 있다면 그 부분은?

Everybody became (A) part of the war. The men and boys were fighting ; the women and girls were (B) in the factories, making war materials or (C) while they were helping (D) with civil defense and fire fighting.

① 어색한 부분 없음　　　② (A)　　　③ (B)　　　④ (C)　　　⑤ (D)

출제자가 노리는 문법사항은?

오답노트

04 글의 흐름으로 보아, 밑줄 친 부분을 고칠 필요가 있는지를 결정하고, 필요가 있다면 가장 잘 고쳐진 것은?

Everyone told me that when I turned fifteen some great internal change would occur. I truly expected it to occur, but nothing happened. When I asked my grandmother, however, I replied, "Yes, I do feel a great change has taken place."

① 고칠 필요 없음　　　② I asked to　　　③ I was asked
④ asked by　　　⑤ being asked

출제자가 노리는 문법사항은?

오답노트

05 밑줄 친 부분 중 어색한 부분이 있는지를 찾아보고, 만약 있다면 그 부분은?

In order to make their dream (A) come true, Mike and Amy decided (B) not to waste money. By living temporarily with Mike's parents and (C) drastically cut their leisure expenses, they hoped (D) to save enough money to buy a modest house in two years.

❶ 어색한 부분 없음　　❷ (A)　　❸ (B)　　❹ (C)　　❺ (D)

출제자가 노리는 **운법사항**은?

_____

오답노트

06 글의 흐름으로 보아, 밑줄 친 부분을 고칠 필요가 있는지를 알아보고, 필요가 있다면 가장 잘 고쳐진 것은?

The most effective way to lose weight is to stay on a balanced diet. If you want to diet, you should consult a physician because it is difficult for selecting a proper diet.

❶ 고칠 필요 없음　　❷ for him to select　　❸ to select for yourself
❹ for his selecting　　❺ to have you selected

출제자가 노리는 **운법사항**은?

_____

오답노트

07 글의 흐름으로 보아, 밑줄 친 부분을 고칠 필요가 있는지를 알아보고, 필요가 있다면 가장 잘 고쳐진 것은?

Robert was going steady with Susan and was thinking of marrying her. He wanted to know what kinds of girls her sisters were, what her father was like, and how long did her mother die.

❶ 고칠 필요 없음　　　　　　　　　　　❷ how long her mother has died

❸ how long was her mother dead　　　　❹ how long ago did her mother die

❺ how long her mother had been dead

출제자가 노리는 **문법사항은?**

오답노트

08 다음 밑줄 친 부분 중 어색한 것이 있다면 그 부분은?

The fact that someone is (A) interested enough to give help to poor villagers (B) often work wonders. The villagers become interested in helping themselves. They become (C) less discouraged when they realize that they themselves can (D) help make a better future.

❶ 어색한 부분 없음　　　❷ (A)　　　❸ (B)　　　❹ (C)　　　❺ (D)

출제자가 노리는 **문법사항은?**

오답노트

09 다음 글의 흐름으로 보아, 어법상 적절하지 <u>않은</u> 문장은?

❶ One day a truck hit a pedestrian on the street. ❷ The driver argued that the careless pedestrian was to blame for the accident. ❸ It was difficult to determine exactly where the accident had taken place. ❹ Many witnesses insisted that the accident should take place on the crosswalk. ❺ So, the driver was held responsible for the accident.

출제자가 노리는 문법사항은?

오답노트

10 다음 글의 흐름으로 보아, 어법상 적절하지 <u>않은</u> 문장은?

❶ Starting up a store requires as much as $ 200,000. Raising that kind of money is difficult ❷ for someone without a business record because ❸ the flow of venture capital has dried up. In 1996, ❹ the amount of venture capital fell 53% from the previous year, to $ 202 million. This year ❺ the numbers expect to show a steeper decline.

출제자가 노리는 문법사항은?

오답노트

 **1999년 기출**

11 다음 글의 흐름으로 보아, 밑줄 친 부분 중 어법상 자연스럽지 못한 것은?

It is often believed that the function of school is ❶ to produce knowledgeable people. If schools ❷ only provide knowledge, however, they may destroy creativity, ❸ producing ordinary people. We often ❹ hear stories of ordinary people who, if education had focused on creativity, could have become great artists or scientists. Those victims of education ❺ should receive training to develop creative talents while in school. It really is a pity that they did not.

출제자가 노리는 문법사항은?

_____

_____

오답노트

2000년 기출

12 다음 글의 흐름으로 보아, 밑줄 친 부분 중 어법상 자연스럽지 못한 것은?

At the zoo, Simba the lion was very sick. The animal doctor came and tried giving him some red meat ❶ full of medicine. Poor Simba did not even raise his head. Finally, Simba ❷ stopped to breathe. The doctor said, ❸ with tears in his eyes, "I regret to tell you that Simba is dead." The little children ❹ were very shocked to hear it. "I feel like I've lost an old friend. I can remember ❺ reporting Simba's birth," said a reporter.

출제자가 노리는 문법사항은?

_____

_____

오답노트

2001년 기출

13 다음 글에서 밑줄 친 부분 중, 어법상 틀린 것은?

Yesterday I went to a bookstore ① to buy a book about computers. I asked a clerk ② where did they have books about computers. She said that ③ they were on the second floor. ④ I was surprised that there were a large number of books. It took me a long time ⑤ to find one that was for beginners like me.

출제자가 노리는 **문법사항은?**

_____

오답노트

2002년 기출

14 각 네모 안에서 어법에 맞는 표현을 골라 바르게 짝지은 것은?

When you attempt to do something and fail, you have to ask (A) you / yourself why you have failed to do what you intended. (B) Answer / Answering this question in a new, unexpected way is the essential creative act. (C) It / They will improve your chances of succeeding next time.

	(A)	(B)	(C)		(A)	(B)	(C)
①	you	Answer	It	②	you	Answering	They
③	yourself	Answer	They	④	yourself	Answering	It
⑤	yourself	Answering	They				

출제자가 노리는 **문법사항은?**

_____

오답노트

2002년 기출

15 다음 글에서 밑줄 친 부분 중, 어법상 틀린 것은?

Former U.S. President Jimmy Carter, ❶ who promotes Habitat for Humanity, has toured various countries ❷ since 1994. In the summer of 2001, he ❸ has visited Asan, Korea, to participate in a house-building project. It was part of Habitat for Humanity International's campaign ❹ to build houses for homeless people. He worked along with volunteers for the program, which is ❺ named after him — the Jimmy Carter Work Project 2001.

출제자가노리는 문법사항은?

오답노트

2003년 기출

16 다음 글에서 밑줄 친 부분 중, 어법상 틀린 것은?

Schubert spent his whole life ❶ in poverty. But he had one noble purpose in life. That was ❷ to write down the beautiful musical thoughts which seemed to flow from his brain in an endless rush of melody. As ❸ one of the most productive composers, Schubert wrote music ❹ as freely as one would write a friendly letter. He just produced ❺ which was in him, and brought us a rich treasure of music.

출제자가노리는 문법사항은?

오답노트

17 각 네모 안에서 어법에 맞는 표현을 골라 짝지은 것은?

2003년 기출

The jobs that (A) | most / almost | companies are doing with information today would have been impossible several years ago. At that time, getting rich information was very expensive, and the tools for (B) | analysis / analyzing | it weren't even available until the early 1990s. But now the tools of the digital age give us a way to easily get, share, and (C) | act / acting | on information in new ways.

	(A)	(B)	(C)			(A)	(B)	(C)
❶	most	analysis	acting		❷	almost	analyzing	act
❸	most	analyzing	act		❹	almost	analysis	acting
❺	most	analysis	act					

출제자가 노리는 문법사항은?

오답노트

---

18 다음 글에서 밑줄 친 부분 중 어법이 틀린 것은?

2004년 기출

Recently, a severe disease hit Asian nations hard, ❶ causing several hundred deaths. Many people who live in this part of the world ❷ are likely to be worried again with the beginning of the cold weather. In spite of ❸ their close location to these countries, however, Korea ❹ has remained free of the deadly disease. Many people think the secret is kimchi, a traditional Korean dish served with ❺ almost every meal.

출제자가 노리는 문법사항은?

오답노트

2004년 기출

19 각 네모 안에서 어법에 맞는 표현을 골라 짝지은 것은?

Mom was an extraordinarily clean person. After feeding my brother and me breakfast, she would scrub, mop, and (A) dust / to dust everything. As we grew older, Mom made sure we did our part by keeping our rooms (B) neat / neatly . Outside, she would tend a small flower garden, which was the envy of the neighborhood. With Mom, everything she touched (C) turned / turning to gold. She didn't believe in doing anything halfway. She often told us that we always had to do our best in whatever we did.

	(A)	(B)	(C)
①	dust	neat	turned
②	dust	neat	turning
③	dust	neatly	turned
④	to dust	neat	turned
⑤	to dust	neatly	turning

출제자가 노리는 문법사항은?

오답노트

20 다음 글을 읽고, 밑줄 친 부분 중 어색한 부분이 있는지를 확인하고, 만약 있다면 그 부분을 고르시오.

Many people went outside around August 27 this year to observe the close encounter between Earth and Mars. On August 27, _____(A)_____ to Earth than ever in human history, the one-way travel time of light was just 3 minutes and 6 seconds. Thus, if you had turned a light toward Mars that day, _____(B)_____ Mars in 186 seconds. Mars was so bright that even the lights of the city didn't get in the way. If you missed this astronomical show, you're really out of luck. Mars will not be this close again until the year 2287.

	(A)	(B)
❶	Mars was closer	it had reached
❷	Mars was closer	it would have reached
❸	when Mars was closer	it reached
❹	when Mars was closer	it would have reached
❺	when Mars was closer	it had reached

출제자가 노리는 문법사항은?

오답노트

2005년 기출

21 각 네모 안에서 어법에 맞는 표현을 골라 바르게 짝지은 것은?

(A) Situating / Situated at an elevation of 1,350m, the city of Kathmandu, which looks out on the sparkling Himalayas, enjoys a warm climate year-round that makes (B) living / to live here pleasant. Kathmandu sits almost in the middle of a basin, forming a square about 5km north-south and 5km east-west. It was the site of the ancient kingdom of Nepal. It is now the capital of Nepal and, as such, the center of (C) its / it's government, economy, and culture.

	(A)	(B)	(C)
❶	Situated	living	its
❷	Situated	to live	its
❸	Situated	living	it's
❹	Situating	to live	it's
❺	Situating	living	it's

출제자가노리는 문법사항은?

오답노트

2005년 기출

22 각 네모 안에서 어법에 맞는 표현을 골라 바르게 짝지은 것은?

Possibly the most effective way to focus on your goals is to (A) | write them down / write down them |. Although this may sound like an obvious first step, it is a step that many people ignore. As a result, their goals often remain unfocused, and therefore unrealized. Go to a fairly quiet place where you are not likely to (B) | disturb / be disturbed |. Make a list of every goal you have. Include goals about finances, relationships, and your career. Be as (C) | specifically / specific | as possible.

(A)	(B)	(C)
❶ write them down	disturb	specifically
❷ write them down	be disturbed	specifically
❸ write them down	be disturbed	specific
❹ write down them	disturb	specifically
❺ write down them	be disturbed	specific

출제자가 노리는 **문법사항은?**

_____

오답노트

242

2005년 기출

23 다음 글에서 밑줄 친 부분 중, 어법상 틀린 것은?

Falling in love is ❶ <u>alike</u> being wrapped in a magical cloud. The air feels fresher, the flowers smell sweeter, <u>food tastes</u> more delicious, and the stars shine more ❷ <u>brilliantly</u> in the night sky. You feel light and happy ❸ <u>as though</u> you are sailing through life. Your problems and challenges suddenly seem ❹ <u>insignificant</u>. Your body feels alive, and you jump out of bed each morning ❺ <u>with a smile on your face</u>. You are in a state of supreme delight.

출제자가 노리는 **문법사항은?**

오답노트

2006년 기출

24 각 네모 안에서 어법에 맞는 표현을 골라 바르게 짝지은 것은?

On most subway trains, the doors open automatically at each station. But when you are on the Metro, the subway in Paris, things are different. I watched a man on the Metro (A) try / tried to get off the train and fail. When the train came to his station, he got up and stood patiently in front of the door, waiting for it (B) opened / to open . It never opened. The train simply started up again and went on to the next station. In the Metro, you have to open the doors yourself by pushing a button, depressing a lever or (C) slide / sliding them.

(A)	(B)	(C)
① try	opened	sliding
② try	opened	slide
③ try	to open	sliding
④ tried	to open	slide
⑤ tried	opened	sliding

출제자가 노리는 문법사항은?

오답노트

25 다음 글의 밑줄 친 부분 중, 어법상 틀린 것은?

I wonder how many people give up just when success is almost within reach. They endure day after day, and just when they're about ❶ to make it, decide they can't take any more. The difference between success and failure is not ❷ that great. Successful people have simply learned the value of staying in the game until it ❸ is won. Those who never make it ❹ are the ones who quit too soon. When things are darkest, successful people refuse to give up because they know they're almost there. Things often seem at ❺ its worst just before they get better. The mountain is steepest at the summit, but that's no reason to turn back.

출제자가 노리는 **문법사항은?**

오답노트

26 각 네모 안에서 어법에 맞는 표현을 골라 바르게 짝지은 것은?

I was five years old when my father introduced me to motor sports. Dad thought (A) it / which was a normal family outing to go to a car racing event. It was his way of spending some quality time with his wife and kids. (B) Few / Little did he know that he was fueling his son with a passion that would last for a lifetime. I still remember the awesome feeling I had on that day in May when my little feet (C) carried / were carried me up the stairs into the grandstands at the car racing stadium.

	(A)	(B)	(C)
❶	it	Little	carried
❷	it	Few	were carried
❸	it	Little	were carried
❹	which	Few	carried
❺	which	Little	were carried

출제자가 노리는 문법사항은?

오답노트

27 다음 글의 밑줄 친 부분 중, 어법상 틀린 것은?

To be a mathematician you don't need an expensive laboratory. The typical equipment of a mathematician ❶ <u>is</u> a blackboard and chalk. It is better to do mathematics on a blackboard ❷ <u>than</u> on a piece of paper because chalk is easier to erase, and mathematical research is often filled with mistakes. One more thing you need to do is to join a club ❸ <u>devotes</u> to mathematics. Not many mathematicians can work alone; they need to talk about what they are doing. If you want to be a mathematician, you had better ❹ <u>expose</u> your new ideas to the criticism of others. It is so easy to include hidden assumptions ❺ <u>that</u> you do not see but that are obvious to others.

출제자가 노리는 문법사항은?

_____

오답노트

2008년 기출

28 각 네모 안에서 어법에 맞는 표현으로 가장 적절한 것은?

The first thing I notice upon entering this garden is that the ankle-high grass is greener than (A) that / those on the other side of the fence. Dozens of wildflowers of countless varieties cover the ground to (B) both / either sides of the path. Creeping plants cover the polished silver gate and the sound of bubbling water comes from somewhere. The perfume of wildflowers (C) fill / fills the air as the grass dances upon a gentle breeze. A large basket of herbs rests against the fence to the west. Every time I walk in this garden, I think, "Now I know what it is like to live in paradise."

(A)	(B)	(C)
❶ that	both	fill
❷ that	both	fills
❸ that	either	fills
❹ those	either	fill
❺ those	either	fills

출제자가 노리는 문법사항은?

_____

_____

오답노트

248

정답
p.41

29 다음 글의 밑줄 친 부분 중, 어법상 틀린 것은?

In general, one's memories of any period necessarily weaken ❶ <u>as</u> one moves away from it. One is constantly learning new facts, and old ones have to drop out to ❷ <u>make</u> way for them. At twenty, I could have written the history of my school days with an accuracy which would be quite impossible now. But it can also happen that one's memories grow ❸ <u>much</u> sharper even after a long passage of time. This is ❹ <u>because</u> one is looking at the past with fresh eyes and can isolate and, as it were, notice facts which previously existed undifferentiated among a mass of others. There are things ❺ <u>what</u> in a sense I remembered, but which did not strike me as strange or interesting until quite recently.

출제자가 노리는 **문법사항은?**

오답노트

2009년 기출

30 각 네모 안에서 어법에 맞는 표현을 골라 짝지은 것으로 가장 적절한 것은?

Many social scientists have believed for some time (A) that / what birth order directly affects both personality and achievement in adult life. In fact, people have been using birth order to account for personality factors such as an aggressive behavior or a passive temperament. One might say, "Oh, I'm the eldest of three sisters, so I can't help that I'm so overbearing," or "I'm not very successful in business, because I'm the youngest child and thus less (B) aggressively / aggressive than my older brothers and sisters." Recent studies, however, have proved this belief to be false. In other words, birth order may define your role within a family, but as you mature into adulthood, (C) accepted / accepting other social roles, birth order becomes insignificant.

	(A)	(B)	(C)
❶	that	aggressively	accepting
❷	that	aggressive	accepting
❸	that	aggressive	accepted
❹	what	aggressive	accepted
❺	what	aggressively	accepted

출제자가 노리는 **문법사항은?**

오답노트

250

31 밑줄 친 부분 중 어법상 틀린 것은?

You may think that moving a short distance is so easy that you can do it in no time with ❶ little effort. You may decide to use your own car because you think that you don't need the services of a moving company. Well, you might be wrong. You are under the false impression that you do not have as many items to pack as you really ❷ do. You find out ❸ too late that your car cannot carry as much as you thought it could. So, it takes you far more trips to your new home than you thought it would. There is also the possibility of ❹ damage your stuff, some of it valuable. All these things ❺ considered, it might be better to ask for the services of a moving company.

출제자가 노리는 문법사항은?

오답노트

2010년 기출

32 (A), (B), (C)의 각 네모 안에서 어법에 맞는 표현으로 가장 적절한 것은?

While awaiting the birth of a new baby, North American parents typically furnish a room as the infant's sleeping quarters. For decades, child-rearing advice from experts has (A) encouraged / been encouraged the nighttime separation of baby from parent. For example, a study recommends that babies be moved into their own room by three months of age. "By six months a child (B) who / whom regularly sleeps in her parents' room is likely to become dependent on this arrangement," reports the study. Yet parent-infant 'co-sleeping' is the norm for approximately 90 percent of the world's population. Cultures as (C) diverse / diversely as the Japanese, the Guatemalan Maya, and the Inuit of Northwestern Canada practice it.

	(A)	(B)	(C)
❶	encouraged	who	diverse
❷	encouraged	whom	diversely
❸	encouraged	who	diversely
❹	been encouraged	who	diverse
❺	been encouraged	whom	diverse

출제자가 노리는 **문법사항은?**

오답노트

정답
p.42

33 다음 글의 밑줄 친 부분 중, 어법상 틀린 것은?

While manned space missions are more costly than unmanned ❶ ones, they are more successful. Robots and astronauts use ❷ much of the same equipment in space. But a human is much more capable of operating those instruments correctly and ❸ to place them in appropriate and useful positions. Rarely ❹ is a computer more sensitive and accurate than a human in managing the same geographical or environmental factors. Robots are also not equipped with capabilities like humans to solve problems ❺ as they arise, and they often collect data that are unhelpful or irrelevant.

출제자가 노리는 **문법사항은?**

오답노트

34 다음 글의 밑줄 친 부분 중, 어법상 틀린 것은?

The word 'courage' takes on added meaning if you keep in mind that it is derived from the Latin word 'cor' ❶ meaning 'heart.' The dictionary defines courage as a 'quality which enables one to pursue a right course of action, through ❷ which one may provoke disapproval, hostility, or contempt.' Over 300 years ago La Rochefoucauld went a step further when said : "Perfect courage is to do unwitnessed what we should be capable of doing before all men." It is not easy ❸ to show moral courage in the face of either indifference or opposition. But persons who are daring in taking a wholehearted stand for truth often ❹ achieving results that surpass their expectations. On the other hand, halfhearted individuals are seldom distinguished for courage even when it involves ❺ their own welfare. To be courageous under all circumstances requires strong determination.

※provoke : 유발하다

출제자가 노리는 문법사항은?

_____

오답노트

2011년 기출

35 (A), (B), (C)의 각 네모 안에서 어법에 맞는 표현으로 가장 적절한 것은?

We anticipate the future as if we found it too slow in coming and we were trying to hurry it up. (A) So / Such imprudent are we that we wander about in times that are not ours and do not think of the one that belongs to us. We try to support the present with the future and (B) think / thinking of arranging things we cannot control, for a time we have no certainty of reaching. Examine your thoughts, and you will find them wholly (C) to occupy / occupied with the past or the future. We almost never think of the present, and if we do so, it is only to shed light on our plans for the future. The past and the present are our means; only the future is our end.

	(A)	(B)	(C)
❶	So	thinking	occupied
❷	So	think	to occupy
❸	So	think	occupied
❹	Such	thinking	occupied
❺	Such	thinking	to occupy

출제자가 노리는 **문법사항은?**

오답노트

My Private *Memo*

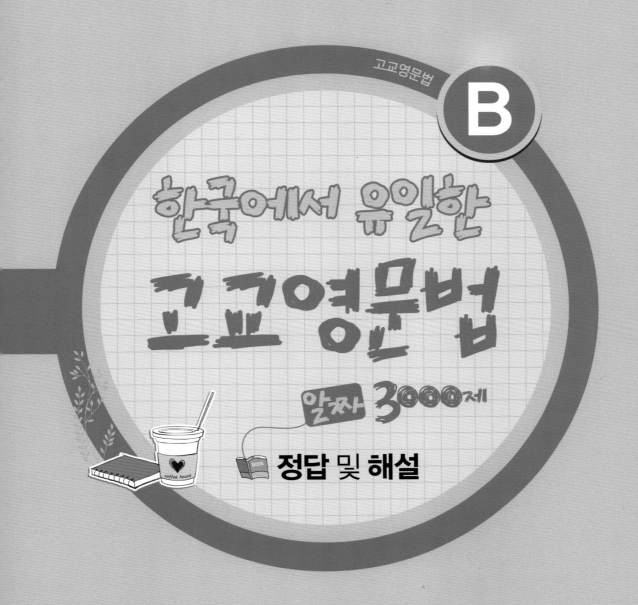

고교영문법

B

한국에서 유일한

고교영문법

알짜 3000제

📖BOOK 정답 및 해설

Iambooks

고교영문법

B

한국에서 유일한

고교영문법

알짜 3000제

📖 BOOK **정답** 및 **해설**

I을m books

Chapter 01

조동사

Unit 01 can, could

기초다지기
p. 13

Challenge 1

01. couldn't / will be able to
02. was able to / can't
03. can't / will be able to
04. won't be able to
05. wasn't able to / can
06. wasn't able to / can

Challenge 2

01. couldn't[could]
02. be able to
03. could
04. be able to
05. been able to
06. were able to
07. can

서술형 기초다지기
p. 14

Challenge 1

01. Can you see Central Park from your apartment? / Yes, I can.
02. Can he run a mile in less than four minutes? / No, he can't.
03. Can Kathy be at the conference next Tuesday? / Yes, she can.
04. Can Peter repair common computer problems? / No, he can't.

Challenge 2

01. She wasn't able to play the piano when she was eight years old.
02. I am able to go hiking in the mountains.
03. Last winter, I wasn't able to go skiing because I didn't have the money.
04. My friends and I are able to go mountain climbing now.
05. We aren't able to go mountain climbing in winter because it's too dangerous then.

이것이 수능에 출제되는 영문법이다!
 p. 15

1-1. name   1-2. believe

1-1. 조동사 뒤에는 동사원형(name)을 쓴다.
  해석 | 당신이 어떤 문제를 제기하든 간에, 당신은 또한 그에 대한 과학기술적으로 기대할 만한 해결책을 제기할 수 있다.
1-2. can't help but+동사원형의 관용표현으로 동사원형 believe를 써야 한다. '~할 수 밖에 없다'의 의미가 된다.
  해석 | Eric이 어제 다른 여자와 함께 있는 것을 봤어. 난 그가 여자 친구를 속이고 있다고 믿을 수밖에 없어.

Unit 02 may, might, must be

서술형 기초다지기
 p. 17

Challenge 1

01. Kelly may[might] not go out tonight.
02. I may[might] be watching the movie on television.
03. Sally may[might] not like the gift you(or I) bought for her.

Challenge 2

01. he may[might] watch TV in his room
02. you may[can] have an orange

Challenge 3

01. We might[may] as well paint the bathroom.
02. We might[may] as well watch the film.

Unit 03 부탁하기 / 정중한 요청 (1)

서술형 기초다지기
 p. 19

Challenge 1

01. Would[Could] you
02. Can you

Challenge 2

01. Could[Can] I have another cup of coffee? /
Sure! Right away.

02. May[Could] I leave work a little early today? /
Certainly. That's fine.

03. Can I borrow your bike this weekend? /
Of course. Go ahead.

 Unit 04 부탁하기 / 정중한 요청 (2)

 서술형 기초다지기　　　p. 22

Challenge 1

01. Would you mind if I stayed
02. Would you mind turning off
03. Would you mind bringing
04. Would you mind turning down
05. Would you mind if I borrowed

Challenge 2

01. Would you like to sit down? / Would you like a
seat?

02. Would you like to borrow it?

 Unit 05 must / have to[have got to]

 서술형 기초다지기　　　p. 25

Challenge 1

01. must tell her
02. will have to hurry up
03. Did you have to learn
04. will have to pass through
05. are going to have to postpone

Challenge 2

01. must not　　02. must　　03. don't have to
04. don't have to　05. had to　　06. must not
07. don't have to

Challenge 3

01. You don't have to buy any more bread. We've

got enough.

02. I haven't heard from Tom for ages. I must call
him soon.

03. You mustn't[can't] park there. It's not allowed.

04. Andrew doesn't have to[doesn't need to / need
not] come to the airport to pick me up. I'll take
a taxi!

Challenge 4

01. You mustn't smoke on the aircraft.

02. You mustn't carry knives or sharp objects in
your hand baggage.

03. You mustn't leave your baggage unattended in
the airport.

04. You mustn't take fruits and other foods from one
country to another.

 **Unit 06 should, ought to,
had better / would rather**

 기초다지기　　　p. 29

Challenge 1

01. had better not　　02. be
03. be　　　　　　　04. should
05. bring　　　　　　06. had taken
07. listen to

Challenge 2

01. ought to go away / should go away for a few
days

02. ought not to make noise / shouldn't make noise
in the library

03. ought to check out / should check out my blog

04. ought not to stay up / shouldn't stay up too late

05. ought to prepare / should prepare the answers
to the expected questions before she goes to
the job interview tomorrow

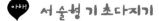 서술형 기초다지기　　　p. 30

Challenge 1

(Answers will vary.)

01. You had better take the underground. / You had

better not take a taxi.
02. You had better get a roommate.
03. You had better ask them to be quieter.

Challenge 2

01. I'd rather live in the city[in the country] than in the country[in the city].
02. I'd rather drink orange juice[tea] than tea[orange juice].
03. I'd rather be married[single] than single [married].
04. I'd rather watch a movie[do homework] than do homework[watch a movie].

이것이 **수능에 출제되는 영문법**이다! p. 31

1-1. start	1-2. ④

1-1. 제안을 나타내는 동사 suggest 뒤에 오는 that절 안에는 조동사 should가 생략되어 동사원형을 써야 한다. 의미상으로도 '되돌아 가야 한다'의 뜻이므로 should가 생략된 것을 알 수 있다.

해석ㅣ 안내인은 너무 어두워지고 바람이 불기 전에 캠프로 되돌아가야 한다고 제안했지만, 등산객들은 그의 충고를 듣지 않았다.

1-2. 주장, 명령, 요구, 제안 등을 나타내는 동사 뒤에 나오는 종속절에는 should가 쓰이는 것이 보통이지만, 이 경우 종속절의 내용은 사실이 아닌 앞으로 일어날 바람직한 일을 나타낸다. ④를 영문 그대로 해석하면, '많은 목격자들은 그 사고가 횡단보도에서 일어나야만 한다고 주장했다.'이지만 이는 문맥상 어색하다. 증인들이 사실을 증언한 것이므로 should take place를 had taken place로 고쳐야 하고, 바로 앞 문장의 had taken에서도 힌트를 얻을 수 있다. 문장 ⑤의 hold는 '~을 ~이라고 생각하다'는 의미로, 능동태의 문장으로 고쳐보면 They held the driver responsible for the accident.이므로 맞는 문장이다.

해석ㅣ 어느 날 트럭이 거리에서 보행자를 치었다. 운전자는 부주의한 보행자가 그 사고에 대해 책임져야 한다고 주장했다. 사고가 일어난 장소를 정확하게 판단하기 어려웠다. 많은 목격자들은 사고가 횡단보도에서 일어났다고 주장했다. 그래서, 운전자가 그 사고에 대해 책임을 져야 한다고 여겨졌다.

Unit 07 현재 추측

 서술형 기초다지기 p. 33

Challenge 1

01. My brother may come to live with me.
02. She might be at home right now.

Challenge 2

01. could have time   02. must be very happy
03. might freeze

Challenge 3

01. She must be a nurse.
02. She must like modern art.
03. She must be very busy.

Unit 08 현재 부정 추측

 서술형 기초다지기 p. 35

Challenge 1

01. can't   02. must not   03. must not
04. can't   05. must not

Challenge 2

01. She may[might] not be working today.
02. She may[might] not want to see me.
03. She may[might] not want to get married to Peter.
04. She may[might] not want to be alone.

Unit 09 과거 추측

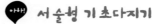 서술형 기초다지기 p. 37

Challenge 1

01. might have gotten stuck in heavy traffic
02. might be in the library

Challenge 2

01. must have been   02. can't have gone
03. can't have had   04. must have worked

4

Challenge 3

01. can't have solved the problem
02. may have revealed the secret
03. couldn't have done the work by himself

Unit 10 **과거 추측 : should have V-ed, must have V-ed**

 서술형 기초다지기 p. 40

Challenge 1

01. You should have written your name on the book [it].
02. You shouldn't have opened the window.
03. You shouldn't have spent your money foolishly.

Challenge 2

01. I needn't have rushed to the airport.
02. She needn't have bought (any) oranges.

Challenge 3

01. must have forgotten
02. should not have laughed
03. ought not to have given

이것이 **수능에 출제되는 영문법**이다! p. 41

1-1. ⑤

1-1. (과거에) 주의를 기울였어야만 했는데, 그렇지 못했던 것을 현재 후회하고 있으므로(regret), 과거에 행하지 못한 것에 대한 유감의 의미를 지닌, should have paid를 사용해야 한다.
해석 | 내 동생이 어제 아팠다. 난 그 애에게 거의 신경을 쓰지 않았고, 병원으로 데리고 가지 않았다. 왜냐하면 병이 그다지 심각해 보이지 않았기 때문이다. 이제 동생의 상태는 더욱 악화되고 있다. 난 그에게 주의를 기울이지 않았던 것을 후회하고 있다. 다시 말해, 난 그에게 더 주의를 기울였어야 했다.

Unit 11 **used to / would**

 서술형 기초다지기 p. 43

Challenge 1

01. She used to ride her bicycle to work.
02. She didn't use(d) to eat breakfast in the morning.
03. She used to live in a small town.
04. She didn't use(d) to work at a restaurant nearby the college.
05. She used to play tennis after work every day.
06. She didn't use(d) to spend a lot of money.

Challenge 2

01. used to
02. used to wear
03. used to scream
04. used
05. used to
06. was used
07. am used to listening

이것이 **수능에 출제되는 영문법**이다! p. 44

1-1. to help
1-2. being

1-1. be used to+V는 수동태로 '~하는 데에 사용되다'의 뜻이다. 따라서 to help가 의미상 적절하다.
해석 | 이 모든 돈은 전 세계의 집 없고 굶주린 수많은 사람들을 돕기 위해 쓰여지고 있다.

1-2. '~하는 데에 사용되다'의 뜻이 아닌 '~에 익숙하다'의 의미이므로 be used to+동명사를 써야 한다. 따라서 being이 올바르다.
해석 | 그 조그만 아이는 자기 형한테 놀림당하는 것에 익숙해져서 이제 더 이상 울지 않는다.

중간·기말고사 100점 100승 p. 45

1. used to	2. ③	3. ③
4. ②	5. ③	6. to ask → ask
7. ②	8. ④	9. ③	10. ①
11. ② may have had → may have		12. ③
13. ③	14. ④	15. ⑤	16. ⑤
17. must have thrown	18. must / must	

1. '예전에 ~하곤 했지만 지금은 안 한다'라는 의미를 나타낼 때는 used to+동사원형을 쓴다.

2. 과거 상황에 대해 논리적 이유를 갖는 강한 확신이나 추측은 'must have+V-ed'를 쓴다. 따라서 ③번이 정답이다.

6. 마지막 대화문에 to ask를 ask로 고쳐야 한다. '~하는게 좋겠다'의 의미인 had better 뒤에는 동사원형을 써야 한다.
   해석 | W : 내일 밤 Brian이 저녁 식사하러 오니?
   M : 그럴 거야. 그런데 그는 겨우 며칠 전에 병원에서 퇴원했어.
   W : 그는 몸이 좀 어때?
   M : 많이 좋아졌어. 하지만 아직 완전히 회복된 건 아니야.
   W : 그가 특별히 음식 조절하는 것이 있니?
   M : 사실, 당분간 매운 음식은 먹으면 안 된다고 했어.
   W : 그럼, 그를 위해 무슨 음식을 준비해야 할까?
   M : 모르겠어.
   W : 그러면, 무엇을 먹을 수 있는지 그에게 물어보자.

7. 우리가 현재 알고 있는 사실로부터 '~임에 틀림없다'의 강한 확신은 must be를 쓴다.

8. 과거에 하지 못한 일에 대한 후회를 나타내므로 should have V-ed를 쓴다.

9. '~하는 게 당연하다'의 뜻인 may well+동사원형을 쓴다.

10. may as well+동사원형은 '~하는 편이 좋겠다'라는 뜻으로, 같은 의미로 had better+동사원형이 있다.
    해석 | 난 인생을 어떻게 최대로 이용할 것인가 하는 문제에 대해 얘기해 달라는 부탁을 받았었다. 그러나 그것에 대해서는 전혀 모른다고 즉시 고백하는 게 좋다. 나는 지금까지 내 자신의 인생을 최대로 이용해 왔다고 생각할 수 없고, 또한 나에게 남아 있을 혹은 남아 있지도 않을 인생을 더욱 잘 이용할 것 같지도 않다.

11. ②의 may have had를 may have로 고쳐야 한다. 며칠이 지나, 거미가 한 마리밖에 남아 있지 않게 될 것이라는 미래의 의미이므로 현재 또는 미래를 추측하는 may have가 올바르다.
    해석 | 만약 당신이 거미 몇 마리를 항아리에 길러 보았다면, 당신은 흥미로운 사실을 발견했을 것이다. 며칠이 지나면, 거미는 한 마리밖에 남아있지 않게 될 것이다. 많은 거미들이 동족을 잡아먹는다! 굶주린 거미들은 다른 거미들을 포함해서, 잡을 수 있는 것은 무엇이든 잡아먹는다. 거미는 매우 작은 입을 가지고 있으며 먹이를 실제로 '먹는' 것이 아니다. 대신에 거미는 잡은 먹이의 몸에서 우선 그 체액을 빨아 먹는다. 그런 다음 거미의 몸에서 나온 액체가 먹이의 몸에 주입된다. 이 액체가 먹이의 조직 역시 거미가 먹을 수 있는 액즙으로 바꿔 놓는다. 나중에 껍데기만 남은 먹이의 몸은 버려진다.

13. '누구든지 그것을 할 수 있었을 것이다'라는 의미의 could have done을 쓴다. 어떤 일에 대한 상을 받은 것은 과거의 일이므로 can do를 쓸 수 없다.

14. ④는 must be로 '~임에 틀림없다'의 뜻이다. 나머지는 모두 강한 의무나 금지를 나타내는 must의 뜻이다.

15. '예전에 ~하곤 했었다'라는 과거의 습관을 나타내는 조동사는 ⑤번의 would이다.
    해석 | 그녀는 때때로 나를 똑바로 쳐다보고 때때로 자신만의 세계에 몰두해 있는 것처럼 보였다. 난 오후에는 그녀의 침대 끝에 앉아 있곤 했었다.

16. 과거의 일을 나타내므로 동사원형 대신 have been과 have gone이 올바르다.

17. 창문이 깨져 있는 광경을 보고 확신에 차 말하고 있으므로 must have thrown을 쓴다.
    해석 | 나는 옆방에서 큰 소리를 들었다. 방안에 들어갔을 때, 나는 돌이 바닥에 떨어져 있고 창문이 깨져 있는 것을 발견했다. 누군가 창문으로 돌을 던진 것이 틀림없다.

18. '~임에 틀림없다'라는 뜻으로 must have V-ed를 쓴다.
    해석 | A : Amy는 가을에 개강하는 수업료를 마련하기 위해 두 곳에서 정규직으로 일을 하고 있어요. 그녀는 휴식을 취하거나 다른 일을 할 시간이 없음이 틀림없어요.
    B : 조금 전에 내가 그녀의 집에 들렀을 때, 노크를 해도 왜 아무 대답이 없었는지 알 것 같네요. 그녀가 자고 있었음이 틀림없네요.

창의성과 표현력을 길러주는 서술형 문항 A

p. 48

1. She should[had better] take an aspirin. /
   She shouldn't have gone to the concert.
2. She should[had better] exercise more. /
   She shouldn't have eaten sweets.
3. They should[had better] hurry up. /
   They shouldn't have wasted any more time.

1~3. 현재 또는 미래에 '~해야 한다, ~하는 게 좋겠다'의 의미로 should와 had better 둘 다 쓸 수 있다. had better 뒤에는 동사원형을 써야 한다. 'should+have+V-ed'는 '(과거에) ~했어야 했다'의 뜻이고 부정형 'shouldn't+have+V-ed'는 '(과거에) ~하지 말았어야 했는데 (사실은 그 행위를 했다)'라는 의미를 내포하고 있다.

창의성과 표현력을 길러주는 서술형 문항 B

p. 49

1. Kelly suggested that she ride her bicycle to work in the morning.
2. Steve suggested that she eat more fruit and vegetables.
3. Christina suggested that she drink a lot of milk and exercise regularly.

1~3. 동사 suggest는 that절 안에 동사원형을 쓰자는 영문법적인 약속이 되어 있다. that절 안에 should를 생략해서 쓰기 때문에 동사는 인칭과 수에 관계없이 동사원형 ride, eat, drink로 써야 한다. 동사원형을 쓰는 이유는 제안한(suggest)사람이 제안을 했을 뿐이지 상대방이 그 행위나 행동을 실제로 했는지 알 수가 없기 때문에 현재나 미래를 나타내는 현재시제, 즉 동사원형을 쓰는 것이다. 과거시제를 쓰면 어떤 행동을 실제 했다는 말이 되어 이상한 말이 되기 때문에 쓸 수 없다.

창의성과 표현력을 길러주는 서술형 문항 C p. 49

1. May[Can, Could] I use your phone card?
2. Could[Would] you show me how to download something from the Internet?

1~2. 자신이 제안할 때는 May[Can, Could] I~?를 쓰고 상대방에게 어떤 일을 하도록 요청할 때는 Could[Would, Will, Can] you~?를 쓴다. 가족이나 친구와 같이 친한 사이가 아닐 경우에는 Could와 Would를 쓰는 것이 좋다.

창의성과 표현력을 길러주는 서술형 문항 D p. 50

(Answers will vary.)

1. They should have confirmed their flight ahead of time.
2. They should have looked up the hotel on the Internet to see where it was.
3. They should have taken Korean lessons before going to Seoul.
4. Nancy shouldn't have left the phrasebook at home.
5. They should have asked for a waiter[waitress] that could speak English.
6. James should have taken his digital camera and smartphone with him.
7. They should have complained to the travel agency.

1~7. 모두 과거의 일로, 과거에 했어야 했는데 하지 않은 일은 should+have+V-ed를 쓰고 하지 말았어야 했지만 한 일은 'should not+have+V-ed'로 쓴다.
해석| James와 Nancy는 휴가 동안 한국의 서울을 가기로 결정했다. 그들은 할인해 주는 여행사에서 값싼 호텔과 힘들지 않은 패키지 상품을 찾았다. 공항에 도착했을 때, 그들은 비행기가 초과 예약되었다는 것을 알게 되었다. 그들은 미리 전화를

걸어 비행기를 확인하지 않아서 다음 비행기까지 7시간을 기다려야 했다. 그들이 호텔에 도착했을 때 광고에서 말한 것과는 달리 바닷가에서 가깝지 않다는 것을 알았다. 적어도 300Km는 떨어져 있었다. 그들은 점심을 먹으러 가까운 레스토랑에 갔지만 한국어를 조금도 할 줄 몰랐고, Nancy는 여행객을 위한 회화책까지 집에 두고 왔다. 그들은 메뉴를 읽을 줄 몰라 채식주의자임에도 불구하고 불고기를 주문했다. 식사를 마치고 호텔에 돌아왔을 때 James는 그의 디지털 카메라와 스마트폰이 모두 사라진 것을 알게 되었다. 여행사에 항의할까 생각했지만 휴가에서 돌아왔을 때 그들은 몹시 지쳐버렸다.

실전 서술형·논술형 평가 1 p. 51

1. ①
2. (1) After feeding my brother and me breakfast, she would scrub, mop, and dust everything.
(2) Outside, she would tend a small flower garden, which was the envy of the neighborhood.

1. (A) 병렬구조이므로 동사 dust를 쓴다. (B) 'keep+목적어+목적격 보어'의 구조로 부사가 아닌 형용사 neat를 써야 한다. (C) everything과 she 사이에 관계대명사가 생략되어 있고, 문장의 주어는 everything이므로 동사를 써야 한다. 따라서 정답은 turned이다. turning은 문장의 동사가 될 수 없다.
2. 본문에서 엄마가 솔선수범해서 했던 일을 찾아 쓰면 된다.
해석| 어머니는 유별나게 청결한 분이셨다. 어머니는 나와 동생에게 아침을 주고 난 후에 모든 물건들을 문지르고, 닦고, 먼지를 털어내곤 하셨다. 우리가 점점 커 감에 따라, 어머니는 우리 방을 깨끗이 하는 것으로 우리의 역할을 하라고 강조하셨다. 어머니는 바깥에서 작은 정원을 손질하시곤 했는데, 이웃들은 그 정원을 부러워했다. 어머니의 손이 닿는 모든 것들은 황금으로 변했다. 어머니는 무엇이든 대충한다는 생각을 하지 않았다. 어머니는 종종 우리에게 우리가 하는 모든 것들에 최선을 다해야 한다고 말씀하시곤 했다.

실전 서술형·논술형 평가 2 p. 52

1. ⑤ should receive → should have received
2. provide not only knowledge but also creativity
(필자의 의도에 부합하면 정답으로 처리한다.)

1. ⑤의 should receive는 문맥상 교육의 희생자들이 (과거에) 창의력 개발 훈련을 받았어야만 했다는 내용이 되어야 하므로,

과거에 하지 못한 일에 대한 유감을 나타내는 should have +
V-ed를 사용해야 한다. 즉, should have received로 고쳐
야 한다.

해석 | 종종 사람들은 학교의 기능이 지식 있는 사람들을 양성
하는 것이라고 믿고 있다. 그러나 만약 학교가 단지 지식만을
제공한다면, 학교는 창의력을 파괴하여 그저 평범한 사람들을
양성할 수도 있다. 만약 교육이 창의력에만 초점을 맞추었다면,
위대한 예술가나 과학자가 될 수도 있었을 평범한 사람들에 대
한 이야기를 우리는 종종 듣는다. 교육의 희생자들은 학교에
다니는 동안 창의적인 재능을 개발하기 위한 훈련을 받았어야
만 했다. 그들이 그렇게 하지 않았던 것은 정말 유감이다.

Chapter 02

접속사

Unit 01　and, but, or, so

기초다지기　
p. 57

Challenge 1

01. are　　02. and　　03. being
04. slowing　05. but

Challenge 2

01. but　　02. so　　03. but
04. or　　05. and　　06. or
07. and　　08. or　　09. for

서술형 기초다지기　
p. 58

Challenge 1

01. but he failed the exam
02. eat less junk food and get enough exercise
03. so I couldn't take the subway or the bus

Challenge 2

01. I talked to Jane for a long time, but she didn't listen.
02. Would you like some water or some coffee?
03. It started to rain, so she opened her umbrella.
04. Try to keep your promise, or she will be disappointed in you.
05. We can live without food for a few days, but we will die in a few minutes without air.

이것이 수능에 출제되는 영문법이다!
p. 59

1-1. ③

1-1. (A) '대부분의'라는 의미의 형용사는 most이다. almost는 부사이므로 명사를 수식할 수 없다. (B) 목적어 it이 있으므로 동명사가 와야 한다. 명사는 뒤에 의미상의 목적어를 취할 수 없다. (C) get, share, act가 모두 to에 연결되어 있는 병렬구조이므로 act를 써야 한다.

해석 | 오늘날 대부분의 기업들이 정보를 다루는 데 있어서 하고 있는 일들은 몇 년 전에는 불가능했을 것이다. 그 시절에는 풍부한 정보를 모으는 것은 비용이 매우 많이 들었으며 그것을 분석하는 도구는 1990년대 초반까지 유용하지도 않았다. 하지만 지금 디지털 시대의 도구들은 새로운 방식으로 정보를 모으고 공유하며 실행시키는 방법을 우리에게 제공해 준다.

Unit 02　상관접속사　

기초다지기　
p. 61

Challenge 1

01. to play　　02. or　　03. and
04. but also　　05. but　　06. slept

Challenge 2

01. not only / but also　02. neither / nor
03. Either / or　　04. both / and

서술형 기초다지기　
p. 62

Challenge 1

01. both go out to dinner and see a concert
02. neither the opening nor the closing
03. not at the bus stop but in the library

Challenge 2

01. Bob can speak both English and Korean.
02. Neither this woman nor that old lady can be a suspect.
03. I'm going to major in either sociology or economics.
04. Either my dad or my mom will drive me to the Incheon International Airport.

이것이 수능에 출제되는 영문법이다!
p. 63

1-1. and → nor　　　1-2. destroyed

1-1. 상관접속사 neither는 nor과 함께 쓴다. 따라서 and를 nor로 바꿔 써야 한다.

1-2. 상관접속사로 연결되는 단어는 문법 형태가 동일해야 한다. 따라서 can be created와 동일한 (can be) destroyed 가 되어야 한다.

해석 | 에너지는 창조되거나 파괴될 수 없고 단지 형태만 바뀔 뿐이다.

Unit 03 명사절 that / 의문사로 시작하는 명사절

 기초다지기 p. 66

Challenge 1

01. that
02. What
03. That
04. who made the cake
05. there are
06. people express

Challenge 2

01. That people are unhappy with the government is a fact. / It is a fact that people are unhappy with the government.
02. That smoking causes cancer and heart disease is still true. / It is still true that smoking causes cancer and heart disease.
03. That we can access information anywhere on the Internet is amazing. / It is amazing that we can access information anywhere on the Internet.

 서술형 기초다지기 p. 67

Challenge 1

01. how many people your company employs
02. who Cindy is waiting for in the hallway
03. why Eric canceled his vacation plans
04. where I should buy the meat for the lamb stew
05. how old your grandmother is
06. how often your mother connects to the Internet

Challenge 2

01. The fact that the Japanese economic situation is getting better is true.
02. The fact that many people living in Miami speak only Spanish is surprising.

이것이 수능에 출제되는 영문법이다! p. 68

| 1-1. what | 1-2. that | 1-3. what |

1-1. 주어 자리가 비어 있는 불완전한 절이 왔기 때문에 what이 적합하다.

해석 | 자유 경제 체제에서 무엇이 호황과 불황을 야기하는지 확실히 아는 사람은 아무도 없다.

1-2. '주어+동사+목적어'가 모두 있으므로 that이 적합하다.

해석 | Nancy는 전기를 절약하기 위한 캠페인을 벌이자는 아이디어를 생각해냈다.

1-3. 전치사 뒤에는 that을 쓸 수 없다. 따라서 what이 적절하다.

해석 | 우리가 "옳다", "공평하다", "좋다", "나쁘다"고 생각하는 것에 맞추어 다른 사람들이 살기를 바라면서 그들에게 우리의 가치를 강요하려고 할 때 부조화가 우리의 관계에 들어온다.

Unit 04 if와 whether로 시작하는 명사절

 서술형 기초다지기 p. 70

Challenge 1

01. where the information center is located
02. if[whether] he likes the movie theater
03. if[whether] the passengers come out here
04. how long he has been working for IBM

Challenge 2

01. Could you please tell me if[whether] this bus goes downtown?
02. Could you please tell me how much this cell phone costs?
03. Could you please tell me if[whether] Karen dyed her hair black?
04. Could you please tell me when Flight 73 is expected to arrive?
05. Could you please tell me if[whether] this word is spelled correctly?

> 1-1. he will repair   1-2. whether

1-1. how 이하가 간접의문문이므로 'how+주어+[조]동사'가 와야 한다.
　해석│ 열두 살짜리는 월급이나 직업상의 승진에 대해 걱정을 하지 않는다고 어른은 생각한다. 지붕에 물이 샐 때, 단지 부모만이 어떤 건축업자를 고용할까 혹은 그것을 어떻게 직접 수리할까를 걱정한다.

1-2. whether는 'whether ~ or not' 또는 'whether or not'의 형태가 모두 가능하다. 하지만 if는 'if ~ or not'만 쓸 수 있으므로 whether가 정답이다.
　해석│ 그녀는 최신 소프트웨어 프로그램들로 사무실의 컴퓨터 시스템을 강화할지 말지에 대해 여전히 생각 중이다.

Unit 05   그 외 자주 사용하는 명사절

 서술형 기초다지기   p. 74

Challenge 1

01. Nancy is surprised that Eric failed his chemistry course. / Eric is disappointed that he failed his chemistry course.
02. Steve is glad that Stella has come. / Stella is pleased that Steve invited her.

Challenge 2

01. I don't expect that Kelly is going to be home tonight.
02. I believe that the photos are ready to be picked up at the photo shop.
03. I hope that my flight won't be canceled because of the snowstorm in Seoul.

Unit 06   시간의 부사절

 서술형 기초다지기   p. 77

Challenge 1

01. As it was very hot and humid, I was exhausted before I got there.
02. As soon as she admitted to cheating on the test,

---

the teacher took her to the office.
03. I'll be in Singapore by the time you receive this letter.
04. Before Marie watches TV, she always goes out for a walk.

Challenge 2

01. As soon as I arrive, I will put on light clothes and walk in the sun.
02. Before I leave, I will visit all the museums in the city.
03. When they get to Moscow, they will stay at the Hilton Hotel.
04. When I reached for the phone to make a call, it began to ring.
05. I'm going to buy a new smartphone when I save enough money.

> 1-1. have finished   1-2. depart
> 1-3. Since

1-1. 시간의 부사절 안에서는 미래의 뜻을 나타내더라도 미래시제를 쓰지 않는다. 현재 또는 현재완료로 미래를 대신한다.
　해석│ 이 일을 끝낼 때 나는 외출할 것이다.

1-2. '출발하기 전에'라는 의미로, 시간의 부사절 안의 동사는 현재로 미래를 나타낸다.
　해석│ 모든 여행자들은 출발하기 전에 그들이 적절한 여행보험에 들었는지를 확실히 해야 한다.

1-3. 주절에는 완료시제가 쓰였고 '~이래로'의 뜻을 나타내는 접속사 since를 써야 한다.
　해석│ 전쟁이 처음 시작된 이래로, 5만 명의 피난민들이 그 나라를 떠났다.

Unit 07   원인과 결과 / 조건의 부사절

 기초다지기   p. 81

Challenge 1

01. in case of   02. Unless   03. buy
04. because   05. Now that   06. due to
07. have

Challenge 2

01. Unless you have a better idea
02. In case you need to get in touch with me
03. because it was raining
04. Only if it rains
05. Whether or not you approve / Whether you approve or not

 ### 서술형 기초다지기 p. 82

Challenge 1

01. You can go to the party only if you have an invitation. / You can't go to the party unless you have an invitation.
02. Water will freeze only if the temperature reaches 32℉/0℃. / Water won't freeze unless the temperature reaches 32℉/0℃.
03. Jane talks in class only if the teacher asks her specific questions. / Jane doesn't talk in class unless the teacher asks her specific questions.

Challenge 2

01. We're going to go camping in the mountains whether it snows or not.
02. My sister wears her blue sweater whether the weather is cold[hot] or not.
03. Robert can go to school whether he gets a scholarship or not.

이것이 수능에 출제되는 영문법이다! p. 83

1-1. because of → because
1-2. (unless절 안의) not 제거
1-3. will drop → drops

1-1. because of 다음에는 명사가 오고 because 다음에는 절이 오기 때문에 because of를 because로 고쳐야 한다.
해석 | 일반적으로 (남들이) 여러분에게 기대하는 것이 무엇인지를 알고 있기 때문에, 여러분은 각각의 역할을 수행하는 데 거의 어려움이 없다.
1-2. unless절 안에는 부정어가 나올 수 없다. 따라서 not을 삭제한다.
해석 | 만약 당신이 기꺼이 열심히 하려고 하지 않는다면, 당신은 좋은 의사가 되는 기회를 가지지 못할 것이다.
1-3. in case는 조건을 나타내는 부사절이고, 조건의 부사절 안

에서는 현재시제가 미래를 대신하므로 will drop을 drops로 고쳐야 한다.
해석 | 기온이 밤새 영하로 내려갈 것에 대비해서 계속 난방을 하자.

Unit 08 **양보와 대조의 부사절**

 ### 기초다지기 p. 86

Challenge 1

01. (b)   02. (c)   03. (c)
04. (b)   05. (c)

Challenge 2

01. Old / Cindy is   02. being tired
03. though

 ### 서술형 기초다지기 p. 87

Challenge 1

01. even though   02. because   03. even though
04. because   05. even though   06. because

Challenge 2

01. Although deserts don't receive a high amount of rainfall
02. whereas[while] the longer scenes depict the father's side

Challenge 3

01. There is always hope for the future no matter how difficult the situation is.
02. No matter how clearly I give you instructions, you don't seem to follow them correctly.
03. No matter how young the children are, that's insulting.

이것이 수능에 출제되는 영문법이다! p. 88

1-1. ③

1-1. ③의 though는 접속사로 '주어+동사'가 함께 나와야 하는데 명사(your youth and lack)가 있으므로 같은 의미의 despite 나 in spite of로 고쳐야 한다.

해석 | 귀하의 시를 우리 출판사에 보내주신 것을 감사드립니다. 제가 그것들을 살펴볼 기회를 가졌는데, 저는 귀하의 젊음과 이 장르에서의 경험 부족에도 불구하고 그 시들이 상당한 가능성을 보여준다고 느끼고 있습니다. 하지만, 여전히 발전의 여지가 많이 있으며, 그래서 현재 우리가 시를 싣고 있는 어떤 잡지에도 출판을 하기에는 아직 적절하지 않다고 생각합니다. 귀하는 소개서에서 문학을 직업으로 삼고 싶다는 점을 언급하고 있습니다. 귀하의 앞으로의 문학적인 노력에 행운이 있기를 빕니다.

Unit 09 구(phrase)로 바꾸기

 서술형 기초다지기 p. 90

Challenge 1

01. After finishing an essay, Julia checks her work carefully.
02. Starting her new timetable, Kelly has been much happier.
03. Knowing that she must stay healthy, Jessica runs every day and eats lots of fruit.
04. While herding his goats in the mountains, an Ethiopian named Kaldi discovered the coffee plant more than 1,200 years ago.

Challenge 2

01. Before she returns home
02. While I was traveling across Europe
03. When we entered the theater
04. When Bob saw his wife and child get off the airplane
05. Because he lacked the necessary qualifications

Unit 10 목적 / 결과를 나타내는 부사절

 서술형 기초다지기 p. 93

Challenge 1

01. so　　02. so　　03. such　　04. such

Challenge 2

01. Kelly is such a good pianist that I'm surprised

she didn't go into music professionally.
02. We had such hot and humid weather that it was uncomfortable just sitting in a chair doing nothing.
03. The radio was so loud that I couldn't hear what Michael was saying.

Challenge 3

01. I put the orange juice in the refrigerator so (that) it wouldn't spoil.
02. Mr. Kevin is studying the history and government of Canada so (that) he can become a Canadian citizen.

이것이 수능에 출제되는 영문법이다! p. 94

1-1. such → so　　　　1-2. such → so
1-3. such → so

1-1. 형용사 rude and obnoxious가 있으므로 such를 so로 써야 한다.
해석 | Lisa는 너무 예의 없고 안하무인이라 대부분의 사람들이 그녀를 피한다.
1-2. 'so+형용사+a/an+명사+that'의 어순을 쓰므로 such를 so로 바꿔야 한다. 명사 answer가 있더라도 형용사 witty가 앞으로 나오면 such 대신 so를 써야 한다.
해석 | 그녀가 어찌나 재치 있는 대답을 했던지 모두들 웃음을 터뜨렸다.
1-3. such 앞에 완전한 절이 있으므로 such를 so로 바꿔야 한다.
해석 | 이러한 이유로, 농부는 소의 사료를 천천히 바꾸게 됩니다. 그렇게 해야 소가 새로운 사료에 적응할 수 있을 테니까요.

중간·기말고사 100점 100승 p. 95

1. ①　　2. ③　　3. ⑤　　4. ⑤
5. ⑤　　6. ②
7. ④ how was information shared → how information was shared
8. ④　　9. ④　　10. ④　　11. ①
12. Fresh water is necessary for farming and industry as well as for people's daily life.
13. ②　　14. ①
15. No matter how hard the government tries by providing houses, schools, and medical services
16. ③

1. 밑줄 친 as는 '~하면서'라는 뜻으로 동시 동작을 나타낸다. ①번이 같은 의미이다.

   해석) 나는 그와 함께 집으로 걸어가면서 얘기를 했다. 나는 내 계획을 확인해 봐야겠다. 다음 주에 Byron의 피아노 공연이 있다는 것은 확실하다. 나는 그를 보러 갈 생각이다.

2. ③은 주어와 동사가 있는 절이 있으므로 전치사인 despite를 접속사 although 또는 though로 바꾼다.

   해석) 연어는 알을 부화하고 죽기 위해서 그들이 태어난 민물로 반드시 돌아오지만 성어(成魚) 시절의 대부분을 바다에서 보낸다.

3. while은 접속사로 '주어+동사'와 함께 쓰인다. 같은 의미의 전치사 during으로 바꿔 써야 한다.

   해석) 미국 남북 전쟁 동안 군사 정보를 획득하기 위해 풍선 기구 관측이 이루어졌다.

4. think는 의문사를 문장 맨 앞으로 보내고 '주어+동사'의 어순으로 쓰기 때문에 ⑤가 가장 적절하다.

5. ⑤의 that은 앞에 있는 energy를 수식하는 관계사절이다. 나머지는 모두 명사절 접속사로 쓰인 that이다.

6. '~인지 아닌지'의 뜻인 명사절 접속사 if가 올바르다.

7. ④의 의문사 how가 문장 가운데서 간접의문문으로 사용될 때는 '의문사+주어+동사~'의 어순으로 써야 한다. 따라서 how was information shared를 how information was shared로 써야 한다.

8. 우리가 비록 다양한 정보로 넘쳐 나는 현대에 살고 있지만, 과거 우리의 조상들도 원시적이긴 하지만 정보를 공유하는 체계를 갖고 있었으므로 일종의 정보의 시대에 살고 있었다는 것이 이 글의 요지이다.

   해석) 우리가 최근에 정보 시대로 들어섰다는 주장은 잘못된 것이다. 휴대전화와 인터넷과 텔레비전의 범람으로, 우리는 우리 조상이 소식이 먼 마을로 전해지지 않는 단순한 세상에 살았다고 잘못 생각한다. 우리가 과거에 어떻게 정보가 공유되었는지에 대해 상대적으로 거의 알지 못하기 때문에, 매스미디어가 우리 시대를 과거와 다르게 만든다고 추정하는 것은 타당하지 않을 수도 있다. 사실 올림픽은 페르시아인에 대한 아테네의 승리에 관한 소식을 가져온 그리스 병사를 기념하여 행해진다. 우리 대부분은 통신용 북, 연기 신호, 교회 종, 배의 깃발 같은 다른 많은 예들을 떠올릴 수 있다. 그러나 그것들의 원시성은 우리가 정보에 대한 지속적이고 즉각적인 접근할 수 있는 세계, 즉 근본적으로 다른 세계에 살고 있다는 우리의 느낌만을 확인할 뿐일 것이다.

9. ④의 조건의 부사절 안에서는 현재시제로 미래를 대신한다. 따라서 'only if she passes~'로 써야 한다.

10. 빈칸을 기준으로 서로 상반되는 내용이 전개되므로 접속사 but이 알맞다.

11. 우리의 신체는 산소를 저장할 수 없기 때문에 계속해서 숨을 쉬어 산소를 공급받아야 한다는 내용이 흐름상 가장 적절하

다. 따라서 ①이 정답이다.

   해석) 우리의 몸은 영양분과 산소가 필요하고 이것들은 끊임없이 공급되어야 한다. 영양분은 몸속에 저장되지만 이러한 필요를 충족하기 위해서 항상 음식을 먹을 필요는 없다. 우리의 몸은 산소를 저장할 수 없으므로 계속해서 숨을 쉬어야 한다.

12. 「not only A but also B」는 「B as well as A」로 바꿔 쓸 수 있다. 따라서 for farming and industry를 앞으로 보내어 Fresh water is necessary for farming and industry as well as for people's daily life로 문장을 완성한다.

   해석) 담수는 사람들의 일상생활에서 뿐만 아니라 농업과 산업에도 없어서는 안 된다.

13. 명사가 뒤에 있으므로 전치사구인 in spite of를 써야 한다.

   해석) 내재된 위험에도 불구하고, 원자력은 깨끗하고 잠재적으로 고갈되지 않는 에너지원이다.

14. (A) 문장 중간에 의문사가 있을 경우 간접의문문의 어순 '의문사+주어+동사'로 쓴다. how well or poorly를 한 덩어리의 의문사로 처리하고 뒤에 주어 동사인 people express를 써야 한다.

   해석) 한 가지 중요한 사교 능력은 사람들이 자신의 감정을 얼마나 잘 표현하는가 혹은 못하는가 하는 것이다. Paul Ekman은 어떤 감정이 언제 적절하게 표현될 수 있는지에 대한 사회적인 합의에 대해 '(감정) 표현 규칙'이라는 용어를 사용한다. 이 점에 관해서 문화는 때때로 아주 다양하다. 예를 들어, Ekman과 그의 동료들은 한 동양 국가에서, 10대 호주 원주민이 행하는 의식에 관한 무서운 영화를 본 학생들의 얼굴 반응을 연구했다. 학생들이 권위 있는 인물이 참석한 상태에서 영화를 봤을 때, 그들의 얼굴은 단지 최소한의 반응의 기색만을 보였다. 그러나 그들이 혼자 있다고 생각했을 때에는 (비록 그들은 비밀 카메라로 촬영되고 있는 중이었지만) 불편한 감정이 생생하게 뒤섞여 그들의 얼굴은 일그러졌다.

15. 'However+형용사+주어+동사~'는 'No matter+형용사+주어+동사~'로 바꿔 쓸 수 있다. 따라서 No matter how hard the government tries by providing houses, schools, and medical services로 쓴다.

   해석) 아무리 정부가 집, 학교 그리고 의료시설을 제공함으로써 열심히 노력할지라도, 아직까지 집 없는 사람들, 가난한 사람들에 대한 문제는 해결되지 않고 있다.

16. 모두 주절과 종속절의 내용이 서로 대조를 이루고 있으므로 접속사 though가 올바르다.

창의성과 표현력을 길러주는 서술형 문항 A p. 98

(Answers will vary.)

1. it snows tomorrow / I will go skiing.
2. it rains tomorrow / I will stay at home and listen to music.

3. I go to Italy / I will eat traditional spaghetti.
4. my parents aren't at home tonight / I'm going to have a party with my friends.
5. I am hungry / I won't hear what the teacher says, nor see what is written on the blackboard.

1~5. 조건의 부사절 if 안에서는 의미상 미래라 하더라도 동사는 반드시 현재시제를 쓰고 주절에는 미래시제 will, be going to 등을 써야 한다. if절 안의 동사를 미래시제로 쓰지 않도록 조심하자.

실전 서술형·논술형 평가 1
p. 99

1. ④
2. It was such bright Mars that even the lights of the city didn't get in the way.

1. (A) 부사절이므로 접속사 when을 쓰고 주어와 동사를 써야 한다. 접속사 없이 주어와 동사로만 부사절을 만들 수 없다. 따라서 when Mars was closer를 쓴다. (B) if절의 시제가 had+V-ed인 가정법 과거완료이므로 주절에는 반드시 조동사 과거+have+V-ed로 시제를 일치시켜야 한다. 따라서 it would have reached를 쓴다.
2. such는 'such+a/an+(형용사)+명사+that~'의 어순으로 쓴다. 형용사 bright를 명사 Mars 앞에 써서 It was such bright Mars that~으로 쓴다.
해석 | 올해 8월 27일에는 많은 사람들이 지구와 화성이 가까워지는 현상을 관찰하기 위해 야외로 나갔다. 8월 27일, 인류 역사상 유례없이 화성과 지구가 가까워진 순간이 있었는데, 한 방향으로 빛이 쏘아졌을 때 단지 3분 6초면 다다를 수 있는 거리였다. 따라서, 만약 당신이 그날 화성을 향해 빛을 쏘았다면, 그것은 186초 만에 화성에 도달하였을 것이다. 화성의 빛은 너무 밝아서 도시의 빛들조차 그 빛을 막을 수 없었다. 당신이 만약 이 천문학적인 쇼를 놓쳤다면 당신은 정말 불운한 것이다. 왜냐하면, 화성은 2287년까지 다시는 이 정도로 가깝게 있지 않을 것이기 때문이다.

실전 서술형·논술형 평가 2
p. 100

1. ⑤
2. 뇌의 동일 부위의 신경 세포에서 만들어지는 신경 성장 인자(nerve growth factor)를 투여한다.

1. (A) 글의 흐름으로 볼 때 '현재 치료법은 없지만 희망은 있다'가 되어야 하므로 대조를 나타내는 접속사 although를 써야 한다. (B) 두 개의 절이 이어지기 위해서는 접속사가 필요하며, 의미상 시간의 접속사 when으로 표현하는 것이 가장 자연스럽다.
해석 | 알츠하이머는 끊임없이 기억력 손상을 일으켜 뇌를 망가뜨린다. 이 병에 대한 치료법은 아직 없지만, 신경 성장 인자라고 불리는 단백질에 치료의 희망이 있을지도 모른다. 그 단백질은 알츠하이머가 발병을 할 때, 신경 성장 인자라고 불리는 단백질이 뇌의 동일 부위에서 신경 세포에 의해 만들어진다. 이런 관계를 기초로 하여, 스웨덴에 있는 Lund 대학과 샌디에이고에 있는 California 대학의 과학자들이 신경 성장 인자의 투여가 기억 상실의 효과를 역전시킬 수 있는지를 테스트하는 실험을 계획했다. 기억력이 손상된 쥐를 이용하여 과학자들은 쥐 절반에게는 신경 성장 인자를 투여했고, 반면 나머지 쥐들에게는 아무것도 투여하지 않았다. 4주의 실험 끝에, 신경 성장 인자가 투여된 쥐들은 정상적인 기억력을 갖고 있는 쥐들과 똑같이 행동했다.

관계사

Unit 01 주격과 목적격 관계대명사

 기초다지기   p. 105

Challenge 1

01. that   02. who   03. which
04. are   05. which they

Challenge 2

01. X   02. who   03. that   04. X
05. which   06. that   07. X   08. that

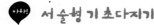 서술형 기초다지기   p. 106

Challenge 1

01. Lucy works for a company which makes washing machines.
02. The reporter who is held as a hostage by the terrorist is my cousin.
03. The Beatles were four young men who became famous all over the world.

Challenge 2

01. The high school she attended is in New York City.
02. A friend I knew in high school sent me an e-mail.
03. Even the student I thought to be clever couldn't solve the problem.

Challenge 3

01. who speak French
02. who are interested in dramatics
03. which is on the wall

이것이 수능에 출제되는 영문법이다! p. 107

1-1. which   1-2. which   1-3. ③
2-1. is   2-2. is called

1-1. 선행사가 old furniture이므로 관계대명사 which를 쓴다.
해석 | 아버지는 지하실로 가져가야 했던 오래된 가구를 엄마

와 함께 나르셨다.

1-2. 선행사가 장소로 보여 무조건 where를 선택하면 안 된다. 관계사절 안에 있는 want의 목적어는 to buy이고 buy의 목적어는 관계대명사가 되었다. 따라서 선행사가 사물(the house)이면서 목적격 관계대명사인 which를 정답으로 골라야 한다.
해석 | 내가 사길 원하는 그 집은 화려한 벽돌로 지어져 있다.

1-3. who가 they를 대신하여 문장을 연결하였으므로 주어 they를 없애야 한다.
해석 | 사실, 영화계와 운동계는 넓고 다양한 활동과 대의명분에 관심을 가지고 관여하고 있는 지적이면서, 교육을 잘 받은, 유식한 남녀들로 가득 차 있다.

2-1. 주격 관계대명사절은 형용사 역할을 하는 수식어구에 해당하므로 없는 것으로 간주하면 맨 앞에 있는 program이 주어이므로 단수 동사 is를 쓴다.
해석 | 인터링크된 메뉴에서 선택하게 함으로써 사용자와 의사소통을 하는 컴퓨터 프로그램을 menu-driven이라고 한다.

2-2. 선행사 material이 NEXDAMP라고 불리워진다라는 의미이므로 수동태로 써야 한다.
해석 | 세상을 좀 더 조용히 만들기 위한 신제품이 제작되었다. 그것은 NEXDAMP라고 불리는 소음 흡수 물질이다.

Unit 02 소유격 / 전치사+관계대명사

 기초다지기   p. 111

Challenge 1

01. whose   02. by which   03. whose
04. by whom   05. in which

Challenge 2

01. whose classes are very popular
02. whose position is shortstop
03. whose parents had been injured in an automobile accident
04. whose employees are in constant fear of losing their jobs

 **서술형 기초다지기** p. 112

Challenge 1

01. In high school, the activities in which I was interested were basketball and band. / In high school, the activities I was interested in were basketball and band. / In high school, the activities that I was interested in were basketball and band. / In high school, the activities which I was interested in were basketball and band.

02. Do you remember the teacher about whom I was talking? / Do you remember the teacher who(m) I was talking about? / Do you remember the teacher that I was talking about? / Do you remember the teacher I was talking about?

Challenge 2

01. Mahatma Gandhi was a lawyer in India whose policy of non-violence inspired other freedom activists throughout the world.

02. Alexander Fleming was a biologist whose great contribution to science was the discovery that penicillin had antibacterial properties.

이것이 수능에 출제되는 영문법이다! p. 113

1-1. which   1-2. whose

1-1. '사람들이 만들고 의미를 부여한 물리적인 물건들'이란 뜻으로, 선행사는 all the physical objects이다. 선행사가 사물이거나 대상일 때 which와 that 모두 가능하지만 여기서는 전치사 to의 목적어이므로 which를 써야 한다. that은 전치사와 함께 쓰지 않는다.
해석 | 물질문화는 사람들이 만들고 의미를 부여한 모든 실체가 있는 물건들로 구성되어 있다.

1-2. 의미상 '그것의 주파수는'이 되어야 하므로, its frequency is~ 형태를 소유격 관계대명사로 받아 whose frequency is~로 써야 한다.
해석 | 초저주파음은 저음역의 소리로, 그것의 주파수는 인간의 가청대보다 훨씬 아래에 있다.

 기초다지기 p. 116

Challenge 1

01. that   02. what   03. what
04. what   05. growing

Challenge 2

01. that   02. that   03. what
04. what   05. that   06. that
07. that

 서술형 기초다지기 p. 117

Challenge 1

01. My sister showed me what I wanted.
02. Nancy didn't understand what the teacher explained to her.
03. I'll do what I can do for you.

Challenge 2

01. Hans Christian Andersen was a writer famous for his fairy tales.
02. The people waiting for the bus in the rain are getting wet.
03. I come from a city that[which] is located in the southern part of the country.
04. The photographs which[that] were published in the newspaper were extraordinary.
05. The psychologists studying the nature of sleep have made important discoveries.
06. The scientists who[that] are researching the causes of cancer are making progress.

이것이 수능에 출제되는 영문법이다! p. 118

1-1. what   1-2. ④

1-1. 선행사가 없고 불완전한 문장이므로 what을 쓴다.
해석 | 무언가 잘못되었다는 것을 인정하고, 즉시 당신 고객의 요구사항이 무엇인지 파악하라.

1-2. ④ 관계사 that은 전치사와 함께 쓰지 못한다. in which로 쓰고, that을 쓰려면 전치사 in을 뒤로 보내야 한다.

해석┃ 나는 우리 아이들의 인생 행로를 11~12세에 치러지는 적성 검사의 결과에 따라 결정하는 것이 아주 부당하다고 생각한다. 아이들이 6학년 때 재능을 보인다고 여겨지는 분야는, 고등학교 마지막 학년을 마칠 때 뛰어나 보이는 분야와 같이 않을 수 있다.

Unit 04 관계부사

 ### 기초다지기

p. 121

Challenge 1

01. which　　02. why　　03. where
04. that　　05. which　　06. which

Challenge 2

01. that　　02. where　　03. how
04. where

Challenge 3

01. when I drove to Seattle
02. why you refuse to go to the party
03. where the Japanese tortured our people

 ### 서술형 기초다지기

p. 122

Challenge 1

01. Do you know the reason why Cindy is absent from school today?
02. I will always remember the day when he first said "I love you."
03. Nobody could work out how[the way that] the magician escaped from the underwater cage.

Challenge 2

01. The house where I was born and grew up was destroyed in an earthquake.
02. The house in which I was born and grew up was destroyed in an earthquake.
03. The house which I was born and grew up in was destroyed in an earthquake.
04. The house that I was born and grew up in was destroyed in an earthquake.
05. The house I was born and grew up in was destroyed in an earthquake.

Challenge 3

(Answers will vary.)

01. A time when I feel happiest is on Friday afternoon after class. The week is over, and I have two whole days to relax and hang out with my friends.

이것이 수능에 출제되는 영문법이다!

p. 123

1-1. (A) principles　(B) concentrating　(C) when

1-1. (A) 과학적인 원리이므로 principles가 알맞다. (B) 바람을 한 곳으로 모은다는 의미이므로 concentrating이 들어가야 한다. (C) 뒤에 오는 문장이 완전하고 선행사가 시간을 나타내므로 when을 써야 한다.

해석┃ 한국 연들의 모양은 연이 바람을 잘 이용할 수 있게 해주는 과학적인 원리에 기초한다. 특이한 한국 연의 하나는 직사각형 모양의 방패연이다. 방패연은 중앙에 하나의 구멍이 있다. 이 구멍은 바람이 약하게 부는 날에는 바람을 모으고, 바람이 강하게 부는 날에는 바람이 통과하도록 함으로써 연이 풍속에 상관없이 빠르게 날도록 도와준다. 중앙에 있는 구멍은 또한 연을 날리는 사람의 명령에 재빠르게 반응하게 해 준다. 이러한 이유로 방패연 같은 한국의 연들은 연싸움에 능하다.

Unit 05 관계부사의 독특한 특징

 ### 서술형 기초다지기

p. 125

Challenge 1

01. The homework ✓ my / 목적격 관계대명사 생략
02. tools ✓ scientists / 목적격 관계대명사 생략
03. year ✓ the weather / 관계부사 생략
04. plays ✓ people / 목적격 관계대명사 생략
05. time ✓ the miser / 관계부사 생략
06. calcium ✓ their bodies / 목적격 관계대명사 생략

Challenge 2

01. where I can buy some postcards
02. where I work
03. where Sue is staying
04. where I play football

서술형 기초다지기　p. 128

Challenge 1

01. who hurt his leg a few days ago
02. when my mother will be at home

Challenge 2

01. I went to see the doctor, who told me to rest for a few days.
02. I didn't do well on the last test, which disappointed me.
03. Tom married Jessica, whose brother is a prosecutor.
04. Jason, to whom I spoke on the phone last night, is very interested in our plan. / Jason, who I spoke to on the phone last night, is very interested in our plan.
05. I visited New York, where I saw the musical.
06. David didn't keep his date with Cathy, which made her very unhappy.

Unit 07　복합 관계사

 서술형 기초다지기　p. 131

Challenge 1

01. Whichever
02. whenever
03. No matter where
04. Whoever
05. No matter how

Challenge 2

01. No matter how cold it is outside, the rooms are comfortably heated.
02. No matter which you choose, you will be pleased.
03. She is such a good speaker; no matter when she speaks, she has a profound effect on her audience.
04. People always want more, no matter how rich they are.
05. He was allowed to go at any place (where) he

liked.
06. Anything that requires a decision causes an argument between them.

중간·기말고사 100점 100승　p. 134

1. ② 　2. ② 　3. ② 　4. ③
5. The new stadium, which can hold 100,000 people, will be opened next month.
6. who worked with him 　7. ③
8. who set foot on the new world 　9. ④
10. where 　11. ③ 　12. ⑤ 　13. ①
14. ⑤ 　15. ②
16. The only long-term solution is to make life in the rural areas more attractive, which would encourage people to stay there.
17. The psychologists studying the nature of sleep have made important discoveries.
18. Be sure to follow the instructions given at the top of the page.

1. 텔레비전 여러 대 중 하나가 아니라 텔레비전이 거실에 있다는 부가적인 설명을 하므로 ②번이 적합하다.
2. 수업에 참석한 모든 학생들이므로 ②번이 적합하다.
3. (A)에서 이어동사(two-word verb)의 목적어로 대명사가 올 경우에는 반드시 타동사와 부사 사이에 대명사가 위치해야 한다. (B)에서 선행사가 장소를 나타내므로 관계부사 where를 써야 한다. (C)에서 의미상 you가 방해하는 것이 아니라 '방해를 받는' 것이므로 수동태가 되어야 한다.
   해석ㅣ 아마도 당신의 목표에 초점을 맞추는 가장 효과적인 방법은 그것들을 적는 것이다. 비록 이것은 명백한 첫걸음처럼 들리지만, 많은 사람들이 무시하는 (첫)걸음이다. 결과적으로, 그들의 목표는 종종 초점이 맞춰지지 않으며 따라서 실현되지 않는다. 당신이 방해받지 않을 것 같은 아주 조용한 장소로 가라. 당신이 가지고 있는 모든 목표의 목록을 만들어라. 재정, (사람들과의) 관계, 그리고 당신의 경력과 관련된 목표를 포함시켜라. 가능하면 구체적인 것이 되어야 한다.
4. ③의 관계사 who 뒤에 바로 동사가 나오므로 주격 관계대명사이다. 주격 관계대명사는 생략이 불가능하다.
5. 대명사 It이 The new stadium을 대신하므로 문장을 연결할 수 있는 관계대명사 which로 바꿔주고, 부가적으로 설명하는 주어 the news stadium 뒤에 계속적 용법의 형태로 붙여 쓴다.
6. 선행사가 사람이므로 관계대명사 who를 쓰고 시제는 과거를 나타내므로 having worked를 worked로 쓴다.
7. 영문학을 의미하므로 literature를 쓴다.

해석 | 아마 300년 후에 사람들이, 오늘날의 사람들이 셰익스피어를 생각하는 것처럼 그렇게 셰익스피어를 생각할 것이라고는 아무도 상상하지 않았을 것이다. 그와 함께 일한 사람들도 그의 희곡이 영문학의 가장 귀중한 부분을 차지하리라고는 거의 예견했을 리가 없다.

8. 선행사가 사람이므로 관계대명사 who를 이용하고, 시제는 과거이므로 setting을 set으로 쓴다. 따라서 who set foot on the new world로 고쳐 쓴다.

9. 문맥상 '오랫동안 보고 싶어 했던 땅'이란 뜻이므로 ④번이 적절하다.

해석 | 콜럼버스는 그가 발견한 신대륙을 밟은 첫 유럽사람이었다. 그는 손에 칼을 빼들고 화려한 옷차림으로 상륙했다. 그의 부하들은 무릎을 꿇고, 그렇게도 오랫동안 보고 싶었던 땅에 입을 맞추었다.

10. 선행사가 장소이므로 관계부사 where를 쓴다.

11. 계속적 용법도 선행사에 따라 달라진다. the night은 사람이 아닌 대상이므로 계속적 용법의 which가 알맞다.

해석 | 우리 땅에 어둠을 가져오는 그 밤은 너의 삶에 어둠을 가지오지는 않을 것이다. 당신에게 약속한다. 나는 전함 대신 학교와 마을을 짓기를 원한다.

12. 선행사 앞에 부정어[no, not]가 있을 때 유사 관계사 but을 쓴다. 이중 부정의 의미를 갖는다.

13. 선행사가 장소를 나타내므로 관계부사 where를 쓴다.

해석 | 17살에 Louis Braille은 그가 학생이었던 학교에 선생님이 되었다. 그는 학생들에게 사랑을 받았지만 그의 체계는 그의 시대에 받아들여지지 않았다. 1852년에 43세의 나이로 그가 죽고 나서야 맹인학교들은 그의 시스템을 사용하기 시작했다.

14. ⑤의 관계부사 how는 선행사 the way와 함께 쓰지 못한다.

15. However 형용사+주어 +동사~는 양보의 부사절을 이끄는 절이므로 대표적인 양보의 부사절인 Although를 쓴 ②와 의미가 비슷하다.

16. '그런데 그것'이란 의미로 쓰인 계속적 용법의 which를 쓴다. 즉 that을 which로 바꿔 쓴다.

17. 관계대명사 who를 생략하고 study를 분사형태인 studying으로 바꿔 명사를 수식하는 현재분사로 만든다.

18. 관계대명사 that을 생략하고 are given을 being given으로 만든다. 여기서 being은 해석상 큰 의미가 없으므로 being도 생략하여 given을 명사 instructions 뒤에 써서 과거분사를 만든다.

창의성과 표현력을 길러주는 서술형 문항 A p. 137

1. e / A firefighter is a person who[that] saves people's lives.

2. a / Neil Armstrong was the first man who[that] walked on the moon.
3. b / A photographer is someone who[that] takes pictures.
4. c / Liverpool is the football team which[that] won the Champions League this year.

1~4. 앞에 있는 선행사에 따라 관계대명사를 결정해야 한다. 선행사가 사람일 때에는 who 또는 that, 선행사가 사물일 때는 which 또는 that을 쓴다. 주격 관계대명사에서는 모두 that을 쓸 수 있고 주격 관계대명사이므로 관계대명사 바로 뒤에 동사가 나온다.

창의성과 표현력을 길러주는 서술형 문항 B p. 138

1. The American writer Mark Twain, whose real name was Samuel Clemens, wrote *The Adventures of Tom Sawyer* in 1876.
2. Stratford-upon-Avon, where William Shakespeare was born, is a town in Warwickshire.
3. The Pyramids of Egypt, which are in the desert at Giza, are about 4,500 years old.
4. Pablo Picasso, who was a famous Spanish painter, spent most of his life in France.
5. The Black Mamba, which is Africa's most poisonous snake, lives in the jungle.

1~5. 선행사에 대해서 어떤 명사인지를 이미 알고 있는 상황에서 추가적 또는 부수적인 정보를 제공하는 계속적 용법을 사용하므로 관계사 앞에 comma(,)를 써주어야 한다. 선행사에 따라 who, which, whose를 쓴다.

실전 서술형·논술형 평가 1 p. 139

1. ②
2. 보험을 이용한다는 것은 곧 어떤 위기에 직면하게 된다는 것을 의미하기 때문이다.
3. There is no way to know in advance who will suffer a crisis such as a serious illness, fire, flood, or a car accident.

1. (A) 관계사절 안의 문장이 완전한 문장이므로 '전치사+관계대명사'가 되어야 한다. that은 전치사와 함께 쓰지 못한다.

(B) '사람들이 구입한 것'이라는 의미로, 선행사가 없는 관계대
명사 what을 이용해야 한다.

해석 | 대부분의 사람들은 그들의 수입이 식품, 의류, 주거, 그
리고 공공 서비스 같은 예상된 비용을 감당할 수 있도록 예산
을 세운다. 그러나 누구도 심각한 질병, 화재, 홍수, 또는 교통
사고와 같은 위기를 겪게 될 것인지 미리 알 수 있는 방법은 없
다. 그러한 위기는 엄청난 비용을 초래한다. 심지어 사람들이
위기를 예측할 수 있을지라도 비용을 감당할 충분한 돈을 저축
해 두는 것은 어려울 것이다. 보험은 어떤 회사가 많은 개인으
로부터 돈을 모은 다음, 보험에 가입한 개인이 어떤 위기에 직
면하게 될 때마다 일정한 비용을 지불하는 제도이다. 의료, 자
동차, 화재와 같은 많은 다른 종류의 보험이 있다. 보험은 다소
비쌀 수 있지만 대부분의 사람들은 어떤 종류의 보험에 가입한
다. 그러나 사람들은 미래에 그 회사로부터 그들이 산 것(보험)
을 절대로 이용하지 않기를 바란다.

실전 서술형·논술형 평가 2

p. 140

1. ③ has given → have given
2. (S)hadows / (L)ives
3. ②

---

1. ③의 has given의 주어는 our parents이다. 따라서 주어가
   복수이므로 have given으로 써야 한다.
2. 부모님을 우리의 삶에 영향을 끼치는 그림자로 비유하면 설명
   하고 있으므로 Shadows와 Lives로 빈칸을 완성한다.
3. 나머지는 모두 부모님을 나타내는 표현이지만 (b)는 '독립적인
   노력'이란 표현은 부모님과 관련이 없다.

해석 | 부모는 우리 인생에 큰 영향을 미치는데, 우리가 유아일
때, 그들의 존재를 인식한다. 먼저 부모는 "만지지 마라" 또는
"그러면 나빠"하고 주의를 줌으로써 우리에게 기본적인 생활양
식을 가르친다. 우리는 자신의 독립적인 노력을 통해서 이러한
교훈을 배운다고 생각하겠지만, 그건 우리가 그것을 배우는 방
법이 결코 아니다. 옳고 그름에 대한 지각, 사랑에 대한 이해,
그리고 우리가 누구인지에 대한 인식을 갖게 하는 사람은 바로
부모이다.

성장하면서, 우리는 부모를 점점 덜 만난다. 우리가 집을
떠나 우리 자신만의 새로운 가정을 꾸린다. 그래서 때때로 우
리는 그림자가 없는 태양 아래서 걸을 수 있다고 생각한다. 그
러나 여전히 그림자는 사라지지 않았다. 우리는 우리의 생활
속에 우리의 목소리와 얼굴 표정, 촉감, 그리고 손과 마음의 따
스함 속에 그들의 존재를 지니고 있다.

우리가, 그들과 우리가 불가분의 관계라는 것을 알게 되
었을 때는 그들은 이미 사라지고 결코 그들을 볼 수 없을 때이
다. 사실, 우리는 전 생애에서 그들을 우리 자신과 분리할 수

없었다. 그 그림자(영향력)는 여전히 그 곳에 있으나, 사실 그
들은 결코 빛을 가린 적이 없었다.

가정법

p. 141 ~ 176

Unit 01 현재와 미래를 나타내는 1차 가정문

 기초다지기
p. 145

Challenge 1

01. If you're traveling with your children, take them to Lai Chi Kok Amusement Park in Kowloon.
02. If you need a moderately priced hotel, I suggest the Harbour View International House.
03. If you like seafood, there are wonderful seafood restaurants on Lamma Island.

Challenge 2

01. If we go to Paris, we will[can] see the Eiffel Tower.
02. If we go to Egypt, we will[can] see the pyramids.
03. If we go to Mexico city, we will[can] see the Archaeological Museum.

Unit 02 가능성이 거의 없는 2차 가정문

 기초다지기
p. 148

Challenge 1

01. walked
02. acted
03. If
04. don't
05. were

Challenge 2

01. watched / would[could] have
02. will[can] invite / sees
03. were / would take
04. is / will be cancelled
05. didn't have / couldn't move

 서술형 기초다지기
p. 149

Challenge 1

01. were on sale / would get them right away

---

02. raised her voice a little / would understand her better

Challenge 2

01. If I were tall, I could join the basketball team.
02. I don't know her well, so I can't invite her to the party.
03. If Betty had a college degree, they would accept her resume.
04. If Kelly ate breakfast, she wouldn't overeat at lunch.

Challenge 3

01. were / would not believe
02. were to[should] / could
03. were to / would die

Challenge 4

01. If we took the 10:00 train, we would arrive too early.
02. If we stayed at that hotel, it would cost too much.
03. If we invited Steve, we would have to invite his friends, too.
04. If she applied for the job, she wouldn't get it.

이것이 수능에 출제되는 영문법이다!
 p. 151

1-1. ⑤	1-2. ride
2-1. would	2-2. were

1-1. ⑤ if절의 시제가 과거(called)이므로 주절의 조동사도 과거로 일치시켜 would를 써야 한다.
해석┃ 저와 긴밀한 업무 관계를 맺고 있는 Peter Thompson이 제게 당신 이름을 이야기해 주면서 당신을 만나볼 것을 강력하게 제안했습니다. Peter가 제게 이야기한 것에 의하면, 당신은 장난감 산업에서 매우 활동적이시며, 많은 판매 부장들을 알고 계시다고 했습니다. Peter는 당신이 제가 그들을 만나볼 수 있게 도와주실 거라고 생각하고 있었습니다. 새로운 경쟁 때문에 우리는 가능한 빨리 상품들을 시장에 내놓기를 바라고 있습니다. 제가 다음 주 월요일 당신께 전화를 드

려서 점심을 함께 하며 이야기를 나눌 수 있는 시간을 마련해도 괜찮으시겠습니까?

1-2. if절이 현재나 미래를 나타내는 조건절일 경우 현재시제를 써서 미래를 나타낸다. 따라서 ride를 써야 한다.

해석 | 단지 가끔씩만 자전거를 탄다면, 자전거를 빌릴 수 있기 때문에 많은 돈을 지출할 필요가 없다.

2-1. if절에 were to가 있으므로 주절에도 과거 were와 일치하는 조동사 과거 would를 써야 한다.

해석 | 만약 우리가 이 명단을 더 늘려간다면 우리는 결국 전체 사회로 귀결될 것이다.

2-2. 조동사 would를 보고 과거형인 were를 써야 한다는 것을 알 수도 있고, 가정법 미래인 were to가 일치되어야 올바른 표현임을 알 수도 있다.

해석 | 헌법에 서명했던 누군가가 하루만이라도 다시 살아 돌아온다면, 우리 수정안에 대한 그의 의견은 흥미로울 텐데.

Unit 03 **가능성이 0%인 3차 가정문 /
혼합 가정문**

 기초다지기   p. 155

Challenge I

01. had taken   02. have reacted
03. have made   04. would be
05. were   06. had watched

Challenge 2

01. hadn't become / would have been
02. had known / would have gone
03. had played / would be
04. had been / would have made

 서술형 기초다지기   p. 156

Challenge I

01. If she had had the opportunity, she would have learned Korean.
02. If William hadn't been wearing a seat belt, he would have been injured.
03. If I had not skipped breakfast in the morning, I would not be hungry now.
04. If she had come with us, she would[could] have seen the haunted house.

Challenge 2

01. didn't eat a healthier diet in my twenties / I am not in better shape now
02. has a computer virus now / she opened the spam mail
03. missed the information session / you are confused
04. I read his biography in high school / I am now a priest like him

이것이 수능에 출제되는 영문법이다!   p. 157

1-1. would have reached   1-2. be

1-1. If절과 주절에 각기 시점의 부사가 포함된 혼합 가정법이 아니라면, If의 시제와 주절의 시제를 일치시키면 되는 문제이다. If절이 가정법 과거완료로 표현되고 시점의 부사도 보이지 않으므로 주절 또한 가정법 과거완료인 'would have reached'가 올바른 표현이다.

해석 | 만약 당신이 그날 화성을 향해 빛을 쏘았다면, 그것은 186초만에 화성에 도달하였을 것이다. 화성의 빛은 너무 밝아서 도시의 빛들조차 그 빛을 막을 수 없었다.

1-2. 주절에 현재 시점의 부사(today)가 있으므로 혼합 가정문으로 써야 한다. '오늘날 어땠을지...'라는 가능성을 내포하고 있으므로 if절에는 'had+V-ed', 주절에는 '조동사 과거+동사원형'을 쓴다.

해석 | 다빈치가 농부가 되었거나 모차르트가 은행원이 되었다면 오늘날 세상이 무엇과 같을 지 상상할 수 있겠는가?

Unit 04 **현재와 과거의 소망을 나타내는
wish 가정문**

기초다지기   p. 160

Challenge I

01. had come   02. hadn't had
03. could go   04. hadn't eaten
05. hadn't accepted

Challenge 2

01. were[was]   02. had gone
03. had told   04. had come
05. knew   06. could go
07. didn't have to

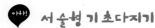

서술형 기초다지기 p. 161

Challenge 1

01. I wish I had put a sweater on last night. /
If only I had listened to my mother.

02. I wish I had studied more for the history test /
If only I hadn't played Nintendo games

Challenge 2

01. He wishes he hadn't spent all the money on his credit card.

02. He wishes he hadn't eaten all the food in his fridge.

03. He wishes he had (some) friends.

04. He wishes he had paid his phone bill last month.

05. He wishes he could play the guitar.

Unit 05 as if[as though] / It's time+가정법

 ## 서술형 기초다지기 p. 164

Challenge 1

01. as if[as though] he were my father

02. as if[as though] it were her native tongue

Challenge 2

01. It's high time you talked to him about his behavior.

02. It's about time you cleaned your room. It's so messy.

Challenge 3

01. as if he did well in it

02. as if there was a party in here

03. as if they're having a fight

이것이 수능에 출제되는 영문법이다! p. 165

1-1. have been	1-2. had met

1-1. 밤이 길어질 가능성은 없으므로 'would have been'을 쓴다.
해석 | 나는 여기에 더 오래 머무를 수 있도록 밤이 더 길었

으면 하는 마음이었다.

1-2. 행동했던 것보다 오바마 대통령을 만난 것은 더 과거의 일이
므로 met이 아니고 had met을 쓴다.
해석 | 지난주 파티에서 그 "미스터 잘난체"는 오바마 대통령
을 만난 적이 있었던 것처럼 행동하더라고.

Unit 06 주의해야 할 가정법

 ## 서술형 기초다지기 p. 168

Challenge 1

01. Had I known that the mixer was broken, I would never have bought it.

02. Had you taken your studies more seriously, you'd have gotten better grades.

03. Should you change you mind, please let me know immediately.

04. Were I your teacher, I would insist you do better work.

05. Should you need to reach me, I'll be at the Hyatt Hotel in Seoul.

Challenge 2

01. If it were not for water and air

02. If you heard her speak English

03. If he lived in a rich country

04. If she had finished the project in time

05. If it had not been for your wise advice

이것이 수능에 출제되는 영문법이다! p. 169

1-1. Were it not	1-2. have suggested

1-1. 주절의 시제가 과거이므로 if절의 시제도 과거여야 한다. 여기
서 if가 생략되었으므로 도치된 Were it not이 올바르다.
해석 | 이러한 보살핌이 없다면 우리는 기껏해야, 몇 시간이
나 며칠 밖에는 살 수 없을지도 모른다.

1-2. 생략된 if절 안의 시제가 'had+V-ed'이므로 주절에도
would have suggested를 써야 한다.
해석 | 영화가 그렇게 엉망일 줄 알았더라면, 다른 영화를 보
자고 했었을 텐데.

1. To see 2. Without[But for]
3. ③ would please → would have pleased
4. ④   5. ⑤
6. he can't get a better annual salary next year
7. ③   8. ④, ⑤   9. ④   10. ①
11. If Olivia ate breakfast, she wouldn't overeat at lunch.
12. I would ride the bus to work every morning if it weren't always crowded.
13. If Jacob hadn't left his wallet at home this morning, he would have some money for lunch now.
14. ④   15. ⑤ could have heard → could hear
16. ④
17. If Shakespeare were suddenly to appear in London today, he would be able to understand only half of the words that we use.
18. If you walk down the street

1. 부정사구로 조건의 부사절을 나타낼 수 있다. 이때 주절에 조동사 will, could 등이 있어야 한다.
2. '~이 없다면'이라는 뜻인 Without 또는 But for로 바꿔 쓸 수 있다.
3. if절에 had taken이 있으므로 ③의 시제는 가정법 과거완료를 나타내는 would have pleased로 써야 한다.
4. Uncle Joe를 실망시켜 드린 점에 대한 후회의 글이다.
해석ㅣ 기차 창밖으로, 나는 들판에서 익어가는 곡식과 붉고 노랗게 단풍이 드는 나무를 볼 수 있었다. 일주일 전에 이 여행을 시작했더라면 이 모든 것이 내 시야를 즐겁게 했을 텐데. 그러나 지금은 그것을 즐길 수 없다. 너무나 많은 생각이 내 머릿속에 들끓고 있었다. 나를 20년 동안 길러 준 Uncle Joe에게 난 무엇을 해 주었나? 지난 5년간 그를 방문하지 못한 것에 대해 나는 부끄러움을 느꼈다. 아버지처럼 나를 사랑해 주었던 그를 나는 실망시켜 드렸던 것이다. 지난주 그가 자신의 60번째 생일을 홀로 보내셨다는 것을 알았을 때 나 스스로 마음이 편치 못했다.
5. 나머지는 모두 '~이 없다면'의 가정법 과거완료를 나타내지만 ⑤의 with your help는 조건의 의미로 보기에는 부적절하다.
6. 직설법으로 고칠 때 과거는 현재로, 긍정은 부정으로 바꿔 쓴다. 따라서 he can't get으로 바꾼다.
7. 가정문과 as if 가정문이므로 공통 단어는 if이다.
8. ④의 주절의 시제가 'could have become'이므로 if절의 시제도 가정법 과거완료인 had focused로 고쳐야 한다. ⑤ 문맥상 교육의 희생자들이 (과거에) 창의력 개발 훈련을 받았어야

만 했다는 내용이 되어야 하므로, 과거에 하지 못한 일에 대한 유감의 표현인 should have+p.p.를 사용해야 한다.
해석ㅣ 종종 사람들은 학교의 기능이 지식 있는 사람들을 양성하는 것이라고 믿고 있다. 그러나 만약 학교가 단지 지식만을 제공한다면 학교는 창의력을 파괴하여, 그저 평범한 사람들을 양성할 수도 있다. 우리는 종종 만약 교육이 창의력에 초점을 맞추었다면, 위대한 예술가나 과학자가 될 수도 있었을 평범한 사람들에 대한 이야기를 듣는다. 교육의 희생자들은 학교에 다니는 동안 창의적인 재능을 개발하기 위한 훈련을 받았어야만 했다. 그들이 그렇지 않았던 것은 정말 유감이다.
9. 말하는 시점보다 더 과거이므로 과거완료 had been을 쓴다.
10. 과거는 과거완료로 고치고 긍정은 부정, 부정은 긍정으로 고친 ①이 정답이다.
11. 2차 가정문인 가정법 과거를 이용하여 쓴다. 아침을 먹지 않는 것은 현재의 사실이므로 아침을 먹는다는 가능성을 염두에 두고 말하는 가정법 과거가 알맞다.
12. '버스가 붐비지 않으면 버스를 타고 일하러 갈 텐데'라는 약간의 가능성을 염두에 두고 말하는 가정법 과거시제를 이용한다.
13. 지갑을 집에 두고 온 것은 더 이전의 과거일이다. 따라서 '지갑을 두고 오지 않았다면 점심 먹을 돈이 있을 텐데'라는 의미의 혼합 가정법을 이용해서 문장을 완성해야 한다.
14. 주어진 문장은 혼합 가정문으로 시제의 순서를 명확히 하기 위해 because절에는 과거, 주절에는 현재를 쓴 ④번이 알맞다.
15. Kathy가 청중의 환호를 듣길 바라는 마음은 현재나 미래를 뜻하므로 ⑤의 could have heard는 could hear로 써야 한다. could have heard를 쓰면 더 이전의 과거에 대한 소망을 나타내므로 어색하다.
16. 글은 Kathy에 대한 사랑이 드러난다.
해석ㅣ 내가 아홉 살이었을 때, Kathy는 같은 학급에 있었다. 그녀는 늘 깨끗하고 영리했으며, 인기도 있었다. 나는 주로 그녀를 보려고 학교에 갔다. 아침마다 나는 머리도 빗었다. 밤마다 나는 한 벌 밖에 없는 옷을 세탁했다. 아침에 그 옷이 젖었건 말랐건 입어야만 했기 때문에 겨울이면 나는 자주 아팠다. 누구나 원하는 모든 것의 상징으로, Kathy를 마음에 두고 있었다. 고교 시절 드럼을 연주했을 때, 또 대학에서 경주 기록을 깼을 때도, 그것은 Kathy를 위해서였다. 이제 내가 노래를 부른 뒤 청중으로부터 환호를 들을 때, 나는 Kathy 또한 그 소리를 들을 수 있었으면 하고 바란다.
17. if절에 were to를 써서 '만에 하나~'라는 가정법 미래를 썼기 때문에 주절에도 were과 같은 시제인 조동사 과거를 써야 한다. 따라서 조동사 will을 would로 고친다.
해석ㅣ 만약에 셰익스피어가 오늘날 갑자기 런던에 나타난다면, 그는 우리가 사용하고 있는 어휘의 반만 이해할 것이다. 적어도 그의 시대 이래로 100,000 단어들이 쓰이지 않거나 교체되었다.

18. 분사를 이용하여 조건을 나타내고 있다. 특히 may와 같은 조동사가 있을 때 문장 맨 앞에 오는 분사구문의 표현은 '~한다면'의 조건의 뜻을 갖는다. 따라서 접속사 if와 주어 you를 사용한 If you walk down the street로 바꿔 쓸 수 있다. 여기서 조심할 것은 조동사가 현재이므로 if절의 시제를 현재로 써서 현재나 미래를 나타내야 한다. 과거나 과거완료시제를 쓰면 안 된다.

p. 173
창의성과 표현력을 길러주는 서술형 문항 A

(Answers will vary.)

1. I wish I were[was] in Hawaii. / I wish I could be in Hawaii.
2. I wish I were[was] stronger. / I wish I could be stronger.
3. I wish I had good friends. / I wish I could have good friends.
4. I wish I spoke Japanese. / I wish I could speak Japanese.

1~4. 현재나 미래의 소망을 나타낼 때에는 'I wish (that)+과거시제'를 쓴다. 과거시제 대신 have+V-ed를 쓰지 않도록 해야 한다. 또한 be동사는 인칭에 상관없이 were를 자주 쓴다는 것도 조심해야 한다.

p. 174
창의성과 표현력을 길러주는 서술형 문항 B

(Answers will vary.)

1. If a car hit a pedestrian, the driver didn't stop and the pedestrian was left lying injured in the road, I'd copy down the number on the car's license plate and call 112(or 119) on my mobile phone. /
   If a car hit a pedestrian, the driver didn't stop and the pedestrian was left lying injured in the road, I wouldn't try to move the pedestrian because I might injure him or her more.
2. If a thief broke into my house at night and I was alone, I'd call the police on my cell phone. /
   If a thief broke into my house at night and I was alone, I wouldn't try to catch him by myself because he could hurt or kill me.
3. If I found a smartphone in a taxi, I wouldn't keep it. I would give it to the driver. Maybe the person who lost it would call the taxi company.

1~3. 어느 정도(10~20%) 가능성을 염두에 두고 말을 할 때에는 2차 가정법(가정법 과거)을 이용하여 영작한다. 따라서 if절에는 과거시제를 쓰고, 주절에는 조동사 과거를 써서 영작해 본다.

p. 175
실전 서술형·논술형 평가 1

1. ④
2. 전화 통화에서 친밀감을 주기 위한 구체적인 방법으로 직접 만나서 얘기할 때보다 훨씬 더 많이 상대방의 이름을 부르라고 말하고 있다.

1. (A) make+목적어+동사원형이므로 동사원형 feel special을 쓴다. the person과 you 사이에는 목적격 관계대명사가 생략되어 있다. 따라서 you are talking to on the phone을 없는 것으로 간주하면 'How can you make the person feel special'이 된다. make는 목적격 보어로 동사원형을 쓴다. (B) if절의 시제가 과거이므로 주절에도 조동사 과거형을 넣어 would pay attention으로 쓴다.
2. 친밀감을 이루기 위한 방법은 This answer is simple. 뒤에 잘 설명이 되어 있다.
   해석┃ 너희 두 사람이 수백 마일 떨어져 있을 때 어떻게 친밀한 관계를 이룰 수 있을까? 당신이 전화로 이야기하는 사람의 등을 두드려 주거나 작은 포옹을 해줄 수 없을 때 어떻게 그 사람이 특별하다고 느끼게 만들어줄 수 있을까? 해답은 간단하다. 단지 직접 만날 때보다 훨씬 더 자주 전화 건 사람의 이름을 사용해라. 사실상 당신의 대화를 그 사람의 이름으로 흠뻑 적셔라. 직접 대면하는 대화에서 너무 자주 사람의 이름을 말하는 것은 교활하게 들릴 수 있다. 그러나 전화상에서는 그 효과가 극적으로 다르다. 누군가가 당신의 이름을 말하는 것을 듣는다면, 당신이 시끄러운 거대 군중 속에서 괴로운 상황에 처해 있다 할지라도, 당신은 주의를 기울이고 듣게 될 것이다.

p. 176
실전 서술형·논술형 평가 2

1. ④ would have gotten → would get
2. ①

1. if절의 시제가 과거(were to)인 가정법 미래이므로 주절의 시제도 조동사 과거를 이용한 would get을 써야 한다.
2. 이상한 각도나 원근법, 디자인을 가진 대상을 그리려고 하지 않는다는 내용에서 필자가 그림을 그릴 때 따르는 원칙들 중 하나가 ①번임을 추론할 수 있다. ②다른 사람들이 그렸던 어떤 사물도 그리지 않다 ③상상으로 사물을 그리다 ④추상적인 대상들로부터 정보를 얻다 ⑤부정확한 그림을 정확한 것으로 바꾸다

해석 | 바깥에서 그림을 그릴 때 내가 따르는 중요한 원칙들 중 하나는 너무 어렵거나 이상한 대상은 선택하지 않는 것이다. 나는 특이한 각도의 지붕을 가지고 있는 집이나 헛간, 혹은 크기, 원근법, 혹은 디자인에서 부정확한 것처럼 보이는 물체는 피하려고 한다. 어떤 대상을 쳐다볼 때 그것이 혼란스럽게 한다면, 그것을 그리려고 시도할 때는 더 혼란스러울 것이다. 나는 모서리 부분이 직각이 아닌 아름다운 헛간을 알고 있다. 참으로 많이 그 헛간을 그려봤지만, 원근법은 올바르지 않아 보인다. 만약 내가 이 헛간을 정확하게 그려서 그것을 전시회에 내놓는다면, 나는 형편없는 원근법 때문에 모든 종류의 비난을 받게 될 거라고 확신한다. 나는 거기에 가서 그 헛간이 실제로 이런 식으로 지어져 있다고 나를 비판하는 사람들에게 말하지는 않을 것이다. 그래서 나는 나에게 올바른 것처럼 보이지 않는 대상을 멀리 한다.

Chapter 05

일치

p. 177 ~ 210

Unit 01 주어와 동사의 수 일치 (1)

 기초다지기   p. 181

Challenge 1

01. requires	02. indicates
03. are	04. provides
05. has	06. is

Challenge 2

01. live   02. is   03. are
04. is

서술형 기초다지기   p. 182

Challenge 1

01. weren't	02. is	03. helps
04. is	05. are	06. loves

Challenge 2

01. A number of accidents have occurred
02. The number of deaths by traffic accidents is
03. make the office a fun place to work
04. go to a good university
05. is reserved in national forests

이것이 수능에 출제되는 영문법이다!   p. 183

1-1. ②	2-1. is	2-2. were
3-1. was	3-2. are	

1-1. ②의 have been introduced의 주어는 a numerical
system으로 단수이다. 따라서 have를 has로 바꿔 써야 한
다. 분사 'based on a scale of 1 to 70'을 제거하면 주
어가 system이란 것을 알 수 있다.
해석 | 수년 간에 걸쳐 동전에 등급을 매기는 다양한 체계가
옛날 동전 전문가들에 의해 발달되어 왔다. 미국에서는 1부터
70까지의 등급에 기초를 둔 숫자 체계가 도입되었는데, 그 체
계에 의하면 1이 가능한 가장 낮은 등급이고 70은 완벽하다.
유럽의 체계는 말로 매기는 등급인데 미국 체계의 각 10에 대
략 일치한다. 따라서 유럽의 'good'이라는 등급은 미국 체계

의 20에 일치하며, 'fine'은 30에, 'very fine'은 40에,
'extremely fine'은 50에, 그리고 'almost perfect'는 60
에 일치한다. 최근까지, 숫자로 등급을 매기는 것은 단지 미국
동전에만 적용되었지만, 궁극적으로 이 숫자들이 전 세계의
모든 형태의 동전에 사용될 것이라는 것이 그 의도이다.

2-1. 관계사 who 뒤에 바로 동사가 나온 주격 관계대명사이다. 주
격 관계대명사절의 주어가 선행사와 같으므로 단수 주어(a
gift-giver)에 맞는 be동사 is를 써야 한다.
해석 | 어떤 사람들은, 돈으로 주는 선물을 너무 게을러서 나
갈 수 없고 적절한 선물을 찾을 수 없는 선물 주는 사람의 표
시로 여긴다.

2-2. a large number of는 '많은'의 뜻으로 뒤에 오는 명사를
수식하는 형용사처럼 쓰인다. 따라서 주어(goods and
animals)가 복수이므로 동사 were를 써야 한다.
해석 | 많은 물건들과 동물들이 절의 창고에 저장되어 있었는
데, 이는 그 종교 시설이 거대 지주였기 때문이다.

3-1. 부분을 나타내는 표현은 of 뒤에 있는 명사의 단,복수에 따라
동사의 수를 일치시킨다. onion은 단수 명사이므로 동사
was를 쓴다.
해석 | 양파의 30%가 에피타이저로 사용되었다.

3-2. of 뒤에 오는 명사가 복수(students)이므로 복수형인 are를
써야 한다.
해석 | 1/4의 학생들이 서울대학교에 진학할 예정이다.

Unit 02 주어와 동사의 수 일치 (2)

 기초다지기   p. 188

Challenge 1

01. imitates   02. determine   03. has
04. has   05. makes

Challenge 2

01. is	02. knows	03. know
04. like	05. has	06. need
07. was	08. is	

서술형 기초다지기 p. 189

Challenge 1
01. is 02. isn't 03. agrees
04. is 05. is 06. know

Challenge 2
01. the sick 02. the rich / the poor
03. the injured 04. the unemployed

이것이 **수능에 출제되는 영문법**이다! p. 190

1-1. ⑤ 1-2. is 1-3. is

1-1. every, each가 주어를 수식할 경우 '모든, 각각'이라는 뜻에서 복수처럼 보이나 단수 취급한다. 따라서 ⑤의 were를 was로 고쳐야 한다.
해석ㅣ 기업용 프로그램이 하나하나 변할 때마다 세계적인 파급 효과가 있으며 많은 비용이 든다. 식민지 시대의 미국 가족은 대부분 대가족을 이루었고 모든 소년과 소녀는 어린 나이에 일하러 보내졌다.
1-2. 돈을 나타내는 명사는 복수형이라 하더라도 하나의 단위로 생각하기 때문에 단수 취급한다. 따라서 is가 정답이다.
해석ㅣ 그 목걸이에 20달러는 불합리한 가격이다.
1-3. 주어에 Either A or B처럼 상관접속사로 연결될 경우 B에 수를 일치시킨다. Ms. Wiggins는 단수이므로 is를 써야 한다.
해석ㅣ 오늘 Mr. Anderson 또는 Ms. Wiggins 중 한 명이 우리 학급을 지도하러 오실 거다.

Unit 03 대명사 일치

 기초다지기 p. 193

Challenge 1
01. the other 02. one 03. It
04. myself 05. himself 06. almost
07. those 08. others

Challenge 2
01. ourselves 02. It 03. ones
04. one

 서술형 기초다지기 p. 194

Challenge 1
01. another 02. Others
03. Another / The other 04. The other
05. The other

Challenge 2
the moisture
※ 여기서 it을 soil로 생각하기 쉬우나, 뿌리가 빨아올린 습기(the moisture)를 가리킨다.

Challenge 3
01. those 02. Most 03. Most
04. almost 05. that

이것이 **수능에 출제되는 영문법**이다! p. 195

1-1. ② 2-1. Others 2-2. most

1-1. 등위접속사 or로 연결되어 or with the emotions of the persons가 되어야 하나, emotions의 반복을 피하기 위해 those를 써준다. that은 지칭하는 명사가 단수일 때 대신해 쓸 수 있다.
해석ㅣ 시는 우리의 마음을 움직여서 시인 자신의 감정이나 그의 상상력이 창조한 사람들의 감정과 감응하게 한다. 우리는 그들의 투쟁과 승리, 그리고 실패를 목격한다. 우리는 어느 정도 그들이 마치 우리가 된 것처럼, 그들의 사랑과 이별, 그들의 환희와 슬픔, 희망과 공포를 느낀다. 비록 때때로 우리는 그들의 갈망과 슬픔을 함께 하는 고통을 겪지만, 우리는 그 경험에서부터 즐거움을 얻는다. 시는 우리에게 우리 자신의 삶에서 빠져있는 것 — 상상력이 풍부한 즐거움의 경험을 제공한다. 바로 그런 이유 때문에 우리는 일상 생활에서 시를 감상하는 것이다.
2-1. 발명품들이 어떤 것들인지 그리고 몇 개인지 정확히 정해지지 않은 상황에서 막연한 '다른 것들'이라고 말할 때는 정관사 없이 others만 써야 한다.
해석ㅣ 세계 역사에서 가장 중요한 발명품 중 하나는 인쇄기였다. 다른 하나는 전등이었다. 다른 것들은 전화기, 텔레비전, 그리고 컴퓨터였다.
2-2. of 이하의 수식을 받을 수 있는 대명사 most가 필요하다. almost는 대명사로 사용되지 않고 부사로만 된다.
해석ㅣ 북극 제비갈매기는 태양과 별을 이용해서 온갖 날씨에도 비행을 한다. 그들은 삶의 대부분을 공중에서 보낸다.

서술형 기초다지기   p. 199

Challenge 1

01. studied   02. was studying
03. had studied   04. would study

Challenge 2

01. revolves   02. broke out   03. is
04. comes   05. was

Challenge 3

01. gets up at 5 to exercise every morning
02. the Gulf War broke out in 1991
03. rise and fall with movement of the moon

 Unit 05   동일 성분의 병렬 구조

 기초다지기   p. 202

Challenge 1

01. act   02. of a "California economy"
03. what to do   04. to revisit
05. in how we manage

Challenge 2

01. washed / dried
02. biting / tasting
03. clothes / home / office / car
04. to ease / to fill / to reduce

 서술형 기초다지기   p. 203

Challenge 1

01. Ava is opening the door and (is) greeting her guests.
02. Those imported apples are delicious but expensive.
03. She decided to quit school, (to) go to Seattle, and (to) find a job.
04. I am looking forward to going to Korea and eating wonderful Gimchi every day.

 Challenge 2

01. She not only goes to school but also has a full-time job.
02. You may begin working either tomorrow or next week.
03. She enjoys neither hunting nor fishing.
04. William is fluent in not only Korean but also Chinese. / William is fluent not only in Korean but also in Chinese.
05. The city suffers from both air (pollution) and water pollution.

중간·기말고사 100점 100승   p. 204

1. loves	2. serves	3. ②	4. ③
5. ③	6. ④	7. ③ are → is	
8. ④	9. ①	10. ④	11. ③
12. are → is		13. ③, ⑤	
14. wear → wearing		15. ②	16. ②
17. ④			

1. 전치사구(of the company)는 명사를 수식하는 역할을 하므로 동사의 수에 영향을 끼치지 않고, 계속적 용법으로 사용된 관계사절은 앞에 나온 명사를 부가적으로 설명하는 역할을 하기 때문에 동사의 수에 영향을 끼치지 않는다. 따라서 주어(The owner)는 단수이므로 단수 동사 loves를 쓴다.

2. 주격 관계대명사의 주어는 선행사(trunk)와 같으므로 단수 동사 serves를 쓴다.

3. (A) '심각한 질병으로 수백 명이 사망하면서'의 의미이므로 동작의 주체로 보고 V-ing를 써야 한다. (B) 관계대명사절을 없는 것으로 간주하면 주어는 many people이므로 동사 are를 쓴다. (C) 주어는 Korea이므로 has remained를 쓴다.
해석｜최근에 심각한 질병이 아시아 국가에 퍼지면서 수백 명이 사망하게 되었다. 이 지역 국가에 사는 많은 사람들은 추운 날씨가 시작되면서, 또다시 우려하고 있는 것 같다. 그러나 한국은 이러한 국가들과 지리적으로 인접해 있으면서도, 이 치명적인 질병으로부터 면역된 상태를 유지하고 있다. 많은 사람들은 한국인들이 거의 매 식사 때마다 먹는, 전통 음식인 김치가 그 비결이라고 생각한다.

4. 'B as well as A'는 B에 동사의 수를 일치시켜야 하므로 office manager가 단수이므로 ③의 haven't를 hasn't로 고쳐야 한다.

5. '사건 발생 후 몇 분 내에 현장에 도착한다.'는 의미이므로 an accident를 받는 소유대명사로 its를 써야 한다.
해석｜대부분의 119 앰뷸런스는 사건 발생 후 몇 분 내에 현장에 도착하는데 그 시간은 전화로 말해 준 주소에 대한 설명이 정확한가에 달려 있다.

6. ④ of 이하의 수식을 받는 대명사가 앞서 언급된 명사 the number이므로 단수형 that을 써야 한다.

해석 1894년에 심리학 박사 학위를 받은 최초의 여성은 마가렛 워시번이었다. 그 다음 15년에 걸쳐 더욱더 많은 여성들이 워시번의 개척자적인 선도를 따랐다. 오늘날 심리학에서 박사 학위를 받은 남녀의 수는 대략적으로 동일하다. 그리고 최근에는 학사 수준의 여성 심리학 전공 졸업생들의 수가, 남성 심리학 전공 졸업생들의 수를 훨씬 초과하였다. 명백히, 심리학은 남녀 모두에게 완전히 개방된 전문직이 되었다.

7. 절이 주어로 왔으므로 단수 취급하여 ③ are surprising을 is surprising으로 고쳐 쓴다.

8. 활동의 긍정적인 면들을 나열하고 있으므로 ④번이 정답이다.

해석 문제에 대해 생각하는 대신 행동을 한다면, 좌절과 분노의 감정이 얼마나 여러 번 진정되는지 놀랍기만 하다. 놀고 일하는 것은 건강한 활동이며, 정서적 혼란에 의해 생겨난 긴장을 경감시켜 준다. 노는 것은 육체적으로 평안함을 주며, 우리의 감정을 다른 사람과 같이 나눌 때 긴장감을 줄여 준다. 일하는 것 또한 분노감을 몰아내고 넘치는 에너지를 활용하는 효과적인 수단이다. 때때로 아이디어는 우리가 행동하기 시작하면서 생긴다. 행동은 긴장을 완화하고, 우리를 자유롭게 해 준다.

9. 조건을 나타내는 절에서는 의미상 미래라 하더라도 현재시제를 써서 나타낸다. 따라서 need가 정답이다.

10. ④ 한국의 인접국이란 의미이므로 their를 its로 바꿔야 한다.

11. 병렬 구조라 앞서 사용된 visiting과 같은 구조로 써야 하므로 touring이 정답이다.

12. the number of는 '~의 그 수'라는 의미로 주어로 쓸 때 단수 취급한다. 따라서 동사 are을 is로 고쳐야 한다.

13. ③ the difference가 주어이므로 is가 와야 하고, ⑤ things의 소유격을 써야 하므로 their로 써야 한다.

해석 성공이 거의 손에 닿을 수 있는 곳에 있을 때 얼마나 많은 사람들이 포기를 하는지 궁금하다. 그들은 매일 인내하다가 막 성공하려고 할 때, 더 이상 참을 수 없다고 결정을 내린다. 성공과 실패 사이의 차이는 그렇게 대단하지 않다. 성공한 사람들은 경기에 승리할 때까지 경기에 계속 남아 있는 것의 가치를 배웠던 것이다. 결코 성공하지 못하는 사람들은 너무나 빨리 그만두는 사람들이다. 상황이 가장 암울할 때 성공하는 사람들은 자신들이 그곳에(성공에) 거의 다 왔다는 것을 알기 때문에 포기하기를 거부한다. 상황이 더 좋아지기 전에 최악의 상태인 것처럼 보이는 일이 종종 있다. 산은 정상에서 가장 가파르지만 그것이 되돌아갈 이유는 아니다.

14. telling, singing과 병렬 구조를 이루어야 한다. 따라서 wear를 wearing으로 고쳐야 한다.

해석 코미디언들은 사람들을 웃게 만드는 연예인이다. 그들은 농담을 하거나, 우스꽝스러운 노래를 부르거나, 웃기는 복장을 입는 것과 같이 관중을 즐겁게 하는 다양한 기술들을 사용한다.

15. whether 명사절 속의 주어는 her understanding이므로 동사도 단수형 is로 써야 한다.

16. who의 선행사는 community가 아닌 복수 명사 volunteers이므로 act로 써야 한다.

17. ① may → might, ② has witnessed → had witnessed, ③ had discovered → discovered, ⑤ got → gets로 고쳐야 한다.

p. 207

창의성과 표현력을 길러주는 서술형 문항 A

1. Neither my mother nor my father likes pop music.
2. I will ask either Sarah or Anna to lend me their laptop at the weekend.
3. Both physics and chemistry are interesting subjects.
4. Neither the library nor the bookstore has the book I need.
5. The president's assistant will neither confirm nor deny the story.
6. Either my mother or my father drives me to school.

1~6. 상관접속사를 이용하여 문장을 연결할 때 특히 주어로 쓸 경우에는 동사의 수 일치에 조심해야 한다. Not only A but B, Either A or B, Neither A nor B에서 동사의 수 일치는 모두 B에 일치시켜야 한다. 즉, B가 단수면 단수 동사를, 복수면 복수 동사를 써야 한다. 특히 neither와 함께 쓸 때는 neither 자체가 부정의 의미를 포함하고 있기 때문에 동사에 not을 붙여 부정문을 만들지 않도록 조심해야 한다.

p. 208

창의성과 표현력을 길러주는 서술형 문항 B

(Answers will vary.)

1. In the future, I don't want to owe money or forget my friends.
2. Every morning I eat breakfast and brush my teeth. / Two things that I do every morning are eating breakfast and brushing my teeth.
3. In the future, I want to earn an MBA, own my own business, and give money to my parents.

4. The three most useful activities for relieving stress are exercising, talking to friends, and sleeping.
5. The three adjectives that best describe me are adventurous, hard−working, and kind. / I am an adventurous, hard−working, and kind person.

1~5. 등위접속사는 단어와 구, 절 등을 대등하게 연결하는데 두 단어를 연결할 때는 쉼표(,)를 쓰지 않고, 셋 이상의 단어를 연결할 때는 각 단어 뒤와 마지막 접속사 앞에 쉼표를 쓰는 것을 잊지 말자. 문장과 문장을 연결할 때는 접속사 앞에 쉼표를 써야 한다.

실전 서술형·논술형 평가 1

1. ①
근거 : 먹기 위해 산다는 것은, 허기를 채우는 것과 달리 즐거움이나 행복을 위해서 먹는 것을 의미한다. 따라서 먹는 즐거움을 위해 샌드위치나 피자의 종류를 고민한다는 것은, 살기 위해 먹는 것이 아닌 먹기 위해 산다는 글쓴이의 주장을 뒷받침한다.
2. ④ heavily → heavy

1. ①번이 먹기 위해 산다는 글쓴이의 주장과 가장 비슷한 예로 볼 수 있다.
2. ④의 heavily를 heavy로 고쳐야 한다. slow(형용사)+and+heavy(형용사)로 문법적으로 동일한 구조가 되어야 한다.
해석ㅣ 지난 며칠 동안, 완전히 예상치 못한 느낌이 엄습했다. 필요 이상의 음식들이 나를 느리고 무겁게 느끼게 한다는 것을 알게 되었다. 우리는 "편안하고 기분 좋게" 느끼기 위해서 먹는 문화에 살고 있다. 음식과 감정은 깊이 관련되어 있다. 우리가 즐거울 때 먹는 모든 음식들을 생각해 보라. 우리는 파티에서 케이크와 아이스크림을, 결혼식에서 와인을, 영화관에서 팝콘을 먹는다. 내 요지는 우리가 종종 살기 위해 먹기보다는 먹기 위해 산다는 것이다.

실전 서술형·논술형 평가 2

1. ⑤ are stated → is stated
2. 그것은 이 두 문장을 이해하기 위해 사람들(우리)이 경찰관과 슈퍼맨에 대한 배경 지식을 이용하였기 때문이다.

1. 「neither A nor B」에서 B에 동사의 수를 일치시킨다. B의 magical power는 단수이므로 are가 아닌 is를 써야 한다.
해석ㅣ 독해는 세계에 대한 사람들의 지식과 관련이 있다. 예를 들면, 다음 두 문장에서 무엇이 차를 세웠는지 생각해 보기로 하자: "경찰관은 그의 손을 들어 그 차를 세웠다."와 "슈퍼맨은 그의 손을 들어 그 차를 세웠다." 당신은 아마 첫 번째 문장의 답은 '법적인 권한'이고, 두 번째 문장의 답은 '마법적인 힘'이라고 할 것이다. 그러나 어느 문장에서도 '법적인 권한이나' '마법적인 힘'이 언급되어 있지 않다는 것을 기억하자. 당신은 그 답을 어떻게 알았는가?

Chapter 06

도치

 p. 211 ~ 228

Unit 01 도치 (1)

 기초다지기 p. 215

Challenge 1

01. did he know
02. was their English
03. than
04. Had
05. could they see
06. was the strangest lady

Challenge 2

01. Never do I things I don't like to do.
02. Not until yesterday did he realize the fact.
03. Little did I dream that I would ever be where I am today.
04. On the edge of the mountain stood a pristine palace.
05. Excellent food they serve here.

 서술형 기초다지기 p. 216

Challenge 1

01. had she finished it than she went out
02. have I stayed at such an expensive hotel
03. did I dream that I would meet her again
04. in my life have I walked on such exquisite marble floors
05. I known you were coming for lunch, I would have prepared more food

Challenge 2

01. Not until late at night did he know about the new schedule.
02. On the chair sat an old woman.
03. Hardly had they started watching the movie when the power went out.
04. No sooner had she seen the police than she ran away.
05. Old man as he is, he has a strong passion for life.

 이것이 수능에 출제되는 영문법이다!   p. 217

1-1. was any sign   1-2. take

1-1. 장소를 나타내는 부정 부사 nowhere가 문두에 있으므로 주어와 동사가 도치된 was any sign의 어순이 알맞다.
   해석 | 멀리 개 짖는 소리를 제외하고는 실제로 어느 곳에도 생명의 표시나 암시는 없었는데, 그 소리도 외로운 장면을 두드러지게 하는 데 기여했다.
1-2. 'only+접속사절'이 문두에 나와서 '조동사+주어+동사'로 도치된다. 조동사 뒤에는 항상 동사원형을 쓰므로 take로 쓴다.
   해석 | 둘 또는 더 많은 사람들이 엄청난 양을 공유할 때만 단지 훨씬 더 경제적이고 소극적인 의사소통이 발생할 수 있다.

Unit 02 도치 (2)

 기초다지기 p. 220

Challenge 1

01. too
02. either
03. So
04. did
05. have
06. was her assistant

Challenge 2

01. does Bob / Bob does
02. does Scott / Scott doesn't
03. did Karen / Karen did
04. can Richard / Richard can't
05. have I / I haven't

 서술형 기초다지기 p. 221

Challenge 1

01. Neither did I.
02. So would I.
03. So did I.
04. Neither do I.
05. Neither did I.
06. So should I.

Challenge 2

01. Olivia doesn't have much homework, and neither does Judy.

02. Sandra eats lunch in the cafeteria, and so do her friends.

03. Eric didn't have any clothes with him, and neither did Laura.

04. Ava and Maria won't be at the party, and neither will Fred.

05. I saw the new show last night, and so did my mother.

06. William hasn't finished his homework, and neither has Alex.

이것이 수능에 출제되는 영문법이다!

p. 222

1-1. neither   1-2. so
1-3. are their griefs and fears

1-1. 부정의 내용에 동의할 때 neither를 쓴다.
해석 | Carol과 Susan은 그 체육관에 가기를 원하지 않고 그들의 오빠도 원하지 않는다.

1-2. 긍정의 내용에 동의할 때 so를 쓴다.
해석 | 우리는 클래식 음악을 듣고 우리의 이웃들도 마찬가지이다.

1-3. 긍정의 내용에 동의할 때 'so+동사+주어'로 도치된다. 따라서 be동사가 주어 앞으로 나간 are their griefs and fears의 어순이 올바르다.
해석 | 부모님의 기쁨은 은밀하다, 그리고 그들의 슬픔과 두려움도 그러하다.

중간·기말고사 100점 100승

p. 223

1. Never will I forget the wonderful people I have met here.
2. ③   3. ②   4. ⑤
5. Young as   6. humble it may be
7. it not for water   8. Had it not been
9. ⑤   10. ④   11. ⑤   12. ③
13. ⑤ were → was   14. ⑤   15. ④
16. ④
17. At the center of each galaxy is a giant black hole.

1. 부정어 never를 문두에 둘 경우 '부정어구+조동사+주어+동사'의 어순으로 도치된다. 따라서 Never will I forget~으로 쓴다.

2. 부정의 내용에 동의할 때 neither를 쓴다. 따라서 ③의 so do most birds를 neither do most birds로 고쳐야 한다.

3. ②는 than을 쓰고, 나머지는 모두 when을 쓴다.

4. '부정어(구)+조동사+주어+동사'의 어순으로 써야 하므로 ⑤는 Never did I watch~로 고쳐야 한다.

5. 양보의 부사절을 나타낼 때 '형용사+as+주어+동사'의 어순으로 쓴다. 따라서 Young as he is로 빈칸을 채운다.

6. 'no matter how+형용사+주어+동사'의 어순으로 쓴다.

7. 가정법에서의 if가 생략될 때 도치된다. 따라서 be동사를 주어 앞으로 보낸 Were it not for water의 어순으로 쓴다.

8. if가 생략될 때 도치가 되는데 여기서 had가 조동사의 역할을 하므로 had를 주어 앞으로 보내 Had it not been으로 써야 한다.

9. 주어와 보어가 대명사인 경우에는 도치되지 않는다. 따라서 here she comes의 어순으로 쓴다.

10. 긍정의 내용에 동의할 때 'so+동사+주어'의 어순으로 쓴다. 공통 표현인 in Mr. Jacobs's history class는 쓰지 않고 So was my brother.로 간단히 줄여 쓴다.

11. 부정어 seldom은 동사 앞에 쓴다. 조동사가 없어지므로 use를 과거형인 used로 쓴 ⑤번이 올바르다.

12. ③의 did know she를 did she know의 어순으로 써야 한다.

13. 전치사구가 문두로 나올 때 주어와 동사는 도치된다. 따라서 주어(a small empty box)가 단수이므로 were를 was로 써야 한다. 전치사에 딸린 명사는 주어가 될 수 없다. glasses를 주어로 착각하게 하는 함정 문제이다.

14. 포도주가 담긴 두 개의 잔과 낡은 은촛대를 마주하고 남녀가 단둘이 앉아 있다. 두 사람의 사랑을 암시하는 반지와 소녀의 밝은 표정으로 보아 낭만적인 분위기임을 알 수 있다.
해석 | 밝은 불이 그림자를 이리저리 출렁거리게 함에 따라 그림자가 낡은 가구에서 드리워져 방을 가로지르고 있었다. 겨울 폭풍이 작은 통나무집의 벽에 눈을 높이 흩뿌리며 창가에 부딪치고 있었다. 방 한가운데에는 낡은 은촛대 두 개와 적포도주가 담긴 잔이 두 개 놓인 식탁이 있었다. 부드러운 음악이 배경으로 깔렸다. 두 개의 포도주 잔 사이에 작은 빈 상자가 있었다. 거기엔 그의 할머니가 주신 작은 다이아몬드가 박혀 있는 반지가 들어 있었다. 오늘밤, 그의 맞은편에 앉아 있는 소녀가 밝은 얼굴 표정을 지으면서 그것을 끼고 있었다.

15. ④의 I hate reality shows!의 긍정의 내용에 동의할 때는 So do I.로 써야 한다.
해석 | Tom : TV에서 뭐 하나 볼까?
　　　Greg : 글쎄, 두 개의 영화가 있는데 둘 다 아주 오래된 영화야. 흑백 영화야! 그리고 *The House and 25 Hours*가 있어.
　　　Tom : 근데 둘 다 재미가 없어. 오, 난 리얼리티 쇼를 싫어해.
　　　Greg : 맞아, 나도 싫어해. *Talent Show*는 어때?
　　　Tom : 절대로 안돼! 그 경쟁자들 모두 불쾌해.

16. 은하계의 중심에 블랙홀이 있다는 것이지 별들이 블랙홀을 가지고 있다는 내용은 언급되어 있지 않다.

17. '장소[방향] 부사구+동사+주어'의 어순으로 도치된다. 따라서 At the center of each galaxy를 문두에 쓰고 주어와 동사를 도치시킨 is a giant black hole의 어순으로 쓴다.

해석 | 밤하늘을 올려다 보라. 당신이 보는 거의 모든 밝은 점들은 단지 하나의 거대한 별들의 무리에 속해 있다. 그 무리는 은하계라 불리우며, 그것이 바로 우리의 은하계인 은하수이다. 당신이 볼 수는 없지만, 우리 은하계에는 약 8천억 개의 별이 있다. 우리의 태양은 그 별들 가운데 하나이고, 하늘에 떠 있는 세 개의 점은 우리 은하계의 별이 아니라 그 자체가 은하계이다.

　그것들은 너무나 멀리 떨어져 있어, 그 은하계들의 수십 억 개의 별들이 마치 하나의 별처럼 보이는 것이다. 천문학자들은 고성능 망원경으로 더 많은 은하계를 관찰할 수 있다. 그들은 우리가 지구에서 관측 가능한 부분의 우주에만도 2천억 개의 은하계가 있다고 추정한다. 각 은하계의 중심에는 거대한 블랙홀이 있다. 블랙홀의 중력은 수십 억 개의 별들을 그 주위에 무리지어 모여 있게 한다. 우리 은하계를 포함해 많은 은하계들은 회전하고 있고, 각각의 별들은 중앙에 있는 블랙홀을 돌고 있다. 점차적으로 블랙홀은 별들을 그 안으로 끌어들인다. 그러나 가까운 시기에 태양이 우리 은하수의 블랙홀에 빠지지 않을까 걱정할 필요는 없다. 우리는 은하수의 거의 바깥 가장자리에 있고, 우리가 빠지기까지는 수십 억 년이 걸릴 테니까.

p. 226

창의성과 표현력을 길러주는 서술형 문항 A

1. Never have I stayed at such an expensive hotel.
2. Only when they finish their assignments can they get several weeks of vacation.
3. No sooner had I walked through the door than the manager welcomed me.
4. Only once in my life have I walked on such exquisite marble floors.
5. Little did I imagine that he would make such a mistake.
6. Had I known you were coming for dinner, I would have prepared more food.
7. Should I see Richard, I will give your message to him.

1~7. 부정어 never, little, hardly, seldom, only, scarcely, nowhere, not until, not only 등이 의미가 강조되어 문장 맨 앞에 오면 '부정어+조동사+S+V'의 어순으로 써야 한다. 또한 가정법 문장에서도 if가 생략되면 주어와 (조)동사의 위치가 바뀐다는 것을 반드시 알아두자.

실전 서술형·논술형 평가 1

 p. 227

1. ④ do → does　　　2. ③
3. (D) your attention

1. '조동사+주어+동사'의 어순으로 도치된 ④는 주어가 the act로 단수이므로 조동사는 does를 써야 한다. 따라서 do를 does로 고친다.
2. 사랑이 담긴 편지를 쓰는 것이 인생을 감동과 감사와 사랑으로 충족시킬 수 있다고 긍정적으로 서술하고 있으므로 ③이 정답이다.
3. (A) picking up a pen이나 (C) writing letters는 그 자체로 편지 쓰는 것임을 알 수 있고, (B)의 this 역시 앞의 decide to try라는 문구를 해석하면 편지 쓰는 행위임을 알 수 있다. 그리고 (E)의 this simple action 역시 편지 쓰는 것임을 알 수 있다. 그러므로 나머지 넷과 가리키는 바가 다른 것은 (D) your attention이다.

해석 | 한 주에 한 번씩 진심에서 우러난 편지를 써라. 매주 잠시 동안 그렇게 하는 것은 당신에게 많은 것을 선사한다. 펜을 드는 것은, 당신의 인생에서 아름다운 사람들을 긴 시간 동안 충분히 기억하게 해 준다. 자리에 앉아 글을 쓰는 행위는 당신의 삶을 고마움으로 가득 채울 수 있도록 도와준다. 한 번 이렇게 하기로 결심한다면 당신은 당신의 명단에 나타나는 많은 사람들 수에 대해 놀랄 것이다.

　편지의 목적은 간단하다. 사랑과 감사를 표현하는 것이다. 편지 쓰는 것에 익숙하지 않다고 걱정하지 말라. 많은 말을 생각할 수 없다면 "나의 귀중한 Jasmine, 내 인생에 너와 같은 친구를 사귈 수 있어 얼마나 행운인지 모르겠구나! 나는 진정 축복을 받았고, 인생에서 찾을 수 있는 모든 기쁨과 행복이 너에게 있기를 소망한다. 사랑하는 Richard로부터"와 같은 구로 시작해 보라.

　이와 같이 편지를 쓰는 행위는, 인생의 선의에 당신의 관심을 집중시킬 뿐만 아니라, 그것을 받는 사람들이 감동 받고, 고마워하게 될 것이다. 이런 간단한 행위는, 종종 당신의 편지를 받는 사람이 다른 사람에게 똑같은 일을 하도록 결심하게 하거나 다른 사람에 대해 보다 사랑의 감정을 느끼고 행동하도록 하는 사랑의 연쇄 행위를 시작하게 된다.

1. ②   2. (첫 번째 문장) did → does

1. 나머지는 모두 leaf fish를 가리키지만 ②는 leaf fish가 잡아 먹을 작은 물고기를 가리킨다.

2. 조동사가 주어 앞으로 도치되었다. 동사 imitates가 현재이므로 did 또한 does로 써야 한다. 일반적인 사실이나 상태를 나타내므로 현재시제로 써야 한다.

해석 | 'leaf fish'는 나뭇잎처럼 보일 뿐만 아니라, 물속에서 떠다니는 잎의 움직임을 흉내낸다. 그것의 사냥 기법은 재빠르게 먹이를 뒤쫓는 것이 아니라 그것을 기다리는 것이다. leaf fish는 물속에서 비스듬히 선채로, 물살을 따라 이동해 마침내 보다 작은 물고기 근처에까지 이르게 된다. 그 다음, 그것은 번개같이 재빠르게 턱을 벌려 경계를 하고 있지 않던 먹이를 붙잡아 머리부터 먼저 삼킨다. 근거리에서 leaf fish는 큰 턱을 빠르게 벌려 그 불행한 먹이를 매우 쉽게 빨아들일 수 있다.

100점 100승 Final Test　＊연도별 수능 어법 기출문제

01　1994년도 1차 기출　　정답 : 4

수동태로 사용될 수 없는 동사에 관한 문제이다. (D)의 it은 a notion(알림 글, 주석)을 가리키며, '~라고 쓰여져 있는 것처럼 보였다'라는 의미가 되어 수동이 되어야 할 것 같지만, appear는 '~처럼 보이다'라는 뜻의 자동사여서, 수동태가 불가능하다. 그러므로 'It appeared'라고 해야 맞는 표현이 된다.(appear, look, seem, happen, occur 등)

해석｜ 한번은 수표가 은행으로부터 백만장자에게로 되돌아왔다. 그것에는 '잔고 부족'이라는 도장이 찍혀 있었다. 그 도장의 바로 밑에는 잉크로 쓴 은행의 알림 글이 있었다. 내용은 다음과 같았다. '당신이 아니고 우리'

02　1994년도 1차 기출　　정답 : 2

(과거에) '주의를 기울여야만 했는데, 그렇지 못했다'는 후회를 현재 하고 있으므로(regret), 과거에 행하지 못한 것에 대한 유감의 의미를 지닌, 'should have+p.p.'의 표현을 사용해야 한다.

해석｜ 내 동생이 어제 아팠다. 난 그 애에게 거의 신경을 쓰지 않았고, 병원으로 데리고 가지 않았다. 왜냐하면 병이 그다지 심각해 보이지 않았기 때문이다. 이제 동생의 상태는 더욱 악화되고 있다. 난 그에게 주의를 기울이지 않았던 것을 후회하고 있다. 다시 말해, 난 그에게 더 주의를 기울였어야 했다.

03　1994년도 2차 기출　　정답 : 4

글의 서술시 동등한 역할을 하는 것은 동등하게 표현해 줘야 한다. 문맥상 윗글의 making과 helping은 모두 동등하게 나열된 분사구문이므로, 이런 병렬 구조의 문장에서는 같은 형태를 유지해야 한다. 그러므로 while they were는 모두 생략하고 helping만 남겨야 한다.

해석｜ 모든 사람들이 전쟁의 일부가 되었다. 남자와 사내아이들은 싸우고 있었고, 여자와 소녀들은 공장에서 군수 물자를 만들고 있었고, 또는 민방위와 진화 작업을 돕고 있었다.

04　1994년도 2차 기출　　정답 : 4

문맥상 할머니께서 내게 물어보신 것이므로, When my grandmother asked me가 되어야 하는데, 수동태로 쓸 경우에는 When I was asked by my grandmother가 되어야 한다. 이를 분사구문으로 쓸 경우에는, 주절의 주어가 같으므로 주어를 생략하고, 시제도 일치하므로 단순 분사구문(동사원형+~ing)을 사용하여 Being asked by my grandmother로 써야 한다.

이 때 Being은 생략 가능하므로, 답은 asked by가 되어야 한다. 분사구문에 있어 접속사는 명확한 의미 설명을 위해서 써 줄 수도 있다.

해석｜ 모든 사람들이 내게 15살이 되면 굉장한 내적 변화가 있을 거라고 말했다. 나는 그것이 일어나길 정말로 기대했지만, 아무것도 일어나지 않았다. 그러나 할머니께서 내게 물어보셨을 때, 난 "예, 전 굉장한 변화가 일어났음을 느끼고 있어요."라고 대답했다.

05　1995년도 기출　　정답 : 4

병렬 구조의 파악을 묻는 문제이다. By A and B「A와 B로써」의 의미를 표현할 때, A와 B는 같은 구조로 써야 한다. 그러므로 drastically cutting이 되어야 한다.

해석｜ Mike와 Amy는 그들의 꿈을 실현시키기 위해서 돈을 낭비하지 않기로 결정했다. 그들은 일시적으로 Mike의 부모님과 살기로 하고 여가 활동비도 철저하게 줄임으로써, 2년 안에 적당한 집을 사기 위한 충분한 돈을 저축하길 희망한다.

06　1995년도 기출　　정답 : 3

'적당한 규정식을 선택하기란 어렵기 때문에'란 의미가 되어야 하므로 일단 진주어로서 to부정사가 와야 하고 의미상 같은 시제를 사용해야 하므로, ② 또는 ③이 답이 되어야 한다. 일반적인 주어가 와야 의미상 맞으므로 굳이 의미상의 주어를 써줄 필요가 없다. 오히려 의사에게 상의해야 한다는 것으로 보아, '다른 사람의 도움 없이 스스로의 힘으로 하기엔'의 의미를 추가시킨 ③ to select for yourself가 적당하다.

해석｜ 체중을 줄이는 가장 효과적인 방법은 균형잡힌 규정식을 섭취하는 것이다. 만일 규정식을 취하기를 원한다면, 적당한 규정식을 선택하기란 어렵기 때문에 의사와 상의해야만 한다.

07　1996년도 기출　　정답 : 5

be dead와 달리, die는 순간에 일어나는 동작을 나타내는 동사이므로 How long~이라는 의문부사구와는 함께 쓰지 못하고 특정 시점을 물어보는 How long ago~와 같은 의문사구와 함께 써야 한다. 그런데 ④번처럼 how long ago did her mother die라고 쓰면 될 것처럼 보이지만, 윗글은 직접의문문이 아니라 간접의문문이다. 따라서, ④번이 정답이 되기 위해선 how long ago her mother died가 되어야 한다.

해석｜ 로버트는 수잔과 사귀어 왔고 그녀와 결혼할 생각이었다. 그는 그녀의 여동생들이 어떤 사람인지, 아버지는 어떤 분인지, 그녀의 어머니는 돌아가신 지 얼마나 되었는지 알고 싶어 했다.

08 1996년도 기출

첫 문장에서 주어는 The fact (that ~)이다. 따라서 work는 3인칭 단수 현재인 works가 되야 한다. 동격 명사절의 마지막 부분에 복수형의 명사가 오는 경우에, 그것이 주어가 아니라는 점을 주의해야 한다

해석 | 누군가가 가난한 마을 사람들을 도울 수 있을 정도로 충분히 관심이 있다는 사실은 종종 기적을 만들어 낸다. 마을 사람들은 스스로를 돕는 데 관심을 가지게 된다. 그들은 자신들이 더 나은 미래를 만들도록 도울 수 있다는 것을 깨달을 때 덜 낙심하게 된다.

09 1997년도 기출

주장, 명령, 요구, 제안 등을 나타내는 동사 뒤에 나오는 종속절에는 should가 쓰이는 것이 보통이지만, 이 경우 종속절의 내용은 사실이 아닌 앞으로 일어날 바람직한 일을 나타내게 된다. ④를 그대로 해석하면, '많은 목격자들은 그 사고가 횡단보도에서 일어나야만 한다고 주장했다.'이다. 그러나 본문에서는 증인들이 사실을 증언한 것이므로 should take place를 had taken place로 고쳐야 한다. 바로 앞 문장에서도 had taken이 쓰였음에 힌트를 얻을 수 있다. 문장 ⑤의 hold는 '~을 ~이라고 생각하다'는 의미로, 능동태의 문장으로 고쳐보면 They held the driver responsible for the accident.이므로 맞는 문장이다.

해석 | 어느 날 트럭이 거리에서 보행자를 치었다. 운전자는 부주의한 보행자가 그 사고에 대해 책임져야 한다고 말했다. 사고가 일어난 장소를 정확하게 판단하기 어려웠다. 많은 목격자들은 사고가 횡단보도에서 일어났다고 주장했다. 그래서, 운전자가 그 사고에 대해 책임을 져야 한다고 여겨졌다.

10 1998년도 기출

the numbers가 기대하거나 예상하는 것이 아니고 예상되어지므로 수동태로 써야 한다. 무생물인 the numbers가 주어이므로 능동형 expect(기대하다)가 쓰이는 것은 어색하다. 수동형 are expected(기대되다)가 쓰여야 문맥상 자연스럽다.

해석 | 상점을 개업하려면 20만 달러만큼의 돈을 필요로 한다. 그만큼의 돈을 모은다는 것은, 벤처 자본의 흐름이 메말라버렸기 때문에 사업 실적이 없는 사람에게는 어려운 일이다. 1996년도에 벤처 자본의 총액은 전년 대비, 53%가 감소한 2억 2백만 달러로 줄었다. 금년에는 그 수치가 더욱 급격하게 감소할 것으로 기대되어진다.

11 1999년도 기출

⑤번은 문맥상 그러한 교육의 희생자들은 학교에서 창의적 능력을 개발시켜 주는 훈련을 받아야 했었는데 그러지 못했다라는 유감을 표현하고 있기 때문에 should receive를 should have received로 바꿔야 한다.

해석 | 종종 사람들은 학교의 기능이 지식 있는 사람들을 양성하는 것이라고 믿고 있다. 그러나 만약 학교가 단지 지식만을 제공한다면 학교는 창의력을 파괴하여, 그저 평범한 사람들을 양성할 수도 있다. 우리는 종종 만약 교육이 창의력에만 초점을 맞추었다면, 위대한 예술가나 과학자가 될 수도 있었을 평범한 사람들에 대한 이야기를 듣는다. 교육의 희생자들은 학교에 다니는 동안 창의적인 재능을 개발하기 위한 훈련을 받았어야만 했다. 그들이 그렇지 않았던 것은 정말 유감이다.

12 2000년도 기출

stop to V「V하기 위해 뭔가를 멈추다」와 stop V~ing「V하는 것을 중단하다」의 의미차이를 구별하는 문제이다. stopped to breathe는 '숨쉬기 위해서 멈췄다'라는 뜻이므로, 문맥상 '숨쉬는 것을 멈췄다'라는 의미의 stopped breathing이 되어야 한다.

해석 | 그 동물원에서 '심바'라는 사자가 매우 아팠다. 수의사가 와서 그에게 약이 가득 들어 있는 붉은 고기를 좀 주려고 했다. 가엾은 심바는 머리조차 들지 못했다. 마침내 심바는 숨을 거두었다. 그 의사는 눈에 눈물이 가득하여 "심바가 죽었다는 것을 말씀드리게 되어서 유감입니다."라고 말했다. 어린아이들은 그 소식을 듣고 매우 충격을 받았다. "저는 오랜 친구 하나를 잃었다는 느낌이 듭니다. 제가 심바의 탄생을 보도했던 것이 기억납니다."라고 한 기자가 말했다.

13 2001년도 기출

의문문이 다른 문장의 일부가 될 때 이를 간접의문문이라고 부르는데 밑줄 친 ②는 직접의문문이 아니기 때문에 '의문사＋주어＋동사'의 어순이 되어야 한다. 따라서 where they had books로 써야 한다.

해석 | 나는 어제 컴퓨터에 관한 책을 사려고 서점에 갔다. 나는 점원에게 컴퓨터에 관한 책이 어디에 있는지 물었다. 그녀는 책들이 2층에 있다고 말했다. 나는 책이 아주 많이 있다는 사실에 놀랐다. 나와 같은 초보자를 위한 책을 찾는 데 긴 시간이 걸렸다.

14 2002년도 기출

(A) 주어와 목적어가 같을 경우에는 목적어로 재귀대명사를 써야 한다. (B) 동사 is의 주어가 와야 하므로 동명사를 써야 한다. (C)는 앞에 나온 the essential creative act를 가리키므로 단수 대명사를 써야 한다.

해석 | 여러분이 어떤 일을 시도해보고 실패하면, 여러분은 왜 의도했던 일에 실패했을까 하고 자문하게 된다. 이 질문에 대해 새롭고도 예상치 못했던 방법으로 답변하는 것은 근본적으로 창조적인 활동이다. 그렇게 하면, 다음 번에는 여러분이 성공할 가능성이

높아진다.

⑮ 2002년도 기출
`정답 : ③`

2001년 여름이라는 명백한 과거의 일이므로, 현재완료 have visited를 과거시제인 visited로 써야 한다.

해석 | 미국의 전직 대통령이었던 Jimmy Carter는 인류를 위한 주거지를 장려하고 있는데, 1994년 이후로 여러 나라들을 둘러보았다. 2001년 여름에, 그는 한국의 아산에, 집짓기 공사에 참여하려고 방문하였다. 그것은 집이 없는 사람들에게 집을 지어 주려는 인류를 위한 주거지 국제 운동의 일환이었다. 그는 이 행사를 위하여 자원봉사자들과 함께 일했는데, 그의 이름을 따서 Jimmy Carter Work Project 2001이라고 이름 붙여졌다.

⑯ 2003년도 기출
`정답 : ⑤`

⑤ 관계대명사 which의 선행사가 없으므로 선행사가 포함된 관계대명사 what을 써야 한다.

해석 | 슈베르트는 가난 속에서 평생을 보냈다. 그렇지만, 그는 인생에 단 하나의 고상한 목적을 갖고 있었다. 그것은 마치 그의 뇌로부터 흘러나와 끝없는 멜로디의 거센 흐름으로 나아가는 것처럼 보였던 아름다운 악상을 악보로 적는 것이었다. 가장 왕성한 활동을 한 작곡가의 한 사람으로서, 슈베르트는 우리가 다정한 편지를 쓰듯이 자유롭게 작곡을 했다. 그는 단지 자신에게 이미 있는 것을 끌어내서 우리에게 풍요로운 음악의 보물을 가져다주었던 것이다.

⑰ 2003년도 기출
`정답 : ③`

(A) '대부분의'라는 의미의 형용사는 most이다. almost는 부사이므로 명사를 수식할 수 없다. (B) 목적어 it이 있으므로 동명사가 와야 한다. 명사는 뒤에 의미상의 목적어를 취할 수 없다. (C) to부정사의 동사원형들이 병렬로 연결되는 것이므로 act가 타당하다.

해석 | 오늘날 대부분의 기업들이 정보를 다루는 데 있어서 하고 있는 일들은 몇 년 전에는 불가능했을 것이다. 그 시절에는 풍부한 정보를 모으는 것은 비용이 매우 많이 들었으며 그것을 분석하는 도구는 1990년대 초반까지 유용하지도 않았다. 하지만 지금 디지털 시대의 도구들은 새로운 방식으로 정보를 모으고 공유하고 실행시키는 방법을 우리에게 제공한다.

⑱ 2004년도 기출
`정답 : ③`

In spite of their close location to these countries, however, Korea has remained free of the deadly disease.에서 콤마 뒤의 주어가 Korea이므로 their close location을 its close location으로 고쳐야 한다.

해석 | 최근에 심각한 질병이 아시아 국가에 퍼지면서 수백 명이 사망하게 되었다. 이 지역 국가에 사는 많은 사람들은 추운 날씨가 시작되면서, 또다시 우려하고 있는 것 같다. 그러나 한국은 이러한 국가들과 지리적으로 인접해 있으면서도 이 치명적인 질병으로부터 면역된 상태를 유지하고 있다. 많은 사람들은 한국인들이 거의 매 식사 때마다 먹는 전통 음식인 김치가 그 비결이라고 생각한다.

⑲ 2004년도 기출
`정답 : ①`

(A) 병렬구조 문제이다. would scrub, mop, and dust~ 즉, would 다음에 scrub, mop, dust 모두 동사 원형을 썼다. (B) 'keep+목적어+목적보어' 구문이다. 보어가 될 수 있는 것은 명사 또는 형용사만 가능하다. 위의 경우 neatly는 부사이므로 보어가 될 수 없다. (C) everything (that) she touched turned ~에서 turned가 본동사이다. 관계대명사(목적격)가 생략되었다. everything이 실질적인 주어이고 turned가 동사이다.

해석 | 어머니는 유별나게 청결한 분이셨다. 어머니는 나와 동생에게 아침 식사를 주고서는 모든 물건들을 문지르고, 닦고, 먼지를 털어 내곤 하셨다. 우리가 나이를 먹자, 어머니는 우리 방을 깨끗이 하는 것으로 우리의 역할을 하라고 강조하셨다. 어머니는 바깥에서 작은 정원을 손질하시곤 했는데, 이웃들은 그 정원을 부러워했다. 어머니의 손이 닿는 모든 것들은 황금으로 변했다. 어머니는 어느 것이든 대충한다는 생각을 하지 않으셨다. 어머니는 종종 우리에게 우리가 하는 모든 것들에 최선을 다해야 한다고 말씀하곤 하셨다.

⑳ 2004년도 기출
`정답 : ④`

(A) 두 문장을 연결하려면 반드시 접속사가 필요하다. 따라서 연결사 when이 있어야 한다. (B) if you had turned a light toward Mars that day의 if절은 가정법 과거완료이다. 따라서 주절엔 '조동사의 과거형+have+V-ed'를 써서 가정법 과거완료임을 나타낸다.

해석 | 올해 8월 27일에는 많은 사람들이 지구와 화성이 가까워지는 현상을 관찰하기 위해 야외로 나갔다. 8월 27일, 인류 역사상 유례없는 화성이 지구와 가까워진 순간이 있었는데, 한 방향으로 빛이 쏘아졌을 때 단지 3분 6초면 다다를 수 있는 거리에 있었다. 따라서, 만약 당신이 그 날 화성을 향해 빛을 쏘았다면, 그것은 186초만에 화성에 도달하였을 것이다. 화성의 빛은 너무 밝아서 도시의 빛들조차 그 빛을 막을 수 없었다. 당신이 만약 이 천문학적인 쇼를 놓쳤다면 당신은 정말 운이 없는 것이다. 왜냐하면, 화성은 2287년까지 다시는 이 정도로 가깝게 있지 않을 것이기 때문이다.

²¹ 2005년도 기출　　　정답 : 1

situate는 '놓다, ~의 위치를 정하다'를 의미하는 동사이므로 '~에 위치하다'라는 의미는 be situated in/on/at이 된다. Being이 생략된 분사구문이 사용된 점을 고려하면 (A)에는 Situated가 필요하다. (B)에는 makes의 목적어가 되고 목적보어 pleasant가 뒤에 온 구조이므로 동명사 living이 필요하다. to live를 사용하려면 어순을 makes it pleasant to live here로 바꾸어야 한다. (C) 그 나라의 행정, 경제, 문화의 중심지를 의미하므로 its를 써야 한다.

해석│ 해발 1,350미터에 위치하여 반짝거리는 히말라야 산맥이 내려다 보이는 카트만두 시는 연중 내내 기후가 온화하여 살기 편한 곳이다. 카트만두는 분지의 거의 한복판에 위치하고 있고, 남북 5km, 동서 5km의 정사각형을 이루고 있다. 그곳은 고대 네팔왕국이 있었던 곳이다. 지금은 네팔의 수도로서 네팔의 정치, 경제, 문화의 중심지이다.

²² 2005년도 기출　　　정답 : 3

(A)의 write down이 '동사+부사'의 동사구이므로 대명사 목적어인 them은 그 사이에 위치해야 한다. (B)의 disturb가 '방해하다'의 의미를 지니고 의미상 주어가 you이므로 문맥상 수동형인 be disturbed가 필요하다. (C) Be의 보어가 될 수 있는 말이 와야 하므로 형용사 specific이 적절하다.

해석│ 아마도 당신이 정한 여러 목표에 집중하는 가장 효과적인 방법은 그것들을 적어두는 것이다. 이것이 당연한 첫 단계라고 들릴지 모르지만 많은 사람들이 무시하는 단계이다. 그 결과 그들의 목표는 흔히 흐지부지 되어 결국 실현되지 못하게 된다. 당신이 방해를 받지 않을 만한 아주 조용한 곳으로 가라. 당신이 정한 모든 목표를 목록으로 만들어라. 지금, 인간관계, 그리고 직업에 관한 목표를 포함시켜라. 될 수 있는 한 구체적으로 작성하라.

²³ 2005년도 기출　　　정답 : 1

alike는 서술적 용법으로 사용되는 형용사로서 동명사를 목적어로 취하는 구조에 사용될 수 없다. 따라서 ①의 alike는 전치사 like로 고쳐야 한다.

해석│ 사랑에 빠지는 것은 신비한 구름에 싸여 있는 것과 같다. 공기의 느낌이 더 신선해지고, 꽃 냄새가 더 향긋해지고, 음식 맛이 더 좋아지며, 밤하늘의 별이 더 찬란하게 반짝이게 된다. 당신은 마치 인생을 순항하듯이 경쾌하고 행복한 느낌을 갖게 된다. 당신의 고민과 난제들이 갑자기 대수롭지 않은 것으로 보이게 된다. 몸에 활력을 느끼면서 당신은 아침마다 얼굴에 미소를 띤 채 잠자리에서 힘차게 나오게 된다. 당신은 기쁨의 최고의 경지에 도달한다.

²⁴ 2006년도 기출　　　정답 : 3

watch가 지각동사이므로 (A)에는 동사원형인 try가 맞다. "A가 ~하기를 기다리다"는 뜻이 되려면 "wait for A to ~"를 사용한다. 따라서 (B)에는 to open이 맞다. (C)는 내용상 pushing a button, depressing a lever와 병렬구조를 이루어야 하기 때문에 (C)에는 sliding이 맞다.

해석│ 대부분의 지하철 전동차에서 문은 각각의 정거장에서 자동으로 열린다. 그러나 파리의 지하철인 메트로를 타면 사정이 다르다. 나는 메트로를 탄 한 남자가 전동차에서 내리려다가 실패하는 것을 지켜보았다. 전동차가 그가 내릴 정거장으로 들어 왔을 때 그는 자리에서 일어나 문이 열리기를 기다리며 문 앞에 끈기 있게 서있었다. 그런 일은 일어지지 않았다(문이 열리지 않았다). 전동차는 그저 다시 떠났고 다음 정거장으로 계속 갔다. 메트로에서는 단추를 누르거나 레버를 내려누르거나 문을 옆으로 밀어서 승객 스스로 문을 열어야 한다.

²⁵ 2006년도 기출　　　정답 : 5

⑤가 들어 있는 문장의 주어는 복수(Things)이므로 ⑤는 their가 되어야 한다. at one's worst는 "최악의 상태에"의 뜻이다. ① "막 ~를 하려 하다"의 뜻을 갖는 be about to의 숙어이고, ②의 that은 형용사 great 앞에서 "그렇게"의 뜻을 갖는 부사로 쓰였다. ③ it은 the game을 받는 대명사이고 win it(=the game)이 수동태가 된 것이고, ④의 Those who never make it에서 주어는 it이 아니라 Those이므로 are는 맞다.

해석│ 성공이 거의 손에 닿을 수 있는 곳에 있을 때 얼마나 많은 사람들이 포기를 하는지 궁금하다. 그들은 매일 인내하다가 막 성공하려고 할 때 더 이상 참고 견딜 수 없다고 결정을 내린다. 성공과 실패 사이의 차이는 그렇게 대단하지 않다. 성공한 사람들은 경기에 승리할 때까지 경기에 계속 남아있는 것의 가치를 배웠던 것이다. 결코 성공하지 못하는 사람들은 너무나 빨리 그만두는 사람들이다. 상황이 가장 암울할 때 성공하는 사람들은 자신들이 그곳에(성공에) 거의 다 왔다는 것을 알기 때문에 포기하기를 거부한다. 상황이 더 좋아지기 전에 최악의 상태인 것처럼 보이는 일이 종종 있다. 산은 정상에서 가장 가파르지만 그것이 되돌아갈 이유는 아니다.

²⁶ 2007년도 기출　　　정답 : 1

(A) 뒤에 오는 진주어 to go to a car~를 대신할 수 있는 가주어 it이 필요하다. (B) He little knew that~에서 부정의 의미를 지닌 부사 little을 강조하기 위해 문장의 앞부분으로 옮긴 형태이다. He few knew that~이라고 쓰지는 못하므로 little이 적절하다. (C) 바로 다음에 오는 목적어 me를 취할 수 있는 타동사 carried가 적절하다. my little feet가 carry의 주어이므로 수동태가 필요한 곳이 아니다.

해석 | 나의 아빠가 나에게 자동차 경주에 대해 소개한 것은 내가 다섯 살 때였다. 아빠는 자동차 경주대회에 가는 것이 정상적인 가족 외출이라고 생각했다. 그것은 아내와 아이들과 함께 좋은 시간을 보내는 아빠의 방식이었다. 그는 아들에게 평생동안 계속될 열정을 불어 넣고 있다는 사실을 결코 알지 못했다. 나는 나의 작은 발이 나를 자동차 대회 경기장에 있는 특별관람석으로 이르는 계단으로 이끌었던 5월의 그날 내가 느꼈던 최고의 감정을 여전히 기억한다.

㉗ 2007년도 기출 정답 : 3

③이 포함된 문장에서 주절의 동사는 is이므로 devotes는 앞의 명사를 수식하는 과거분사로 바꾸어야 한다. a club (which is) devoted to mathematics의 형태로 생각할 수 있다.

해석 | 수학자가 되기 위해서 비싼 실험실이 필요하지는 않다. 수학자의 전형적인 장비는 칠판과 분필이다. 분필은 보다 쉽게 지울 수 있고, 수학적인 연구는 흔히 실수로 가득 차 있기 때문에 종이 위보다 칠판 위에서 수학을 하는 것이 더 낫다. 한 가지 더 해야 한다면 수학에 전념하는 클럽에 가입하는 것이다. 혼자서 작업할 수 있는 수학자는 많지 않다. 그들은 그들이 하고 있는 것에 대해 토론할 필요가 있다. 수학자가 되기를 원한다면 새로운 생각을 다른 사람들의 비판에 노출시키는 편이 낫다. 우리는 보지 못하지만 다른 사람들에게는 명백한 숨어있는 가정을 포함하기가 너무나 쉽다.

㉘ 2008년도 기출 정답 : 2

(A) the grass를 받을 수 있는 단수형의 지시대명사 that이 적절하다. (B) 복수형 명사 앞이므로 both가 적절하다. either 다음에는 단수형 명사가 온다. (C) 주어인 The perfume에 연결되는 단수형 동사 fills가 적절하다.

해석 | 이 정원에 들어오자마자 내가 처음 알아차린 것은 발목 높이의 풀이 울타리 반대편의 풀보다 더 푸르다는 것이다. 무수히 다양한 품종의 야생화 수십 그루가 길 양편으로 땅을 덮고 있다. 덩굴 식물들은 윤이 나는 은빛의 대문을 덮고 있고 거품을 내며 흐르는 물소리가 어디에선가 들려온다. 야생화 향기는 공기 중에 가득하고 풀은 산들바람에 춤을 준다. 풀이 들어 있는 큰 바구니가 서쪽 울타리에 기대어 놓여 있다. 나는 이 정원으로 걸어들어올 때마다 "낙원에 사는 것이 어떤 것인지를 이제야 알겠어."라고 생각한다.

㉙ 2008년도 기출 정답 : 5

⑤ what은 앞에 선행사인 things가 있으므로 which로 바꾸어야 한다. 이 which는 remembered의 목적어 역할을 하고 있다. 선행사 things를 수식하는 관계대명사절 2개가 연결되어 있는 구조이다.

해석 | 일반적으로 어떤 시기에 대한 사람의 기억력은 그것으로부

터 멀어짐에 따라 필수적으로 약해진다. 사람들은 계속해서 새로운 사실을 배우며, 옛날 것은 새로운 것들에 자리를 양보하기 위해 떨어져 나가야만 한다. 20살 때, 나는 지금은 전혀 불가능할 정확성으로 내 학창 시절의 역사를 글로 옮길 수도 있었을 것이다. 그러나 사람의 기억력은 긴 시간이 경과한 후에도 훨씬 더 날카로워지는 일 또한 일어날 수도 있다. 이것은 새로운 눈으로 과거를 보고 이전에는 수많은 다른 것들 사이에서 구별되지 않은 채로 존재했던 사실들을 분리시키고, 말하자면 그 사실들에 주목할 수 있기 때문이다. 어떤 의미에서 내가 기억했지만 아주 최근까지 나에게 이상하거나 흥미롭게 다가오지 않았던 일들이 있다.

㉚ 2009년도 기출 정답 : 2

(A) birth order directly affects both personality and achievement in adult life가 주어(birth order), 동사(affects), 목적어(both personality and achievement)의 완전한 문장이므로, 관계대명사 what이 아니라 접속사 that을 써야 한다. 관계대명사 what은 그 자체가 대명사이므로 뒤따르는 명사절 속에서 주어나 목적어가 없어야 한다. (B) I'm the youngest and thus aggressive than my older brothers and sisters에서 aggressive는 be동사 am의 보어이므로 형용사를 쓰는 게 맞다. (C) as you mature into adulthood, accepting other social roles, birth order becomes insignificant에서 동사는 mature와 becomes 두 개이고, 접속사 as가 있으므로 accepting other social roles는 분사구문이 되어야 한다. 그리고 other social roles라는 목적어가 있으므로 현재분사 accepting이 맞다.

해석 | 많은 사회학자들은 한동안 출생순서가 성인기의 성격과 성취에 직접적인 영향을 끼친다고 믿어왔다. 사실, 사람들은 공격적인 행동이나 수동적인 기질과 같은 성격 요인들을 설명하기 위해 출생순서를 이용해왔다. 사람들은 "아, 난 삼녀 중에 장녀야. 그래서 난 지나치게 위압적인 것을 어찌할 수 없어."나 "난 막내이고 내 형이나 누나들보다 덜 공격적이기 때문에 일에서 성공할 수가 없어."라고 말할 지도 모른다. 하지만, 최근의 연구가 이런 믿음이 잘못된 것이라는 것을 입증했다. 다시 말하면, 출생순서는 가정 내에서의 역할을 결정짓긴 하겠지만, 다른 사회적인 역할을 받아들이면서 성인으로 성장해갈 때, 출생순서는 무의미해진다.

㉛ 2009년도 기출 정답 : 4

There is also the possibility of damage your stuff, some of it valuable.에서 damage는 your stuff를 목적어로 취하는 동사이면서 전치사 of의 목적어이므로 damaging으로 고쳐야 한다.

해석 | 이동하는 것은 너무 쉬워서 별다른 노력 없이 그렇게 할 수 있다고 생각할 것이다. 이삿짐 센터의 서비스가 필요 없다고 생각

하기 때문에 당신은 당신 자신의 차를 사용하기로 결심할 수도 있다. 당신이 잘못 생각하고 있을 수 있다. 당신은 꾸려야 할 짐을, 실제로 가지고 있는 것만큼 가지고 있지 않다라고 잘못 생각하고 있다. 당신은 당신의 생각만큼 당신의 차가 많은 것을 실을 수 없다는 것을 너무 늦게 발견한다. 그래서 당신의 생각보다 새 집으로 훨씬 더 많이 여행을 하게 된다(더 많이 왔다 갔다 해야 한다). 당신의 물건을 손상시킬 가능성도 있는데, 그 중 몇 개는 귀중한 것이다. 이 모든 것들이 고려된다면, 이삿짐 센터의 서비스를 요구하는 게 더 나을 것이다.

32 2010년도 기출

`정답 : 1`

(A) 뒤에 목적어를 갖는 encouraged가 적절하다. (B) 관계대명사가 이끄는 regularly sleeps in her parents' room에서 주어가 없으므로, 주격 관계대명사 who가 적절하다. (C) 'as 형용사 as ~'구문이 명사를 뒤에서 수식하고 있는 구조이므로, 형용사 diverse가 적절하다.

해석 ┃ 새 아기의 탄생을 기다리는 동안, 북미의 부모들은 일반적으로 아기의 잠자는 거처로 방 하나를 준비한다. 수십 년 동안, 아이 양육에 대한 전문가들의 충고는 밤 시간에 아이를 부모로부터 분리하는 것을 장려해 왔다. 예를 들어, 아기들은 생후 3개월 즈음에는 자기들만의 방으로 옮겨져야 한다고 한 연구는 권장한다. "생후 6개월 즈음에 규칙적으로 부모의 방에서 자는 아이는 이러한 채비에 의존하게 되는 경향이 있다."라고 그 연구는 보고한다. 하지만, 부모와 유아가 같이 자는 것은 세계 인구의 약 90퍼센트 사람들에게는 표준이다. 일본인들, 과테말라의 마야인들, 그리고 북서 캐나다의 이뉴잇족과 같은 다양한 문화권에서는 그것을 행한다.

33 2010년도 기출

`정답 : 3`

접속사 and가 operating과 placing을 연결해 주는 구조가 되어야 어법상 옳다. 따라서 ③ 'to place'를 'placing'으로 바꾸어야 한다.

해석 ┃ 유인 우주 임무가 무인 우주 임무보다 비용이 더 많이 들기는 하지만, 그것들은 더 성공적이다. 로봇과 우주 비행사는 우주 공간에서 거의 똑같은 장비를 사용한다. 하지만 인간은 그러한 도구들을 올바르게 조작하고 그것들을 적절하고 유용한 위치에 설치하는 데 있어서 훨씬 더 많은 능력을 지니고 있다. 컴퓨터는 동일한 지역적인 혹은 환경적인 요소들을 관리하는 데 있어서 인간보다 민감하지도 못하며 정확하지도 않다. 로봇은 또한 문제가 발생할 때에 그것을 해결할 수 있는 능력이 인간처럼 갖추어져 있지 않으며, 종종 도움이 되지 못하거나 부적절한 자료들을 수집하기도 한다.

34 2011년도 기출

`정답 : 4`

④가 포함된 문장에서 주어인 persons에 연결되는 동사가 없으

므로 ④는 achieve로 바꾸어야 한다.

해석 ┃ '용기'라는 말이 '심장'을 뜻하는 라틴어의 'cor'에서 파생되었다는 것을 기억한다면, 그 말은 추가되는 의미를 지닌다. 사전은 용기를 '불찬성이나 적의, 또는 경멸을 유발할 수도 있는 올바른 행동의 과정을 추구하게 되는 특질'로 정의한다. 300년보다 더 이전에 La Rochefoucauld가 '완전한 용기는 모든 사람 앞에서 당신이 할 수 있는 것을 아무도 보지 않는데서 하는 것이다'라고 말했을 때 한 걸음 더 나갔다. 무관심이나 반대에 직면하여 도덕적 용기를 보여주기는 쉽지 않다. 그러나 진리를 위한 진심어린 입장을 취하는 것에 대담한 사람들은, 종종 그들의 기대를 능가하는 결과를 성취한다. 반면에, 마지못해 하는 개인들은 그것이 그들 자신의 이익과 연관이 있을 때조차도 용기가 두드러지지 않는다. 모든 상황에서 용감하게 되는 것은 강한 결단력을 필요로 한다.

35 2011년도 기출

`정답 : 3`

(A) 형용사 앞에 올 수 있는 것은 부사인 so이며, such는 'such +관사+형용사+명사'의 어순으로 많이 사용된다. (B) 동사 try와 병렬구조를 이루면서 주어 We에 연결되는 think가 적절하다. (C) 'find+목적어+목적보어'의 구문으로 목적어인 them이 occupy의 대상이므로 수동의 의미를 지니는 과거분사 occupied가 적절하다.

해석 ┃ 우리는 마치 미래가 너무 느리게 오고 있다고 생각해서 그것을 서둘러 오게 하려고 하는 것처럼 미래를 고대한다. 우리는 너무나 경솔해서 우리의 것이 아닌 시간 속에서 방황하고 우리에게 속한 것에 대해 생각하지 않는다. 우리는 미래를 가지고 현재를 지탱하려고 하며, 우리가 도달할 확실성이 전혀 없는 시간을 위해 우리가 통제할 수 없는 것들을 조정하려고 생각한다. 당신의 생각을 점검해보면, 당신은 그것들이 완전히 과거나 미래에 사로잡혀 있다는 것을 알게 될 것이다. 우리는 현재에 대해서는 거의 생각하지 않으며, 만약 그렇게 한다 해도 그것은 단지 미래를 위한 우리의 계획을 비추기 위해서일 뿐이다. 과거와 현재는 우리의 수단이고, 단지 미래만이 우리의 목적이다.

MEMO

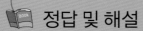